고객만족을 위한

서비스
경영론

Service Management

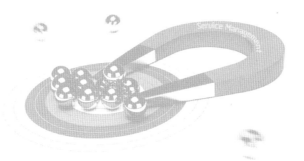

머리말

국가경제 측면에서 서비스 부문의 총생산이 차지하는 비중이나 고용에 기여하는 비율이 50% 이상일 때 서비스경제라고 한다.

구미 선진국들은 서비스의 비중이 80%를 상회하고 있으며, 전통적으로 제조업 부문이 막강한 일본조차도 서비스 산업 비중이 60%를 넘어선 지 오래다.

우리나라는 1990년대 후반부터 서비스경제 시대에 진입하였으며, 서비스는 경제의 모든 부분에 제공된다. 소매, 도매, 교통, 통신, 금융, 의료, 교육 그리고 관광을 포함한 많은 분야들이 서비스를 구매한다.

그러나 서비스의 이론적 개념을 정의하기는 매우 복잡하고 어렵다. 서비스는 일련의 다양한 요소들로 구성되어 있으므로 몇 가지 방법으로 설명될 수 있다.

그 중에서 서비스는 상품전달의 주된 양상 중의 하나로서 대표된다는 의견이 지배적인데 즉, "서비스는 한 부문이 다른 부문에게 본질적으로 무형인 활동이나 이익을 제공하지만 다른 어떤 것도 소유할 수 없다. 그러나 그것의 생산은 물리적인 상품이라 할 수 있고 그렇지 않을 수 있다."고 정의하고 있다.

따라서 서비스 기업이 역동적인 경쟁상황에서 장기적인 생존과 발전을 도모하고 지속 가능한 경쟁우위를 확보해 나가기 위해서는 서비스 고유의 특성에 기초한 서비스 전개가 필요할 것이다.

본서는 서비스 개념을 설명하고 실천 가능한 서비스 경영방식과 서비스 제공수단들을 제시함으로써 서비스를 공부하는 학생이나 서비스 실무종사자들이 서비스 마인드를 가지고 서비스의 이론과 실제를 쉽게 이해하도록 하였다.

본서는 저자가 강단에서 학생들을 대상으로 강의했던 강의노트와 선지식들의 저작물에 힘입어 집필하였다. 선지식들의 탁월한 학문적 업적과 혜안에 깊은 경의를 표하며, 여러 가지 미비한 점에 대해서는 따뜻한 충고와 지도편달을 바란다.

그리고 본서의 출간을 위해 애써 주신 한올출판사 임순재 사장님과 임직원에게 감사를 드린다.

저자의 부족한 능력과 시간상의 제약으로 인해 여러모로 미흡한 부분이 많을 것으로 사료되나 선·후배 및 독자들의 많은 조언과 충고를 겸허하게 받들어 앞으로 계속 보완하여 나갈 것을 다짐한다.

2020년 2월
저자 씀

차 례

고객만족을 위한

서비스 경영론

SERVICE

MANAGEMENT

제 **1** 장

서비스의 개요

SERVICE
MANAGEMENT

서비스의 개요

서비스란 무엇인가?

서비스는 눈에 보이지 않는 무형의 상품이며 소리 없는 강력한 메시지다. 경제의 서비스화 현상이 빠르게 진전되면서 기업이 서비스에 많은 투자를 하는 이유는 서비스가 기업의 얼굴이며 경영 철학을 대변해 주기 때문이다.

서비스가 왜 필요한가. 서비스가 불량이면 왜 제품이 불량이 되는가. 서비스는 어떠한 역할을 하는가. 이러한 물음에 앞서 서비스 업계에 종사하는 사람에게 가장 중요한 것은 철저한 서비스 마인드(Service Mind)를 갖는 일이다. 서비스업에 대한 철학과 사명의식이 없이는 어떠한 수준의 서비스도 제 역할을 할 수 없다.

서비스 정보 무장이 전제조건이 될 때 서비스는 이것이다, 저것이다 말할 수 있을 것이다.

서비스 업계에 있어 종업원 훈련이 중요시되고, 교육에 대한 투자가 뒤

따라야 하는 것도 이 같은 이유에서다.

서비스는 공산품처럼 물건을 원하는 시기에 생산해 놓고 원하는 시기에다 파는 것이 아니라 고객과의 면대면 커뮤니케이션이 이루어지는 인적(人的) 서비스의 비중이 크기 때문에 서비스맨의 옷차림, 언어, 표정, 태도, 마음가짐 하나하나가 곧 서비스의 품질을 결정하는 요인이 된다. 철저한 교육과 훈련만이 좋은 서비스를 연출할 수 있는 것은 서비스맨의 가치관, 개성, 교육 수준 등 개인적인 속성에 의하여 서비스의 개념이 변질되고 오도될 수 있기 때문이다. 특히 표준화가 불가능하고 사람에 의해서 전달되기 때문에 서비스 마인드는 제1의 조건이 된다.

소비자들의 가치관이나 판단 기준이 물질 중심, 양(量) 중심에서 심적 가치를 중시하고 있기 때문에 서비스가 곧 상품이며 마케팅의 핵심이라고 말할 수 있다.

하드웨어 사회(Hardware Society)에서 소프트웨어 사회(Software So-ciety)로의 이행이 가속화되면서 인간 중심의 경영철학이 대두되고 있는데 이는 곧 서비스를 중심으로 휴먼웨어 사회(Humanware Society)를 열어 나가는 데 있다.

따라서 서비스의 가치 개념은 사회변화, 소비자 트렌드의 변화에 맞춰 기업경영철학을 재조정하고 고객 만족경영을 실현시킬 수 있는 핵심 역량이라고 말할 수 있다.

서비스의 개념은 상대적이고 상황적인 변수에 의해서 크게 좌우되기 때문에 단정하기는 어려우나 그것은 고객지향적이고 고객만족을 실현시켜 나가기 위한 궁극적인 수단이 되고 있다.

서비스의 개념을 어원적으로 보면 라틴어의 Servus라는 말에서 파생되었는데 이는 노예 상태를 의미한다. 즉 하인이 주인을 섬기듯 열과 성을 다하는 태도를 말한다. 영어에는 Servant, Servitude, Servile이란 단어가 있는데 모두 '사람에게 시중들다'라는 의미이다. 현대적 개념으로 풀이해 보면 기업의 이익을 창출하고 계속 기업(On - going industry)으로 성장하기 위해서 고객에게 따뜻한 호감을 주고 신뢰관계를 구축하여 대내외적으로 높은 이미지를 선보이는 환대(Hospitality)행위라고 말할 수 있다.

① 상업적 서비스

사람은 누구에게나 서비스를 하며 우리는 또한 서비스 사회에 살고 있다. 서비스에 대한 뜻은 복잡하고 광범위하여 우리말 대신 영어로 애매모호하게 그냥 service로 쓰고 있다. 서비스란 말을 자주 쓰고 있지만 아직까지 서비스의 본질을 잘 모르고 있는 것 같다. 흔히 서비스를 봉사, 공헌, 정(情), 친절, 무료, 덤 등으로 쓰고 있는데, 미국 AMA(America Marketing Association)의 마케팅 용어 정의 위원회에 따르면, '서비스란 판매를 위하여 제공되거나 제품판매를 수반하여 제공되는 행위, 편익과 만족이다. 예로써 오락, 호텔서비스, 전기, 통신, 수송, 이·미용 서비스, 수선과 정비 서비스, 신용평가업 등'이라고 정의하고 있다.

한편 '서비스란 한 당사자가 다른 당사자에게 소유권의 변동 없이 제공해 줄 수 있는 무형의 행위나 활동을 말한다.' 위의 정의에 따르면 우리가 자동차나 옷을 사면 그 물건에 대한 소유권을 갖게 된다. 그러나 우리가 연극표를 사고 연극을 구경할 때, 비행기를 타고 외국에 가는 것 등은 그 서비스로부터 어떤 효용이나 편익(benefit)을 얻을 뿐이지 그 서비스를 소유하는 것이 아니다. 이상 두 가지 뜻으로 미루어 보면 서비스란 공짜의 대명사로 쓰이는 결코 무료봉사가 아니며 다분히 이윤창출 수단의 경영경제적인 뜻으로 쓰이는데, 물론 이 같은 의미가 잘못된 것은 아니지만 이것이 핵심적이고 본질적인 뜻은 아니라는 것이다.

② 정신적 서비스

　사람은 고객에게 서비스를 하지 않더라도 누군가에게 서비스를 베푸는 사람이 되는 게 좋다. 성경에서 나오는 유명한 얘기지만 예수님께서 '내가 이 세상에 온 것은 섬김을 받으러 온 것이 아니고, 오히려 섬기려 왔다'는 기록이 나온다. 이 섬김, 봉사가 가장 높은 차원의 서비스일 것이다. 앞서 내려진 정의 속에 봉사 공헌이라고 하는 이 말에는 혼과 정신이 깃들어 있는 것이다. 그래서 서비스 산업은 마음 씀씀이가 세심한 '정성산업'이며 고급화된 지적 봉사이다.

　우리들은 서비스산업이라 하면 물장사나 환락을 연상하여 반사회적이거나 불건전한 서비스로 오해하여 한때 서비스는 부도덕한 소비성업체로 인식된 바가 있었다. 이것은 한마디로 말하면 서비스 정신의 타락이요 부재이다. '서비스 정신'(service spirit)이란 give and take지 take and give가 아니다. 무릇 어떤 사업이든 이 서비스 정신이 빠지면 결코 성공할 수가 없다. 드러그(Peter Drucker)에 따르면 '오늘날 서비스는 곧 원재료'라는 점이다. 레비트(Theodour Levitt)는 '서비스에 대한 사람들의 이해가 깊어짐에 따라 서비스와 비서비스의 구별이 점점 무의미해지고 있다고 하였다. 전적인 서비스산업이란 존재하지 않는다. 다만 다른 산업에 비해 서비스적인 요소가 더 있느냐 덜 있느냐 하는 차이뿐'이라는 것이다.

　🌐 표 1-1_ 재화와 서비스재의 서비스의 강도

제 조 업	재 화	유형재＋서비스	유형재＞서비스
서비스업	서비스재	유형재＋서비스	유형재＜서비스

결국 제조업이라도 사실 제조업으로서의 본질을 가지고 있는 곳은 생산현장뿐이라 할 수 있다. 그 밖에 내부지향, 외부지향, 서비스와 스텝 기능은 모두 여기서 말하는 서비스산업으로 보아도 무방할 것이다. 즉 상품으로서 재화는 많든 적든 물질성(유형성)과 비물질성(무형성)의 통합체로서 인식될 때 오늘날 기업운영에 있어 서비스는 원재료라 하지 않을 수 없다.

③ 심리적 서비스

서비스 정신이 경영이념이라면 심리 서비스는 경영실무에 해당된다. 서비스의 심리적인 뜻은 손님에게 기쁨, 모성애 같은 애정, 심리적 만족을 느끼게 하는 것으로 서비스는 곧 '마음'이요, '정'(情)이다. 현대의 영업은 단지 물건을 파는 것이 아니고 마음을 파는 것, '즉 물건이 팔리지 않을 때에는 자신을 팔고 오라'는 말을 한다. 같은 상품은 얼마든지 있다. 그러므로 그 속에서 우수하기 위해서는 자신을 파는 것밖에 없고, 자신이 팔리지 않을 때에는 상품도 안 팔린다는 것이다. 서비스가 곧 정이라는 뜻에서 서비스를 만남(encou-nter)의 상징으로도 본다. 그래서 인간은 〈그림 1 - 1〉과 같이 인간과의 만남, 물건과의 만남, 시스템과의 만남이 있는데, 이때 마음속 깊이와 닿는 '정'과 같은 것이 서비스라고 표현하고 있다.

마음이나 정을 전한다 함은 서비스산업에는 곧 '손님의 기쁨'이 사업의 목표가 된다는 뜻이다. 어떻게 하면 손님을 기쁘고 즐겁게 해줄 것인가, 이것이 최대 관건이 되어야 한다. 심지어 사람을 감동시키려고 고급화된 지적 노력까지 궁리하고 있다. 서비스는 마음과 마음을 주고받는(give and take) '정서적 커뮤니케이션'이므로 이것은 고도의 '지적 노동'을 요한다. 따라서 서비스의 본질은 커뮤니케이션이라고 말할 수 있다.

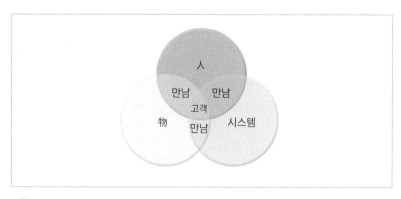

그림 1 - 1 _ 고객과 서비스의 만남

④ 서비스의 여러 가지 의미

1) 서비스의 이니셜

① S(sincerity, speed & smile) 서비스에는 성의, 스피드, 스마일이 있어야 한다. 이는 오랫동안 판매의 3S로 중시되어 온 것이 중요할 뿐만 아니라 싱글벙글 웃는 상냥한 미소가 좋은 서비스를 결정하는 것이다.

② E(energy) 서비스에는 활기찬 힘이 넘쳐야 한다. 종사원의 걸음걸이나 표정이 밝을 때 고객과의 대화나 접촉이 활기를 띨 수 있다. 활기찬 대응이 고객의 인상에 큰 영향을 미친다.

③ R(revolutionary) 서비스는 신선하고 혁신적이어야 한다. 천편일률적인 서비스를 제공하는 것이 아니라 언제나 조금씩이라도 신선하고 혁신적인 요소가 부가되는 것이 중요하다.

④ V(valuable) 서비스는 가치 있는 것이어야 한다. 서비스는 한쪽에는 가치 있고, 다른 한쪽에는 일방적인 희생을 강요하는 것이 아니다. 어느 한쪽의 희생이 아니라 서로에게 이익이 되고 가치 있는 것이 되어야 한다.

⑤ I(impressive) 서비스는 감명 깊은 것이어야 한다. 기쁨, 감동, 감명이 없으면 서비스가 아니다.

⑥ C(communication) 서비스에는 커뮤니케이션이 있어야 한다. 일방적으로 하는 것은 허용되지 않고 상호 커뮤니케이션이 필요하다.

⑦ E(entertainment) 서비스는 고객을 환대하는 것이어야 한다. 겉으로만 번지르르한 인사치레나 예절준수가 아니라 언제나 진심으로 고객을 환대하는 것이어야 한다.

2) 서비스의 7C

① 사고(Consideration)

서비스 종사자는 항상 고객을 배려하고 고객의 입장에서 생각하는 서비스의 기분정신에 충실할 수 있는 생각을 하여야 한다.

② 정확(Correctness)

고객에게 제공되는 서비스는 정확하게 전달되어야 한다. 예를 들면 주문을 받을 시에는 반드시 메모지에 기록하는 습관을 가져야 한다. 그리고 오늘의 주빈이 누구인가를 명확하게 파악할 줄 아는 직관력도 길러야 할 것이다.

③ 일치(Coincidence)

서비스 종사원은 항상 언행이 일치하여야 한다. 비상상황이나 돌발상황이 발생할 경우에는 고객이 불쾌하지 않도록 정중하게 설명하고, 이해를 구하도록 하고 때에 따라서는 돌발상황으로 발생한 불일치에 대해서는 스스로 책임을 지는 자세를 견지해야 할 것이다.

④ 찬사(Compliment)

고객에 대한 응대에 있어 적절한 칭찬의 어구를 가급적 사용하도록 하여야 하며, 그렇다고 너무 끼어들어서도 안 되며, 여러 가지 분위기상 대화를 해야 할 경우에 고객이 편안하게 느낄 수 있도록 찬사를 해야 할 것이다.

⑤ 일관성(Coherence)

업무는 일사불란하게 이루어져야 하며, 또한 전문성과 숙련도가 발휘되어 일관성 있게 이루어져야 한다.

⑥ 간결(Conciseness)

서비스의 과정이 복잡할수록 서비스질의 저하될 가능성이 높으므로 간결한 서비스를 제공하는 것을 기본으로 하여야 한다.

⑦ 예절(Courtesy)

대고객과의 관계에 있어서 가장 중요한 요소로서, 세계 각국에서 방문하는 고객들에게 만족스런 서비스를 제공하기 위해서는 인구통계학적인 특성을 잘 파악(성별, 연령별, 지역별, 계층별 고객)하여 응대할 수 있는 예절을 늘 익혀두어야 한다.

3) 서비스의 10S

① 자기소개(Self - introduction)

서비스제공자는 반드시 자기에 대한 간단한 소개를 필수적으로 하고 이 때 이름은 반드시 풀 네임으로 밝혀야 한다.

② 서비스기술(Skill)

고객이 요구하는 서비스의 내용을 정확히 이해하고 이에 따르는 숙련된 서비스를 하여야 한다.

③ 신속성(Speed)

고객의 요구에 신속히 응대할 수 있어야 한다.

④ 확실성(Sure)

고객들에게 제공되는 서비스가 믿을 수 있다는 확신과 자신감을 고객에게 심어 주어야 한다.

⑤ 진실성(Sincere)

서비스 종사원은 항상 진지하고 성실한 자세를 유지하며 고객에게 적절한 서비스를 제공하여야 한다.

⑥ 미소(Smiling)

자연스럽고 아름다운 미소로써 고객을 응대하여 고객에게 친근감 있게 보여야 한다.

⑦ 산뜻함(Smart)

서비스 종사원은 스스로 옷매무새, 몸단장, 언행에 있어서 항상 산뜻한 인상을 줄 수 있도록 해야 한다.

⑧ 부드러움(Smooth)

서비스의 연출은 부드러움, 온화함, 깨끗함, 매끄러움 등이 결합되어 자연스럽게 고객에게 제공되어야 한다.

⑨ 적절성(Seemly)

고객에게 너무 과잉 친절을 베풀어서 고객이 심적 부담을 느끼게 해서는 안 되며 자연스럽고 적절한 서비스가 되어야 한다.

⑩ 민감성(Sensible)

서비스제공자는 고객의 욕구를 정확히 파악하고 미리 대처하는 센스가 필요하다.

서비스의 정의에 대해서 지금까지 제시된 학설들을 살펴보면 다음과 같다.

① 활동론적 정의

미국마케팅협회에 의하면 '서비스란 판매를 위하여 제공되거나, 또는 제품의 판매에 관련해서 준비되는 제 활동, 편익, 만족'이라고 정의되고 있으며, 그 예로서 오락서비스, 호텔서비스, 전력서비스, 수송서비스, 이미용서비스, 수리보수서비스, 신용서비스 등을 들고 있다.

이러한 활동론적 정의를 많은 연구자가 따르고 있는데, 대표적인 학자로는 스텐톤(W. J. Stanton), 블로이스(K. J. Blois) 등이 있다.

② 속성론적 정의

속성론적 정의는 서비스의 한 가지 속성을 정의로써 들고 있다는 특징을 지니고 있다.

첫째는 '서비스는 무형재이다'라는 정의로 많은 경제학자, 그리고 서비스의 정의를 내리지 않고 암묵적으로 무형재를 서비스로 인정하고 있는 학자들이 이 정의를 지지하고 있다. 대표적인 연구자로는 라스멜(J. M. Rathmell)이 있다.

③ 봉사론적 정의

봉사론적 정의는 서비스를 주종관계에서 볼 수 있는 것과 같이 '인간의 인간에 대한 봉사'라는 발상으로 규정하는 것이 이제까지의 통설이라고 보는 견해이다. 이러한 봉사론적인 정의는 백과사전 등에서 흔히 볼 수 있기 때문에 사전적인 정의라고 할 수 있다.

일반인들이 흔히 서비스를 지칭할 때는 이러한 봉사적인 의미로 서비스를 사용하는 경우가 대부분이다.

이와 같이 서비스를 봉사론적인 입장에서 인식되고 있다고 주장하는 대표적인 학자는 하버드 대학 교수인 레빅(T. Levitt)이다. 그는 그렇기 때문에 현대적인 서비스는 종래의 그러한 전통적 발상에서 벗어나야 한다고 주장한다.

④ 인간상호관계론적 정의

인간상호관계론적 정의는 광의로 보면 서비스는 인간 대 인간의 상호작용관계에 의하여 성립하는 활동이라고 보는 견해이다. 그러므로 서비스는 '2자 간의 상황(dyadic situation)에서 육체면, 정신면의 통합으로 발휘되는 인간적 활동이다'라고 정의한다.

여기서 2자 간의 상황은 서비스의 구매자와 판매자 간, 고객과 종업원 간의 상호작용관계를 가리킨다. 물론 육체면, 정신면의 통합체로서의 인간적 활동에 있어서는 항상 2자 간의 상황하에서만 발생하는 것은 아니다. 그러나 3자 간 또는 다자간의 상호작용관계는 궁극적으로 보면 2자 간의 관계와 같다.

이러한 제 학자들의 정의를 종합해 보면 서비스의 전통적 개념은 서비스를 무형적 산물의 생산에 관계된 행위라 볼 수 있다.

또한 서비스란 경제재의 일종으로서 소유권 이전이 수반되지 않는 거래나 교환의 대상이며 서비스를 받는 시간이나 장소 또는 형태의 효용과 같은 무형의 편익이나 만족을 제공받는 경제활동이라 할 수 있다. 더 나아가 서비스는 욕구만족을 위해 상대방의 명시적 요청이 있을 때 본질적으로 무형성을 갖고 소유권의 이전을 반드시 필요치 않는 시장에서 교환거래 대상이 되는, 독립적으로 확인 가능한 모든 활동이다.

결론적으로 서비스는 고객의 편익과 만족을 위해 동원할 수 있는 유 무형의 자원을 활용하여 긍정적 기대를 갖는 유용한 기능을 수행하는 과정, 노력, 행위 등 경제활동의 이행이라고 볼 수 있다.

표 1-2_ 서비스의 정의

구 분	내 용	논 자
활동론적 정의	• 판매를 위하여 제공되는 또는 상품의 판매와의 관계에서 준비되는 제 활동 및 편익, 만족 • 서비스란 소비자나 업무상의 이용자에게 어떤 재화나 용역이 판매되어질 경우에 욕망에 대한 만족을 가져오는 무형의 활동이며 반드시 유형재나 타 서비스의 판매와는 결부하지 않고 독립적으로 인식되어지는 것 • 서비스란 유형재의 형태에 물리적 변화를 일으키지 않고 판매에 제공되는 활동이다.	미국마케팅 학회 (AMA) Stanton (1981) Blois(1974)
속성론적 정의	• 시장에서 판매되는 무형의 제품	Rathmell (1966)
봉사론적 정의	• 인간의 인간에 대한 봉사	Levitt (1976)
인간상호관계론적 정의	• 서비스는 일방이 상대방에게 제공할 수 있는 활동이나 혜택으로서 무형이며 소유될 수 없는 것. • 서비스는 양자 간(dyadic)의 상황에서 육체적, 정신적인 면의 통합으로서 발휘되는 인간적 활동	Kotler(1991) 김성혁(1991)

활동론적
독자적으로 판매되거나 제품판매에 연계되어 제공되는 활동 혹은 만족 (스탠톤, 블로이스)

속성론적
서비스는 시장에서 판매되는 무형의 제품이며 소유권이 이전되지 않는다. (라스멜, 쥬드)

경영학적 정의에 따른 분류

봉사론적
인간에서 나오는 서비스를 기계로 대처하는 방법을 통해 생산성 향상 (레빗)

상호관계론적
서비스는 일방적 봉사활동이 아닌 인간 대 인간의 관계에 의하여 상호관계가 형성

그림 1 - 2 _ 일반적 정의

제3절 서비스의 연구방법

① 경제학적 연구방법

서비스의 연구는 경제학 분야에서 주요 연구대상으로 자리잡지 못하고 부수적 산물로 취급되어 왔다. 현재까지의 경제학 연구에 있어서 서비스의 의미를 대별하면 다음과 같이 생산적 2분할론과 실태론적 분류론이 있다.

1) 생산적 분할론

생산적 분할론은 제품(유형재)과 서비스를 생산재와 비생산재로 구별하려는 방법이다. 예로부터 아담 스미스(A. Smith)는 서비스 그 자체의 성격과 관련해서 그것을 창출하는 서비스 노동의 경제학적 성격을 둘러싸고 비생산적인 활동을 서비스로 규정하였다. 그는 사법이나 군무의 공무원, 교사, 법률가, 의사, 문인, 배우, 점성가, 음악가, 오페라 가수들의 서비스 노동은 부를 창출할 수 없기 때문에 비생산적 노동이라고 하였다.

이러한 스미스의 견해는 경제학적인 연구가 부(富)를 중심으로 하는 고전파의 분석에서 효용을 중심으로 하는 경제분석으로 발전해 가는 과정에서 변화해 간다. 현재 경제학에 있어서 제품과 서비스를 구별하는 데 지배적인 견해로는 그것을 물질적 재와 비물질적 재로 규정하여 양자 간의 유일한 차이는, 서비스는 제품의 형태에 변화를 일으키지 않는다는 주장이 존재하고 있다.

이상의 서비스에 관한 경제학적 연구를 역사적 변천과정에서 요약하면 〈표 1 - 3〉과 같다.

🌐 표 1 - 3 _ 서비스의 경제학적 정의

주창자	연 재	정 의
중농주의자	1750년경	농산물의 생산 이외의 모든 활동
A.Smith	1723~1790년	유형재(tangible products)와 결부되지 않는 모든 활동
J.B.Say	1767~1832년	財(goods)에 효용을 부가한 모든 비제조활동
A.Marshall	1842~1924년	창출의 순간에 실체가 고면되는 財 = 서비스
서구제국	1925~1960년	서비스는 財의 형태에 변화를 일으키지 않는 활동의 하나

자료: Walters, C.C. & Bergiel, B.J., marketing Channels, Scott, Fores, man, Glenview, Ⅲ, 1982.

2) 실태론적 분류론

대표적인 실태론적 분류론은 산업구조론에서 볼 수 있다. 이 분야의 연구는 콜린 클락(C. Clark)이 확립한 제3차산업 증대의 법칙이라는 경험칙을 토대로 하고 있다. 클락은 제1차 산업(농업, 광업, 어업 등)과 제2차 산업(제조업, 건설업 등)을 제외한 나머지 부분을 제3차 산업으로 규정하고, 제3차 산업부문이 一國의 경제 속에서 그 비율이 높아지고 있는 것을 각국의 통계를 이용하여 설명하였다. 클락의 연구를 발전시킨 학자로 크즈넷(S. Kuznets), 스티글러(G. J. Stigler), 폭스(V. R. Fuchs) 등의 연구를 포함하여 산업구조론적 연구가 활발히 행해지고 있다.

그러나 이러한 산업구조론적 연구는 연구자에 따라 3차, 4차, 5차산업 등으로 분류되고 있기도 하다. 또한 그 분류기준의 객관성이 문제시되고 있기도 하다.

② 마케팅적 연구방법

마케팅적 연구방법에는 서비스와 제품의 2분할론, 기능론적 분할론, 서비스의 2분할론 등이 있다.

1) 서비스와 제품의 2분법

이것은 마케팅 연구 가운데 가장 많이 그리고 꾸준하게 채택되고 있는 연구방법으로 상품을 서비스와 제품으로 나누어 서비스의 속성을 파악하려고 하는 2분할적 방법이다. 즉 서비스를 무형적인 재로 보아 유형적인 재와 대비해서 그 속성을 명확히 밝히려는 연구방법이다. 이는 초기의 경영학, 마케팅론의 문헌에서 많이 볼 수 있는데, 반드시 그 당시에만 국한되지 않고 현재에도 빈번히 사용되고 있는 분할론이다. 이 연구 방법의 특징은 앞의 경제학적 연구방법에서 보았던 것과 같이, 서비스가 제품(유형재)

에 비하여 인간 생명의 유지에 간접적인 의미밖에 없으며 서비스 노동이
비생산적인 활동이라는 등의 비현실적인 전제를 설정하고 있지 않다는 점
에 그 의의가 있다.

2) 기능론적 분할론

이것은 서비스를 제품에서 발생하는 기능으로서 인식하려고 하는 접근
방법이다. 즉 기능론은 제품과 서비스의 구분을 각각 그 속성의 차이에서
구하는 것이 아니라 제품을 구조적 실체로 상정해서 서비스를 거기에서
나오는 기능으로 포착하려는 발상이다. 환언하면 이 연구방법에서는 '물
건'은 인, 물, 시스템의 통합으로서의 실체적 구조(stoke)로 보고 서비스는
흐름(flow) 개념으로서 포착하려는 입장을 취하고 있다.

기능론에 의하면 제품이나 '물건'은 시간적·공간적으로 존재하는 것에
대하여, 서비스는 시간적으로만 존재할 수밖에 없는 것이 된다. 이 구분
에서 제품과 서비스 간에 소유의 대상으로시 속성직 차이가 생기게 된다.

3) 서비스의 2분법

① 기관별 연구의 2분법

이것은 종래의 제품의 마케팅에서 흔히 볼 수 있는 분할론으로, 소위 전
통적인 기관별 연구에 있어서 서비스는 '제조업자에 의한 소비자 서비스',
'도매업자에 의한 소비자 서비스', '소매업자에 의한 소비자 서비스'의 3가
지로 대별할 수 있다.

이 연구의 발생 근거에는 상품의 판매에 부수하는 각종의 서비스를 제
공하여 차별적 우위성을 추구하고 소비자에게 좋은 상점이미지를 심어주
어 스토어 로열티(Storer loyalty)를 높이는 데 많은 관심이 놓여 있다.

② 서비스 마케팅 연구의 2분법

이것은 서비스를 '본질적 서비스'와 '부수적 서비스'로 분류하는 접근방법이다. 본질적 서비스란 유형재의 분야에 있어서 테크놀로지를 서비스에 도입하여 인력을 기계화, 시스템화로 대체할 수 있는 서비스로 제1차적 서비스 또는 코어 서비스(Core Service)라고도 불린다. 이에 비해 부수적 서비스란 기계나 컴퓨터로 대체되어질 수 없는 인간적 서비스를 가리키며 제2차적 서비스 또는 프린지 서비스(Fringe Service)라고도 한다.

이 분할론은 서비스를 대량생산 및 대량판매가 가능한 것과 가능하지 않는 것으로 구분하고, 한편으로는 유형재와 같이 기계화 표준화 시스템화의 철저한 추구를, 다른 한편으로는 서비스의 다양화 개성화에 대한 중요성을 강조한다. 따라서 이 분할론은 유형재와 서비스의 속성적 분류에서 한 걸음 전진하여 서비스의 본질을 예리하게 분석하고 있다는 점에서 대단한 평가를 얻을 것이다. 그러나 구체적인 마케팅 전략으로의 연결에 관해서는 고려가 불충분하며 특히 인간적 서비스에 관해서는 암중모색의 상태라고 말하지 않을 수 없다.

③ 일원론적 연구방법

1) 연속체적 연구방법

이 연구방법은 상품에 대한 고객평가의 연속성에 기인하여 행하여지는 상품 분류의 접근방법이다. 이것은 전통적인 상품별 연구 내지는 상품분류를 전개의 실마리로 하고 있다. 전통적 상품 분류는 주로 소비자의 구매행동을 축으로 하여 상품을 분류하고 있는데 그 결함은 상품을 유형재로 규정하여 서비스에 대해서는 거의 유의하고 있지 않다는 점이다.

그러한 결함을 보완하기 위해 소비자의 구매평가의 난이를 축으로 그들이 선택하는 상품을 '탐색재'와 '경험재'로 분류하는 연구가 나타났다. 또한 여기에 추가해서 구매가 주로 그 상품의 신뢰성에 좌우되는 상품으로써 '신뢰재'의 개념이 등장하게 된다. 그러한 신뢰재의 개념을 포함하여 탐색재 - 경험재 - 신뢰재를 하나의 연속체적 스케일 위에 나타내려는 것이 연속체적 연구방법이다.

2) 분자론적 연구방법

이 연구방법은 상품을 유형재와 서비스의 통합체로서 파악하려는 방법으로 상품을 하나의 분자로 보고, 이 분자가 몇 개의 원소로 구성되어 있다고 한다. 즉 이 연구방법에 의하면 시장에는 순수한 재화 또는 순수한 서비스는 존재하지 않으며, 상품은 '물질적 부분'과 '무형적인 서비스 부분'의 합성품이고, 양자의 비율에 의해 제조품과 서비스 상품으로 인식된다고 한다.

분자론에서는 유형재와 서비스의 배합에 의해 '상품전략'이 전개되고, 그러한 상품전략에 의거하여 유형성 우위인가 무형성 우위인가에 따라 '유통전략'이 실시된다. 또한 상품 코스트와 수요패턴으로부터 '가격전략'이 전개되고 또한 그러한 전략을 정보로 해서 표적시장에 전달되는 '판촉전략'이 전개되는 등, 이 전체가 다중구조를 지닌 하나의 모델로서 구성된다.

3) 효용론적 연구방법

유형재나 서비스는 양자 모두 소비자에게 효용 또는 편익을 제공한다는 점에서, 또는 소비자의 욕구를 충족시키기 위한 실체를 갖고 있다는 점에서 공통적인 특징이 있다.

이와 같이 상품을 효용 또는 편익이라는 측면에서 파악하려는 것이 효용론적 접근방법이다. 이것은 연속체적 연구방법 및 분자론적 연구방법과 마찬가지로 상품을 유형재와 서비스의 결합체로서 파악하고 있다. 그러나 분자론적 연구와의 상이점은 우선 이 연구방법이 상품분류 방법이 내세우고 있는 구매자 평가라는 기술적 측면에 대해서는 평가의 기초가 되는 효용을 강조하고, 또한 분자론에 대해서는 유형재와 서비스가 배합된 상품 효용의 결합으로써 분자개념을 시사하고 있다.

〈그림 1 - 2〉는 효용론의 입장에서 본 상품개념으로 상품이 지닌 각종의 다발로써 표현되어 있다. 그림 안쪽으로부터 네 개의 동심원으로 구성되어 있다. 가장 안쪽 원에 그려진 핵심(core)상란 특정의 유형재무형재가 지닌 속성의 배합에서 생기는 기능을 의미한다. 이 기능에 의해 상품의 유형이 결정된다. 이 기능을 소비자가 그 자신의 효용으로 평가할 때 그것은 효용이 된다. 핵심 상품의 외측 원은 설비, 도구 등 핵심 상품 그 자체의 차별화에 유익한 기능이다. 그다음 외측의 원은 요금, 예약, 출장 서비스, 명성, 지위, 대기시간, 서비스 제공자의 인품, 고객처리 등 핵심기능을 보조하는 부가적 효용이며 그 요소들의 믹스(mix)에 의하여 상품의 차별화가 진행된다. 이 핵심기능의 마케팅 믹스에 의한 차별화 과정 중에 접객요원(서비스업의 현장 종업원)과 고객과의 접촉(contact)이 일어난다. 최후의 점선으로 둘러싼 원 내부는 쾌적함, 패션 정보의 입수, 우월감 등 서비스 제공자 측보다도 고객 측의 훨씬 관심을 갖는 '비코어 효용'을 나타낸다. 이러한 4개의 동심원 모두의 결합체인 효용의 다발에 의해 서비스 상품의 차별화가 꾀하여진다. 이처럼 표적소비자의 욕망 충족에 유용하도록 유형무형의 기능을 배합하여 경쟁상대와 차별화하는 것이 효용론의 마케팅 전략이다. 마케팅 전략에는 상품의 편익에 대한 소비자의 평가나 비교를 용이하게 하는 수단의 개발을 포함하여 그렇게 하기 위한 다양한 마케팅믹스의 구체적 활동이 필요하게 된다.

④ 통합론적 연구방법

이제까지 서비스 연구에 관한 여러 가지의 견해를 들어 검토해 왔다. 여기서 앞으로의 연구의 방향성을 한마디로 말한다면 서비스 연구는 1원론적인 입장에서 서서 분자론적 방법과 효용론적 방법을 통합하는 형태로 서비스 마케팅 연구를 진행시키지 않으면 안 된다. 왜냐하면 2원론적 연구방법에는 그 유효성과 한계가 존재하고 있기 때문이다.

유형재와 서비스의 2원론적 접근은 유형재와 다른 서비스의 특성에 착안해서 현실의 서비스 활동에 관찰과 통찰을 가미함으로써, 서비스의 성격을 일반화 유형화한다.

출처: Enis, B.N. and K.J. Roering, "Service Marketing: Different products, Similar Strategy,"Marketing of Services, A.M.A., 1981.

🔍 그림 1 - 3 _ 효용론적 상품 개념

예를 들면 산업분류 및 업종분류가 2원론적 접근방법에 의해 체계화된다. 이 분류학의 의의는 이와 같이 서비스 연구의 대상에 대한 인식과 연구 영역에 대한 인식이 가능하다는 점에 있으며, 그런 까닭에 서비스에 관한 연구의 중요한 출발점으로 평가될 수 있다. 그러나 마케팅 관리의 측면에서 생각하면 분류학적 연구방법은 다음과 같이 두 가지 점에서 반드시 유효하다고는 인정하기가 어렵다.

그중 하나는 연속성의 개념이 결여되어 있다. 유형재와 서비스가 불연속적인 2분할론은 그것을 응용하는 경우에 현실적으로 타당성이 없다. 또한 판매대상으로서의 상품을 유형재와 서비스로 명확히 구분하기는 어렵다. 상품은 크건 작건 간에 유형성과 무형성의 통합체로서 인식되기 때문이다.

두 번째 이유는 2원론은 초기적 연구로서 의미를 갖고 있다고는 하나 마케팅 관리의 정략상의 문제에 대해서는 그다지 시사할 만한 가치를 갖고 있지 못하다. 왜냐하면 전략상의 유효성을 고려한다면, 유형재와 서비스는 속성적 분류에 따라 유형재의 상품과 서비스의 상품 간에 각각 별개의 전략 패턴이 존재해야만 되나, 현실적으로는 유형재의 판매와 서비스의 판매 간에도 전략상의 공통성이 흔히 발생하기 때문이다. 이러한 의미에서 분류학적 방법은 양자의 전략상의 유사성을 부정하고 그 상이성만을 강조하는 결과가 되어 실용성이 없는 접근방법이 된다. 따라서 전략상의 의미에서는 2원론적 연구방법보다는 효용론적 연구방법에 대한 기대가 크게 된다.

결국 어떤 조직의 제공물을 마케팅에 적용할 경우에 발생하는 기본적 특징은 그 제공물인 상품 속에는 물질적 측면 이외의 것이 포함되어 있다는 것이다. 협의의 관점에서 말한다면 상품은 어떤 특수형태를 구성하는 유형적·무형적 속성 및 물질적·화학적 속성의 일련의 배합이다. 속성론으로 말한다면 서비스 상품이 시장에서 거래의 목적물이 되었을 때 유형재와 서비스의 배합에서 무형적 속성이 상대적 우위성을 갖는 것이 된다. 거기에서 분자론의 지적과 같이 유형재와 서비스가 하나의 상품으로서 결합되고 그 결합방식에 의해 제 전략이 구상된다.

그러나 광의의 관점에서 말한다면 상품은 구매자의 욕구나 필요를 만족시킬 수 있는 유형적, 무형적 속성의 결합이라고 할 수 있다. 구매자의 입장에서 보면 상품은 유형재와 서비스가 배합된 효용의 결합이라고 보는 효용론이 서비스 연구에서는 보다 더 유용성을 갖게 된다. 이러한 의미에서 앞으로의 연구방법은 기존 연구의 장점을 활용하는 형태로 효용론의 발상을 기반으로 해서 그 외의 제반 견해를 통합적으로 파악하는 방향으로 나아가지 않으면 안 된다. 이러한 접근방법을 통합적 연구방법이라고 부르고 있다.

분자론적 연구방법에 결핍되어 있는 것은 소비자 측의 평가를 수반하지 않고 그 관리적 측면만을 철저하게 추구하여 왔던 점에 있다. 소비자 측에서 보면 서비스 상품의 평가는 단지 서비스의 결과에서만 얻어지는 것이 아니라 서비스 전달과정(프로세스)의 평가를 포함하는 것이다. 말하자면 서비스 상품의 평가에는 상품의 유형적 측면뿐만 아니라 서비스 전달에 있어서의 행동적 측면, 예를 들면 서비스 제공방법과 매너 등도 포함된다. 이러한 의미에서 서비스 상품은 '성과(out - come)'와 '과정(process)'의 배합이라고 말할 수 있다. 이는 효용론에서 보면 상품의 효용은 성과의 효용과 과정의 효용의 통합이라는 것이 된다. 성과의 효용에 대한 연구는 지금까지 이미 경제학의 연구 분야에서 빈번히 행하여 왔으므로 여기서 새삼스럽게 논할 필요는 없을 것이 된다. 오히려 종래의 경제학에 있어서는 효용에 관한 연구의 대부분이 성과의 효용에 한정되어 왔다고 해도 과언은 아닐 것이다. 우리는 경제학적 연구에서는 서비스의 본질 파악이 어렵다는 것을 이미 앞에서 보아 왔다. 따라서 경제학의 연구대상 중에서 취급하지 않았던 효용의 측면, 과정의 효용을 연구하는 것이 서비스 상품을 파악하는 데보다 유용성을 갖게 되며 과정의 효용에 중점을 두어서 서비스 연구가 진행되어야만 할 것이다.

서비스 교환의 기본적 전제는 서비스 상품이 특정고객과 서비스 기업의 제 요소 간의 상호작용 속에서 만들어진다는 데에 있다. 특히 그것은 구매자와 판매자 간의 일회적인 상호작용으로 끝나 버리는 것이 아니고 계속적·반복적인 상호작용이 이루어져야만 하는 것이다. 따라서 과정에 대한 효용의 평가에는 인간관계에 관한 연구가 중요한 테마가 된다.

고객만족을 위한

서비스 경영론

SERVICE

MANAGEMENT

제 **2**장

서비스의
특성

제**2**장

서비스의 특성

제**1**절　경제적 특성

1) 무형성(intangibility)

　서비스의 근본적인 특성은 무형제(invisible goods)이다. 서비스는 실체가
아닌 연출이기 때문에 그것은 제품(재화)처럼 볼 수도 없으며, 만져볼 수도
없고, 맛을 볼 수도 없다. 다만 정신적으로 이해할 수밖에 없다는 것이다.
Lynn Sho-stack는 말하기를 "서비스는 영향은 있으나 형태가 없는 비실
체적인 특이한 것이다. 빛과 그림자, 혹은 연기와 같이 물리적으로는 저장
도 소유도 할 수 없으며, 그들의 소비는 흔히 동시적"이라는 것이다.

　이해를 돕기 위해서 몇 가지 예를 들어 보기로 하자. 먼저 무형의 반대
인 유형과의 비교에서 몇 개의 제품을 비교하면, 자동차와 비행기에서 전
자는 '유형성 우위'(tangible)이고, 후자는 '무형성 우위'(intangible)이다. 다시 말
하면 전자는 유형의 요소인 '자동차의 차체'가 핵이고 후자는 무형의 요소

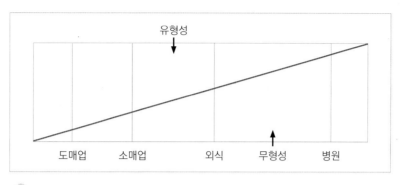

＊ 그림 2 - 1 _ 제품의 유무형의 비율

인 '수송'이 핵이기 때문이다. 다음 〈그림 2 - 1〉에서 보면 제품의 성격을 쉽게 비교할 수 있다.

위의 그림과 관련하여 조금 더 설명을 덧붙이면 앞 장에서도 설명했듯이 모든 제품은 서비스를 내포하지 않은 것이 없다.

제조업의 경우 물류부분을 보면, 이것이 제조업 내에 있으면 서비스 산업이 아닌 것처럼 보이지만, 일단 별도로 분사하면 그것은 순식간에 서비스산업에 속하는 기업이 된다. 예를 들어 슈퍼마켓의 소매점을 생각해 보자. 슈퍼의 고객이 갖고 싶어 하는 것을 선택해서 사들이고, 진열을 잘 해서 손님이 발견하기 쉽게 하며 배달해 주는 것은 중요한 무형의 서비스 부분이 존재하고 있는 것이다. 또한 병원에서는 병을 고친다고 하는 무형의 것을 추구하고 있지만, 동시에 약이라고 하는 유형의 부분이 있고, 외식에서 추구하는 것은 맛있는 맛과 즐거운 분위기 등 무형의 것이지만, 그곳에는 요리라고 하는 유형의 부분이 있고, 그것을 제조하는 조리과정이 있다.

여행제품의 속성에 대해 생각할 때 여행은 무형적·비가시적인 환상(꿈)을 구입한다고 할 수 있다. 예를 들면 제주도의 여행패키지를 구입할 경우 항공기 좌석과 호텔의 침대와 같은 이용권을 사기는 하나, 여행자의 소유가 되는 어떤 유형적인 것을 구입하는 것은 아니다. 여행자는 단지 기억과 추억을 사는 것이며 휴가 후 여행자에게 남는 유형적인 것은 아마도 사진, 기념품과 영수증 정도밖에 없을 것이다.

2) 동시성 - 비분리성(inseparability)

서비스재와 재화간의 가장 두드러진 차이점은 생산과 소비가 '동시적 발생'(simultaneity), 내지 '비분리되는 것'(inseparability)이다. 그러면 이 동시성과 관련된 파생적인 특성을 살펴보자. 서비스재는 그것의 '제공'과 '향수'와 시간이 공간적으로 동시 동소에서 일어난다는 것이며, 서비스재의 거래에서는 소유권의 이전은 발생하지 않고 다만 기능의 수수만이 일어난다. 즉 서비스재의 경우에는 공급자의 '제공'과 수요자의 향유가 분리되지 않고 동시 동소에서 행해지며, 서비스재는 어디까지나 '향유'되는 것이지 '소유'되는 것이 아니다.

따라서 서비스재는 생산지의 직접 제공을 원칙으로 하기 때문에 서비스재 자체는 유통될 수 없다. 서비스재는 재고가 불가능하고 수송을 할 수 없기 때문에 그 자체가 스스로 유통될 수 없고, 시장재로서의 물류기능은 존재하지 않는다. 따라서 서비스 기업의 유통정책은 직판이나 대리점 채용이 되는데 예를 들면, 호텔체인, 외식체인, 여행대리점 등을 든다. 재화를 취급하는 많은 도소매업과 같이 물건을 구입하여 재판매하는 형태를 서비스재의 경우는 채택할 수 없다.

그 이유는 앞서 말했듯이 서비스재는 일반적으로 판매자는 보통 생산자이며 구매자는 최종 수요자이므로 서비스재를 연쇄적으로 유통기관을 거쳐 판매할 수 없기 때문이다.

서비스재는 생산에서 소비까지가 동시적인 데 비해 재화는 생산, 소비과정에 있어 모든 과정이 시공간적으로 분리될 수 있고, 기업과 고객은 주로 구매과정에서 상호작용하며 제품생산은 전적으로 고객의 눈에 띄지 않고 다분히 구매가 발생되기 며칠이나 몇 개월 전에 일어난다. 또한 재화는 일시에 제조되며 필요할 때 사용된다. 그래서 판매되기 전 저장실에 입고해서 조절하여 사용할 수 있을뿐더러 질적 분석도 가능하나, 서비스재는 이용될 때 비로소 생산된다. Rathwell은 이 같은 명확한 차이점을 명쾌하게 표현하고 있다. '재화는 생산되고 서비스는 연출된다'(Goods are produced, services are performed).

예컨대 의사는 환자의 말을 듣고, 진단을 하고, 치료를 해 주는데 이 경우 의사의 서비스는 생산되면서 동시에 소비된다. 또한 음악회에서 연주가의 연주(생산)를 감상(소비)할 때, 연주라는 서비스는 생산되면서 바로 소비되는 것이며, 여행사의 서비스를 예를 들면 여행사의 상담, 조언과 판매 같은 것은 여행사측이 고객과 상담을 통해 생산, 유통, 구매가 동시에 일어난다는 것이다. 여행제품도 물리적인 속성이 부여되고 있지만, 그 내용상 시간적 제약으로서 재고저장이 불가능한 점이나, 공간적 제약으로서 서비스재의 수송 불가능과 수용능력의 제약이 바로 그것을 말해주는 것이다.

3) 소멸성(perishability)

서비스재의 또 하나의 특성은 '소멸성'(perishability)으로서 이것 때문에 저장할 수도, 선반 위에 얹어둘 수도 없다는 것이다. 예를 들면 항공기, 버스 좌석, 호텔침대, 사용하지 않은 전력, 운동경기장의 빈 좌석 등은 적기에 판매되어야 하는데, 만약 당일에 판매되지 못하면 그대로 손실을 보아야만 하는 서비스재의 두드러진 상징이다. 이것은 아무리 값을 대폭적으로 할인하려고 해도 판매되지 못할 뿐만 아니라 재고라는 완충제를 갖기 못하기 때문에 어떤 특정시간에 소멸되고 마는 제약이 작용한다. 비단 서비스를 저장할 수 없다고 하더라도, 서비스에 대한 수요가 일정하면 그다지 큰 문제가 안 된다. 왜냐하면 수요에 맞게 서비스를 공급할 수 있도록 사람을 배치하면 되기 때문이다. 그러나 수요의 변동이 심할 때는 서비스업체가 어려움을 겪게 된다.

예를 들면 식당의 경우 식사시간에는 손님들이 몰려 일부는 그냥 돌아가야 하지만, 다른 시간에는 손님들이 거의 없어 자리가 텅텅 비게 된다. 특히 여행은 계절성 때문에 자주 고통을 받는 제품이다. 이러한 이유로 여행목적지, 호텔업과 항공사는 연중 같은 방법으로 그들의 제품을 거래할 수 없음을 잘 알고 있다. 그래서 많은 마케팅장치는 관광시설 이용의 정점과 최하점(peak and valley)상의 수요평준화를 기하기 위하여 사용되고 있는데, 가장 보편적인 방법 중의 하나는 성수기(on - season)와 비성수기(off - season)의 다른 가격제도이다.

🌐 표 2 - 1 _ 서비스의 특성

서비스의 특성	특성설명	문제점
무형성 (intangibility)	• 형태가 보이지 않고 만져지지 않는다. • 객관적 의미: 실체를 만질 수 없다. • 주관적 의미: 서비스가 어떤 것인지 상상하기 어렵다.	• 저장이 불가능하다. • 가치를 파악하고 평가하는 것이 어렵다. • 서비스의 측정평가관리가 곤란하다.
이질성 (heterogeneity)	• 표준화가 어렵다. • 생산 및 제공과정에 여러 가지 가변적 요소가 많기 때문에 고객에 한 서비스는 동일한 제공자일지라도 다를 수 있다. • 고객의 이질성으로 인해 서비스가 다를 수 있다.	• 서비스의 표준화와 관리가 곤란하다. • 품질의 측정, 평가, 관리가 어렵다. • 고객 개개인을 만족시키기 어렵다.

소멸성 (perishability)	• 판매되지 않은 서비스는 소멸된다. • 서비스 수요와 제공에 시한성이 있다.	• 재고로서 저장할 수 없다.
비분리성 (inseparability)	• 생산과 소비가 동시에 일어난다. • 고객이 생산과정에 참여한다. • 대부분고객과 제공자 간 접촉으로 이루어진다.	• 서비스 제공 시 고객이 개입한다. • 구입 전에 시험, 평가가 불가능하다.

4) 이질성(heterogeneity)

서비스재는 '내생화'라는 커다란 대체재가 존재한다는 것이다. 오늘날 서비스재가 증가한 이유 중의 하나는 기업이나 가게 내에 있던 서비스가 외생화 하는 데 있다. 따라서 서비스재에 있어서는 '내생화'란 경쟁상품이 있다고 볼 수 있다. 서비스재가 경제주체 내에 내재하여 '내생화 서비스'가 될 것인지, 외부 시장화되어 '외생화 서비스'가 될 것인지의 결정요인은 4가지로 집약될 수 있다.

① 서비스 생산에 있어 '규모의 경제성'

② 서비스 생산에 있어 전문기술의 필요성

③ 서비스의 질적 수준

④ 수요자의 소득수준, 임금수준에 따라 결정된다.

재화의 경우에는 규모의 경제성과 전문기술의 진전에 따라 내생화의 위험성은 거의 없으나, 서비스재의 경우는 수요의 집적, 생산집중이 아직 재화의 수준에 이르지 못해 내생비용과 외생비용의 차이가 작기 때문에 내생과 외생의 대체관계가 커다란 문제이다. 서비스재의 가격이 상승하면 내생화될 위험성을 많이 안고 있다.

한편, 재화와 서비스재에도 대체관계가 많이 발생한다. 하나의 제품의 생산방법에 있어서 몇 가지 대안의 선택이 가능하다. 예를 들면 '맛있는 피

자를 먹는다'라는 생산품을 상정할 경우 그 실현방법으로,

대체안 1: 외식 레스토랑(서비스재의 구입)

대체안 2: 고급 냉동식품으로 자가생산(전자렌지의 보급과 급속냉동기술에 따라 오늘날 맛좋은 피자를 집에서 만들 수 있다)

대체안 3: 본격적인 자가 조리(재료를 구입하여 직접 만든다)

표 2 - 2 _ 재화와 서비스재의 대체관계

	물적자본	인적자본	재화	서비스재
대체안 1	–	아주 적음	–	외식서비스재
대치안 2	전자렌지	보통	냉동식품	–
대체안 3	오븐	큼	재료	–

대체안 1, 2, 3은 엄밀하게 말하면 완전히 동일한 제품은 아니나, 피자를 먹는다는 일에서는 이 세 가지 안은 모두 동일하다. 동일 제품에 세 가지 생산방법이 있으며 이들은 상호 경쟁관계에 있다.

대체로 서비스재는 재화와 서비스, 서비스재 상호 간에 많은 '유사제품'(parity product)이 범람되고 있어 예리한 경쟁관계가 있다.

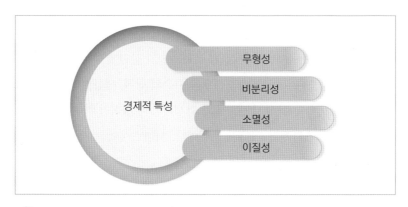

그림 2 - 2 _ 서비스의 경제적 특성

제2절 사회적 특성

1) 인간의 상호작용

생산과 소비의 동시성은 고객과 접객직원 간의 상호작용의 중요성을 말하는데, 이 상호작용은 제조업과는 달리 서비스업에서는 그렇게 간단한 것이 아니다. 이것은 공급자 측에서 보면 생산과정에 수요자가 참가하는 것이며, 수요자 측에서 보면 효용실현과정에 공급자의 참가이다. 이와 같이 서비스재는 공급자와 수요자가 협동함으로써 완성되는 것이다. 따라서 서비스의 본질적인 특성은 양자 간의 상황, 즉 서비스 구매자와 판매자 간의 인간적인 상호작용(봉사)관계를 가리킨다. 그러므로 '서비스의 만남'(service encounters)은 곧 인간관계이며, 그 핵심은 휴먼 커뮤니케이션이다. 그러면 다음에 서비스업에 상호작용관계가 어떻게 구체적으로 적용되고 있는지를 설명하고자 한다.

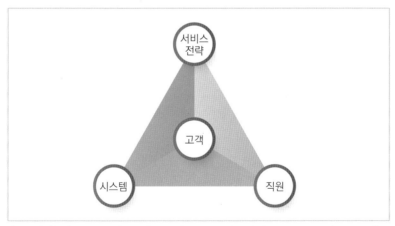

자료: Karl Albrecht & Ron Zemke, Service America: Doiry Business in the New Econamy. (Homewood Ⅲ: Dow Jones - Irwin, 1985) pp41 - 42

그림 2 - 3 _ 서비스의 삼각도

서비스업체와 고객과는 〈그림 2 - 3〉에서와 같이 삼각관계에 있다는 견해를 먼저 소개하고자 한다. 이 그림은 고객을 향해서 창조적인 상호작용으로 발전되며, 가운데 고객을 둘러싸고 있는 서비스전략, 시스템과 직원의 관계를 가리켜 서비스의 삼각도라고 칭한다.

'서비스 삼각도(service triangle)'의 바깥 선의 경우도 각기 그 뜻을 지닌다. 예를 들면 직원과 시스템과의 상호작용을 보면, 부조리한 사무절차, 비논리적인 일의 할당, 구태의연한 작업규칙, 부족한 물리적 시설 등으로 인해 질 높은 서비스의 동기부여가 방해받는 예가 많다. 서비스전략과 시스템 간의 의미는 물리적·행정적 체계의 전개가 서비스 전략을 어떻게 논리적으로 펼 수 있는지를 암시하며, 끝으로 서비스 전략과 직원을 잇는 선에서, 서비스를 수행하는 사람은 경영진의 확고한 철학을 전달받을 필요가 있다는 것을 뜻한다.

한편, 서비스업에서 발생되는 4가지의 다른 상호작용은 다음과 같다.

- 고객과 서비스 접객직원
- 고객 자신들 간
- 고객과 물리적 제품과 물리적 환경 간
- 고객과 서비스 제공 시스템 간

그러나 서비스 제공은 고객 간의 상호작용만이 존재하는 것이 아니고 서비스가 생산되기 위해 서비스 조직 내에서 일어나는 기타 작업과 상호작용도 포함된다. 예를 들면,

- 고객들
- 전방 접객직원
- 후방 지원직원
- 경영관리

상술한 4가지 유형의 상호작용은 고객과의 비접촉 조직 내에서도 발생할 수 있다. 이 보완적 상호작용은 다음과 같은 접촉을 포함시킬 수 있다.

- 동일 서비스 기능업장 내 직원 간
- 서비스 기능 영업장들 간
- 직원, 물리적 제품과 물리적 환경 간
- 직원과 서비스 제공 시스템 간

다음으로 서비스기업 내에서 발생하는 상호작용의 복합성과 동태성을 설명하지만, 예컨대, 단지 두 명의 고객만 예를 들었지만, 사실은 훨씬 더 많은 고객을 상정할 수 있고, 단 한 사람의 경영관리자, 한 명의 고객이 직원과 접촉하며, 한 명의 후방지원 직원이 나타나 있는 것도 같은 원리이다. 서비스 만남(ecounter)의 복합성이 점진적으로 인식되고, 그것에 대응한 계획이 수립되고 있다. 이상 장황하게 설명된 서비스 기업의 높은 상호작용은 그만큼 고객과 직원 간에 접촉할 기회가 많으므로, 이 접객직원이 바로 서비스이고, 고객 눈으로 보면 그들 자신이 기업이므로 이 접점은 대단히 중요하다. 이 같은 차원에서 보면 서비스업의 직원은 바로 마케팅 담당자이기도 하다.

2) 진실의 순간(Moments Of Truth)

고객은 서비스 공급자와 접촉할 때 그는 그 기업의 일부만이 아니고 전모를 본다. 예를 들면 항공사를 이용할 때 '서비스의 순환'(cycle of service)은 고객이 특정항공사에 예약을 할 때부터 시작되며, 고객이 공항에서 항공권을 사고 카운터에서 수하물의 탁송과 탑승, 기내에서 식사와 영화감상, 목적지에 도착과 귀로에서 그 비행기를 이용할 모든 과정에 걸쳐 계속된다. 서비스 순환과정은 거꾸로 반복되어 고객과 수화물이 공항에 무사히

도착할 때 끝난다. 이 순환의 각 지점에 고객은 그 항공사의 특수한 부분과 접촉하며, 고객의 지각은 이 같은 일련의 도상에서 만나는 여러 사람과 요소, 요소에 의해 긍정적으로 혹은 부정적으로 바뀔 수 있다. 이것을 이름하여 '진실의 순간들'(MOT)이라 명명되는데, 그 이유는 그 각 접점에서 서비스 경영(service management)의 진실이 발견되기 때문이다.

　서비스 순환개념에 대해서 좀 더 살펴보기로 하자. 예를 들면 여행은 여행 대리점, 각종 교통기관, 관광지의 숙박시설, 식음료시설, 토산품점, 특히 스포츠 문화시설, 자연환경, 문화재와 사적 그리고 이들을 소유, 관리, 운영하는 사기업이나 지방 공공기관, 관광협회 등의 활동이 모두 모여 고객의 관점에서 보아 하나의 완성된 제품이 되는 것이고 이것은 다음 〈그림 2 - 4〉에서와 같이 순환과정을 거치게 된다. 이 과정에서 고객의 욕구나 기대를 여러 가지 연속적인 단계의 집합에서 여하히 충족시키느냐는 것이 '서비스 순환'이기도 하지만, 공급자가 제공하는 시스템 개념과도 상통하는 것이다.

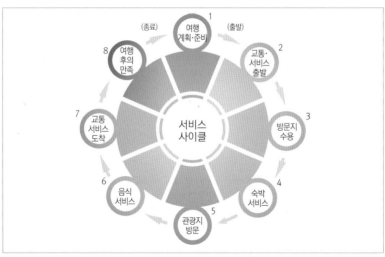

자료: Karl Albrecht & Ron Zemke, op cit p37.

🔍 그림 2 - 4 _ 여행의 서비스 순환도

앞서 설명한 '진실의 순간들'은 서비스산업의 고유의 이념과 밀착되어야 한다. 서비스산업에서 무엇이든 하여 영리목적만 달성하면 된다는 사고는 매우 위험한 발상이며 이름대로 서비스가 모토가 되어야 한다. 어떤 특정한 뜻에 따라 사회에 무엇인가 작용하여 유용한 효과를 일으킴으로써 사회로부터 신뢰를 얻지 않으면 안 된다. 사회에 어떤 작용을 하여 독특한 영향이 미칠 것인가 하는 그 내용이 이념이며 그것을 실현하기 위한 사고방식이나 행동방향이 방침이 될 것이다. 예를 들면 디즈니랜드의 경우 '가족에게 오락을 판매한다'고 하는 것이 기본이념이면, 그 방침은 환상과 꿈, 안전성, 예절, 테마쇼와 효율성이 될 것이다.

3) 정서 노동자

서비스 순환 접점마다 만나는 진실의 순간에는 특히 접객직원(CP: contact personnel)의 역할이 매우 중요하다. 서비스 직원은 대개 3가지로 분류되는데, 첫째 1차 서비스 요원 - 고객과 직접 혹은 고객과 계획된 접촉을 갖는 사람들, 둘째 2차 서비스 요원 - 일반적으로 고객의 눈에 띄지 않는 곳에서 서비스를 행하고 있으나, 우발적으로 고객과 접촉함, 셋째 3차 서비스요원 - 그 밖의 모든 사람들을 포함하는 서비스 지원요원이다.

서비스 직원을 성공적으로 관리하는 우량기업을 소개해 보기로 하자.

미국 굴지의 메리어트(Marriot)그룹의 한 중역은 말하기를, 자사의 호텔과 방계회사인 푸드서비스에는 14만 명의 직원이 일을 하고 있는데. 그는 이를 가리켜 '사람사업(people business)'이라 부르고 있다. 동사의 직원은 하루 600만 명의 고객과 접촉하고 있는데, 이것은 600만 번의 '진실의 순간들'이라는 것이다. 메리어트사는 고객과의 이 같은 접점을 중시하여 작년에 훈련비로 2천만 달러 이상을 투자했을뿐더러 전 직원에 대해 정기적으로 고과를 평가하여 넉넉한 이익분배를 실시하였다.

심리학자의 표현을 빌면, 접객직원의 일은 '정서노동'(emotional labor)이며, 정서노동적인 일에서는 자신의 행위의 수단이다. 서비스 직원은 상황에 자기감정을 신중히 적응시켜야 되는 직업에 종사하는 사람들이다. 소매업 세일즈맨 훈련능력 개발의 전문가인 리차드 이스라엘(Richard Israel)은, '진실의 순간들'에 대해 독특한 관점을 제시한 바 있다. 그는 '어떤 소매업이나 서비스업에 있어서도 매상의 효과는 마지막 1미터 20센티'라는 것이다. 광고의 주된 목적은 고객을 상품으로 오게 하는 것이지만 그 다음 일은 광고의 힘이 미치지 않는다. 마지막 끌어당기는 것은 접객직원의 위력이기 때문이다. 그들은 정서노동자이다.

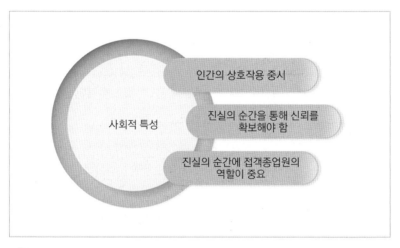

그림 2 - 5 _ 서비스의 사회적 특성

1) 고객의 욕구

대표적인 서비스산업 중의 하나인 호텔사업의 철학과 주제는 '사람사업'(people business)이다. 그 이유는 서비스를 베푸는 주체나 받는 객체가 모두 사람으로서 人과 人 사이의 직접적인 대면접촉에서 정(精)을 바탕으로 사업이 성립되기 때문이다. 그래서 '호텔은 사람이다', '수요가 또한 사람이다'라는 인격체를 기본으로 하기 때문에 고객의 '주권존중'이 바로 이 산업의 혼이며 경영의 기본이념이다. 어느 산업치고 고객을 신주같이 모시지 않는 장사가 있을까마는, 특히 인간관계의 상호작용이 높은 이 특성으로 손님으로 하여금 팬(fan)이 되게 하여 '재방문'으로 연결시켜야 한다. 그렇게 되기 위해서는 더욱 고객지향적인 의식과 고객의 마음을 읽으며 '참욕구'가 무엇인지를 정확히 파악해야 할 것이다. 돈으로 바꿀 수 없는 마음의 서비스를 해야 한다.

일본사람은 특히 사업상에서 사람을 한 번 사귀면 끝까지 돌보기로 정평이 나 있다. 가게에 한 번 온 손님은 싹싹스럽게 대하고, 아끼고, 사람을 조심스럽게 오랫동안 사귄다. 그러면 나중에 그 손님으로부터 큰 도움과 정보를 되돌려 받는다. 일본에는 옛날에 '선용후리'라는 상도적이 있었다고 하는데, 이것은 "손님 우선 써 보십시오. 만일 마음에 드신다면, 얼마만큼 대금을 놓고 가시면 다행으로 생각하겠습니다."라는 것이다. 이것이 상인근성이다. 이것은 "파는 것"이 아니라 "사주시는 것"이다.

2) 정서사회와 감성

소비자는 어떻게 사고하고 구매행동을 결정하는가를 설명하는 데 경제적 요인만으로는 불충분하다. 특히 그들에게 그러한 배경을 알고 서비스를 효과적으로 전달하려 한다면 고객에게 동기를 부여하고 다양한 구매관련 결정에 영향을 미치는 '심리적 요인'을 이해할 필요가 있다.

인간관계란 '마음'을 서로 연결하는 것이다. 즉 인간이란 사람과 사람의 사이, 그 사이에 있는 것이 '마음'이다. 그런데 이 마음이란 잘 알기도 어렵고, 조변석개처럼 잘 변한다.

서비스직의 직원은 정서적 노동자요, 손님의 마음을 꿰뚫는 반심리학자가 되어야 그들과 대화가 통하고 설득시킬 수 있다. 이렇게 되기 위해서는 '예술가'의 경지까지 올라가야 될 고지가 있다. 지구의 반 바퀴 이상을 여행한 한 해탈자의 마음 수행서를 보면 다음 그림에서 보듯 인상적인 장면에 마음이 쏠린다. 그것은 마음을 꽃밭으로 키울 것이냐, 가시덤불로 키울 것이냐 하는 조련법이기도 하다.

고도 산업사회와 정보사회를 맞아 육체노동자보다 정신노동자가 많아지는 추세에 따라 우리 사회가 '부드러움'에 대한 추구와 정서사회 연성사회로 U턴화되고 있음을 여실히 볼 수 있다. 기능만 좋다고 물건이 팔리는 시대는 지나가고, 먼저 디자인을 만들고 작업효율성은 2차적인 것으로 생각하고 있다. 제품의 경쟁력은 디자인이라고 하는 소비자의 욕구파악이 가장 중요하므로 '디자인 = 마케팅'이 된 셈이다. 서비스는 머리로 하는 게 아니고 가슴으로 하는 것이다.

서비스기업의 제품을 구입할 때 소비자의 모종의 예리한 직관이 크게 작용된다. 여가관광 산업에서는 물리적 환경이 제조업의 포장과 같은 유사한 역할을 수행하므로, 고객의 정서적 욕구를 따르는 감성지향주의가 되어야 할 것이다. 따라서 이 산업을 에워싸고 있는 물리적 환경과 분위기가 매우 중요하므로, 이는 고객의 정서적 욕구 충족에 직접적인 영향을 끼칠뿐더러 서비스 경영자로 하여금 감성지향 전략을 위해 중요한 마케팅 도구로 활용해야 할 것이다.

3) 서비스의 체험

서비스의 대부분은 사람과 사람 간의 어떤 관계 위에 성립되며, 또 서비스를 기본적으로 특정한 시공간적인 제한 속의 상호작용이라고 볼 때 서비스 이용자의 경험은 중요한 뜻을 지닌다. 이 체험은 일반적으로 고객이 느끼는 만족·불만족이나 쾌·불쾌의 정도(품질)가 중요한 열쇠이므로 이 산업을 가리켜 '체험산업'(Experiential Industry)이라고 한다. 한편, 서비스산업을 '감성산업'이요, '패션산업'이라고도 말할 수 있는데, 이때 감성은 판매자의 감성이 아니고 타자, 즉 고객이 뭘 좋아하는지를 알아야 한다는 뜻이다. 결국 체험, 감성, 패션산업을 통해서 본 서비스 산업의 목표는 고객의

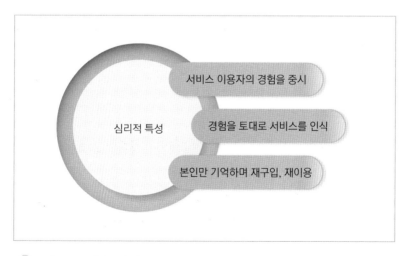

🔍 그림 2 - 6 _ 서비스의 심리적 특성

기쁨과 만족이며, 여건에 도달할 수 있도록 사람이 사람을 도와주는 데 뜻을 두는 것이라고 본다.

서비스를 받은 손님에게는 아무것도 유형적으로 남는 것은 없지만 그 서비스에 대한 가치 여부는 자신의 '체험'에 달려 있고, 본인이 느낀 체험은 제3자에게 팔 수도 양도할 수도 없는 것이다.

 ## 제4절 부가적 특성

1) 고객만족과 효용

서비스의 수요는 긍정적인 고객의 만족을 목적으로 하고 있다. 유형재의 가격은 수요와 관계는 있지만 기본적으로 생산성과 경제성 그리고 장치 설비에 의하여 결정된다고 봐야 된다.

이에 반해 서비스의 가격은 구매자의 만족 및 효용에 의하여 영향을 받는다.

2) 서비스의 개별화

고객에게 제공되는 서비스의 경우 개별화가 뚜렷하며 그 효용은 서비스 구매자의 주관으로 평가되는 경우가 많다.

또한 서비스는 제공된 후에야 비로소 제공된 서비스의 품질을 고객에게 평가받을 수 있으며 서비스품질의 균일화가 대단히 어렵다고 할 수 있다.

3)소득에 따른 수요의 증감

소득의 증감에 따라 수요에 대한 증감의 폭이 심한 것이 서비스산업이고 또한, 서비스는 경기 동향에 좌우되기 쉬운 특성을 가지고 있다. 대체적으로 말하면 소득의 증대에 따라 가계의 서비스지출이 증가하는 경향이 있고, 불경기나 소득의 감소에 따라 서비스지출이 감소하는 경향이 있다.

부가적 특성
- 소유권 이전을 수반하지 않음
- 시·공간의 특정성
- 가격의 무의미성
- 인식의 곤란성
- 비 자존성(주체와 객체간 동시성)

그림 2 - 7 _ 서비스의 부가적 특성

고객만족을 위한
서비스 경영론
SERVICE

MANAGEMENT

제**3**장

서비스의 분류

제**3**장

서비스의 분류

제**1**절 **서비스의 분류체계**

① **서비스의 분류기준**

서비스 분류에 대한 기준은 서비스산업의 다양성 이질성 규모성에 따라 차이가 있기 때문에 지금까지 여러 의견들이 있지만 대체적으로 구분하면 의미론적 분류, 시간단계별 분류, 행위주체별 분류 등으로 나눌 수 있다. 또한, 이와 같은 분류 체계 외에 고객처리, 소유물처리, 정보처리 등 투입요소에 따른 분류, 서비스 행위 성격과 서비스조직, 고객과의 관계유형, 고객별 서비스 변화 및 재량정도, 수요자의 특성 그리고 서비스 제공방식 및 상품특성 등 속성에 따른 분류, 조직특성 서비스특성 고객관계 수요특성 및 서비스 패키지 등 계층적 분류가 있다.

48 _____ 고객만족을 위한 서비스 경영론

🔍 그림 3 - 1 _ 서비스의 분류체계

② 서비스 분류의 중요성

서비스 산업은 복잡하고 이질적인 업종으로 구성되어 있다. 실제로 서비스란 구매자 및 사용자에게 효용을 창출한다는 점 이외에 산업이 다양할 뿐 아니라 동일한 대분류에 포함된 중분류 업종조차도 그 기능이 이질적인 경우가 많다. 그리하여 서비스 산업은 심층적 분류가 어렵고 마케팅 전략 개발에 도움을 줄 수 있다.

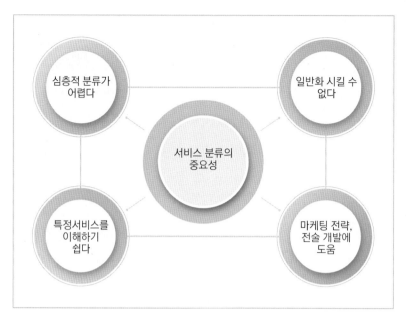

🔍 그림 3 - 2 _ 서비스분류의 중요성

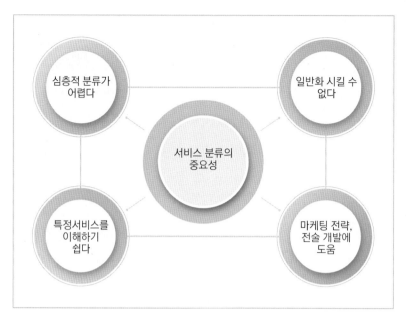

제2절 서비스의 분류유형

① 서비스의 포괄적 분류

포괄적 의미에서 서비스는 다음과 같이 5가지로 범주화한다.

① **자급적 서비스**: 소비자가 자신의 욕구충족을 위해 자기 스스로 생산

과 소비를 담당하는 서비스(주부의 가사노동 등……)

② **공공적 서비스**: 소비자가 명시적으로 그 서비스의 소비를 요청하지 않았음에도 불구하고 보편적으로 제공되며, 교환의 단위가격 등이 확인 불가능한 공공목적의 서비스(치안, 안보 등……)

③ **불법적 서비스**: 소비자의 명시적 요청이나 교환의 단위가격 등은 일반적으로 확인 가능하지만, 정상적인 시장거래가 금지된 서비스(범죄 대행, 매춘 등)

④ **대고객 서비스**: 독립된 교환의 단위로써 확인 불가능하며, 다른 제품 서비스의 판매와 관련하여 경쟁의 수단으로 제공되는 마케팅 변수로서의 서비스(소비자 금융, 할인판매 등)

⑤ **상업적 서비스**: 소비자의 욕구충족을 위해 명시적 요청에 따라 시장에서 교환되는 독립된 단위로써 확인 가능한 마케팅 대상으로서의 서비스(일반적 상거래)

또 하나 서비스의 의미론적 분류가 있다. 그것은 정신적 서비스, 업무적 서비스, 금전적 서비스, 태도적 서비스인데, 정신적이라 함은 서비스를 봉사나 공헌으로 번역하는 것으로 서비스 정신이나 서비스 이념이 여기에 포함되는 서비스이다. 업무적이라 함은 무형재를 뜻하는데, 여기에는 정신적 서비스가 모든 기업에 공통적으로 존재하는 추상적 관념적인 마음 자세를 말한다면 업무적 서비스는 개개의 업종이나 기업마다 별개의 형태로 제공되는 구체적 실천적인 일 그 자체이다. 금전적이라 함은 가격을 인하하는 것 내지는 무료로 하는 것의 희생급부적 행위를 일컫는 것이며, 태도적이라 함은 금전적 서비스와 함께 현재 뿌리 깊게 남아 있는 서비스 개념 중의 하나로 일선 직원의 고객에 대한 태도와 관련된 것으로, 말씨, 표정, 동작, 복장, 화장 등으로 형성된 감정적인 대응과 결부된 것이다.

② 기능적·정서적 서비스

1) 기능적·정서적 서비스

기능적이라 함은 많은 사람들로부터 공통적으로 인정받는 '객관성과 안전성이 있는 어떤 편익의 제공'을 의미하며, 무엇을 해주는 서비스가 있다, 없다는 유무의 평가라는 객관성 있는 판정에 기초한다. 일반적으로 유통서비스, 금융서비스, 교통서비스는 기능성 우위에 속한다. 이에 대해 정서적이라 함은 '서비스의 수행방법'을 의미하는 것으로 인적인 대응이 여기에 속한다. 정서적인 것에 대한 평가는 좋고, 나쁨에 대한 호·악(好惡)이라고 하는 주관적인 판정으로서 식음서비스와 숙박서비스가 정서적 우위업종이라 할 수 있다. 예를 들면 일본의 숙박서비스에서 호텔형은 기능적 서비스가 강하고, 일본식 여관은 정서적 서비스가 더 강하다.

2) 유형·무형 서비스

특히 환대산업의 고객은 서비스 질에 대단히 민감한데, 그것은 물리적·심리적 양 측면을 자각하기 때문이다. 심리적 측면은 흔히 대안적인 서비스의 제공 사이에서 선택할 때보다 두드러진다. 서비스 질은 유형요소와 무형요소가 모두 포함되나, 이 가운데에서도 가장 중요한 특성은 무형적이라는 것이다. Ryan은 서비스의 기능이 유형이냐 무형이냐에 따라 다음과 같이 서비스를 분류하였다.

유형적 서비스기능   무형적 서비스기능
비소유 서비스재   일반적 서비스
소유 서비스재   인적 서비스

한편 서비스의 종류로써 제1서비스는 기본적 서비스로 말씨, 태도, 복장, 청결 등이 있고 제2서비스는 사회문화 활동으로서 기업의 이윤을 사회에 환원하는 것이고, 제3서비스는 고객의 대화를 통해 만족을 느끼게 하는 심리적 서비스로 나누며, 서비스의 분류로서 유료서비스는 매스컴의 광고를 통한 유료 서비스, 무료 서비스는 판촉 서비스와 무료배달, AS(after service)가 있다. 무형 서비스는 미소, 말씨와 같은 것으로 손님으로부터 좋고 나쁨에 대한 평가(software)가 수반되는 정서적 서비스요, 유형 서비스는 서비스가 있고 없는 것에 관한 객관적 판정(hardware)을 가리키는 기능적 서비스이다. 이것을 그림으로 나타내면 다음의 〈그림 3 - 3〉과 같다.

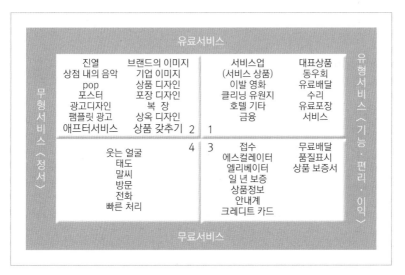

🔍 그림 3 - 3 _ 서비스의 분류

3) 설비·비설비 서비스

서비스 산업을 설비와 비설비산업으로 분류하는 방식인데, 전자는 호텔과 레스토랑, 병원과 항공회사 등이 대표적이며 후자는 소프트웨어 개발회사와 컨설턴트, 유통업 등이 그 예이다. 그러나 다음 그림에서 보면 호텔업의 경우, 설비 서비스 산업체이지만 운영방식은 사람에 더욱 의존하는 형태를 띤 서비스업이기도 하다.

🔍 그림 3 - 4 _ 서비스사업의 유형

③ 서비스의 업종별 분류

이것은 서비스활동 개별성에 따른 분류법으로 크게 3가지로 나누어 볼 수 있다. 첫째, 대중 서비스 업종으로 '양산형 서비스'로 대개는 서비스 제공 측이 고객의 요구를 생각해서 제품설계를 한다(패키지여행, 신문과 잡지). 둘째, 이것은 '개별 수주 서비스 업종'으로 위의 것과는 정반대이다 (컴퓨터 소프트의 수탁개발, 컨설팅, 시장조사 등). 셋째, 양자의 절충형으로 '주문제작 서비스 업종'으로 서비스 측에서 가능한 종류와 범위를 미리 결정해 놓고 있지만, 고객의 요구에 따라 다소의 선택 추가가 가능하다(호텔, 레스토랑, 레저산업 등). 앞으로 서비스 산업의 구조는 대중 서비스에서 주문제작 서비스로, 주문제작 서비스에서 개별수주 서비스로 이행될 것으로 내다보고 있다.

④ 상호작용적 서비스

서비스는 대내 서비스(inside service)와 대외 서비스(outside service)로도 구분할 수 있다. 직원과 손님 간의 대외 서비스가 원만히 이루어지려면 사용주와 근로자 간의 대내 서비스가 선행되어야 하는 관계는 상호작용적 성격이다. 피터드러그의 말대로, '노사 간의 충돌 문제는 임금을 비용(cost)으로 보는 기업체와 임금을 소득(benefit)으로 보는 직원 간의 충돌에 있듯이 비용과 수익은 영원한 갈등관계'이다. 마치 구매자가 지불을 극소화하려 하고, 판매자는 이윤을 극대화하려는 지출과 이윤의 경제원리가 인간사회의 법칙이요 자연의 법칙이듯이 회사의 조직은 무릇 개인의 목표와 조직의 목표가 어느 정도 일치하면 노사 간에 평화가 온다. 그런데 자기 노동이 사용주에게 부당하게 착취, 즉 밥이 된다거나, 상대적 박탈감을 느낄 때에는 일하는 것이 엉터리가 된다. 서비스는 '정'이라고 했다. 대내 서비스가 선행조건이 되지 못하면 직원의 얼굴에 불만스런 표정이 나타남은 정한 이치이다.

⑤ 서비스 질에 따른 분류

서비스의 질은 ① 물리적 질, 상호작용적 질 ② 기업의 질, 과정의 질과 결과(산출)의 질과 같이 분화되는 두 가지 모형이다. 아마도 후자의 질적 분류는 앞서 심리적 서비스에서 언급한 서비스의 개념 人·物 시스템 중 시스템 서비스의 질에 해당된다고 본다.

⑥ 시간 단계별 분류

아래 그림에서 보듯이 서비스가 행해지는 단계를 셋으로 나누어 사전 서비스는 구매결정 이전으로 예약 및 소비자 보호 등이 있고, 서비스는 서비스가 진행되는 과정이며 애프터서비스는 사용개시 후의 고정처리 및 무료배달 등을 들 수 있다.

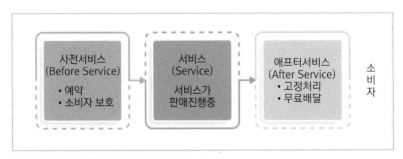

🔍 그림 3 - 5 _ 시간 단계별 분류

1) Before(前) - During(中) - After(後)

고객 서비스의 프로세스에 관한 관리는 서비스가 시작되기 전부터 시작되어야 하는데 내가 서비스하고자 하는 고객은 누구이며, 고객의 필요와 욕구가 무엇인가를 파악하는 Before(前)서비스와 고객의 접촉을 통해 이루어지는 During(中)서비스, 서비스가 종료된 후에 이루어지는 After(後)서비스가 있는데 이에 대해 알아보면 다음과 같다.

① Before Service: 고객연구

서비스가 시작되기 전에 고객은 누구이며, 고객의 필요와 욕구를 사전에 충분히 파악한 다음 서비스가 시작되어야 한다. 따라서 내가 서비스해야할 고객의 취향과 인구통계적인 특성을 먼저 파악을 해야 고객의 욕구에 부합된 서비스가 제공될 수 있을 것이다. 이러한 고객에 대한 연구는 고객의 파일을 통해서 파악하는 방법과 그렇지 않으면 고객의 입장에서 다시 한번 생각해 보면 필요한 서비스가 제공될 수 있을 것이다.

② During Service: 오감관리 + 심성관리

고객과의 접점에서 서비스가 제공되고 있을 시에는 인간의 오감을 철저히 관리해야 한다. 즉 보고, 듣고, 맛보고, 냄새를 맡고, 느끼는 활동에 대해 전혀 불편함이 없도록 하고 또한 이에 덧붙여서 친절하고 성실하게 서비스를 해야 한다.

③ After Service: 사후 관계관리

한 번 서비스를 이용한 고객을 계속해서 이용할 수 있도록 하기 위해서 또한 재이용 시에 불편함이 없도록 하기 위해서 D/B를 구축해서 관리하거나, 생일과 결혼기념일 등을 기억해 두었다가 축하메시지를 보냄으로써 고객들과의 계속적인 관계를 유지하고 또한 재방문을 유도할 수 있을 것이다.

2) Before(前) - During(中) - After(後) 서비스 프로세스

① Before Service는 고객연구가 되어야 한다. 고객들의 주요 특성과 독특한 욕구를 미리 파악하여 고객들의 필요와 욕구에 부합된 상품의 개발과 서비스를 제공한다.

② During Service: 보고, 듣고, 맛보고, 냄새 맡고, 만지는 느낌 등 도감을 충족하고 종사원들이 편안히 모시고자 하는 따뜻한 심성이 전달되도록 한다.

③ After Service: 사후에 감사를 표해야 하고 좋은 구전(口傳)에 의한 평가를 받도록 노력하며 인연이 유지되도록 관계관리를 한다.
 - 감사(謝, Thanks)관리
 - 평가(評, evaluation)관리
 - 관계(緣, relationship)관리

제3절 서비스의 효과 및 개발

① 서비스의 효과

서비스의 비중이 증대되는 것은 하드웨어 사회에서 소프트웨어 사회로의 진행이 가속화되면서 기업 측면에서는 생산체제, 판매방법, 시장개념의 변화, 고객개념의 변화, 마케팅 환경의 변화, 나아가서는 기업문화의 변화에 따른 경영철학 내지 기업가치관의 흐름에 큰 변화가 일고 있기 때문이다.

또한 소비자 측면에서 볼 때 생활수준의 향상에 따라 소비개념의 변화, 여가 시간의 증대, 관광레저 개념의 변화, 생활 패턴의 서구화, 개방화, 가치관의 변화, 개성의 존중 등 소비자 자신의 삶의 환경에 큰 변화가 일고 있다. 따라서 기업 측에서는 제품의 품질만으로 고객만족 경영을 이룰 수 없게 되었으며 소비자도 단지 제품의 성능, 수명, 품질에만 관심을 두던 시대에서 서비스 지향적인 소비패턴을 갖게 되었다. 이제 〈품질 + 서비스의〉 사회에서 서비스가 기본이 되는 〈서비스 + 품질의〉 사회로의 급진적인 변화가 사회, 경제, 문화 등 전반적인 현상을 주도하게 될 것이다. 기업이 성장하면 할수록 첨단기술을 개발하고 고객만족 경영을 이룰수록 서비스는 경영철학의 기본이며 마케팅 방법의 기본이 되지 않으면 안 된다.

① 서비스는 상품이다.

최근 들어 TV, 신문 등 대중매체에 등장하는 광고 문구를 보면 제품을 판매하겠다는 것인지 서비스를 판매하겠다는 것인지 그 개념이 모호한 경우를 보게 되는데 이는 과거의 제품의 성능, 기능, 수명, 품질을 강조하던 시대에서 서비스를 강조하는 이른바 '서비스가 상품이다'는 서비스 경영 신념을 실현해 나가는 과정이라고 볼 수 있다.

예를 들어 자동차 회사의 상품은 무엇인가라고 물었을 경우 자동차라고 답하던 시대는 지났다는 말이다. 그것은 자동차가 이 땅에 첫발을 내딛던 시대의 이야기이고 지금은 자동차를 구입하는 것이 아니라 자동차 문화를 누리는 시대에 살고 있으니 당연히 자동차회사의 상품은 자동차일 리가 없다. 다시 말해서 자동차가 하나의 상품이 되기 위해서는 자동차를 판매하고 있는 주변환경, 즉 기업의 이미지, A/S, 영업사원의 친절도, 자동차 문화에 대한 기업의 기여 정도, 사후고객관리, 기업의 서비스 문화 등이 고객을 만족시킬 때 비로소 하나의 상품이 되는 것이다. 서비스가 상품이라는 경영철학을 실현해 나가는 것이 서비스의 역할이다.

② 서비스는 가치를 부여한다.

서비스는 보관하고 일정한 장소에 저장해 놓는 것이 아니라 주고받는 과정이다. 기쁜 마음으로 주고 즐거운 마음으로 받는 것이 서비스다. 기쁜 마음으로 주기 위해서 종업원에 대한 교육과 투자를 하는 것이며 종업원의 마음을 통해서 전달되는 서비스는 고객에게 보이지 않는 무한 가치를 느끼게 한다.

서비스 기업에서는 가치를 팔아야 살아남는다고 한다. 그것도 무한한 가치를 팔라고 말한다. 고객은 레스토랑이나 백화점, 술집이든 아니면 일류 호텔이든 비행기를 타고 여행을 하던 그 점포에 들어서면서부터 나올 때까지 단지 눈에 보이는 물건만을 구매하는 것이 아니라 가치를 느끼고 싶어 하는 충동을 갖게 된다. 레스토랑의 경우 편안하고 내 집 같은 분위기에다 자신의 존재를 느끼게 해주는 종업원들의 꾸밈없는 인간적인 서비스를 통해 가치를 느낄 수 있다.

③ 서비스는 고객 감동의 지름길이다.

고객감동과 서비스는 동의어다. 서비스는 곧 고객감동을 위한 행위의 연출이며 고객은 서비스를 통해서 만족하고 감동하게 된다.

고객감동을 불러일으키기 위해서는 고객에 대한 이해와 동반자적인 관계구축이 필요하다. 고객은 판매대상이 아니며 한 식구라는 신념을 가져야 고객감동을 실현할 수 있는 다양하고 깊이 있는 서비스를 개발할 수 있다. 고객이 기대하는 서비스는 상식을 벗어나는 높은 수준이 아니라 일상생활 속에서 체험할 수 있는 당연한 것들이다. 그래서 당연한 것을 잘 실천하는 것이 서비스의 비결이라고 하지 않는다. 10인 10색, 100인 100색의 각기 다른 가치관과 개선, 자기만의 독특한 문화를 향유하고 있는 고객을 만족시키기 위해서는 고객지향적인 사고와 고객을 늘 가까이에서 이해하려고 노력하는 끊임없는 서비스 자세가 요구된다.

④ 서비스는 기업의 문화를 대변한다.

서비스 기업체는 평판이 중요하다. 평판이 무언의 세일즈맨이며 선전효과를 안겨준다. A라는 레스토랑에 손님이 많이 모이는 것은 곧 A라는 레스토랑의 서비스 문화가 뛰어나기 때문이다. 서비스를 실천하는 것은 서비스 문화를 실현하는 것이며 서비스 문화의 실현은 곧 고객의 삶의 질을 향상시키는 고차원의 마케팅 전략이다. 서비스 업체는 소문에 의한 구전효과가 절대적인 영향을 미치기 때문에 좋은 소문, 잠재고객을 자극할 수 있는 바람직한 소문이 전달되도록 서비스문화의 실현에 관심을 두여야 한다. 서비스 문화의 실현은 톱 매니지먼트에서부터 주차관리라는 말단직원에 이르기까지 일치된 고객지향적인 서비스 정신에서 찾을 수 있다.

서비스의 역할은 궁극적으로 고객을 유인하여 안정시키고 기업의 이윤을 추구하는 현대 경영의 핵심이라고 말할 수 있다.

② 서비스의 개발

서비스의 특성 중의 하나가 무형의 성격을 갖기 때문에 표준화시키기가 곤란하다는 점이다. 표준화가 불가능하기 때문에 공산품처럼 유통과정이 도소매업을 통해서 이루어지는 것이 아니라 고객과 서비스 제공자가 한 장소에서 직접 만나 주고받는 현장성을 갖게 된다. 다시 말해서 서비스는 적시성과 현장성을 갖게 된다. 예를 들어 호텔이나 레스토랑에서의 접객서비스는 고객이 현장을 방문해야만 가능하며 아무리 질이 뛰어난 서비스라 하더라도 호텔이나 레스토랑을 떠나서는 의미를 잃게 된다. 이 같은 서비스의 특성 중에서도 표준화 불가능 문제는 서비스 생산의 한계를 보여 주면서 고객 만족 경영에 있어 다양한 방법을 연출할 수 있는 기법을 제시해 준다.

① 서비스는 상대적이다.

서비스는 주고받는 사람의 관계에 따라서 시간과 장소, 분위기, 조건에 따라 그 가치가 상대적임을 알 수 있다. 아무리 잘 훈련받고 교육받은 접객원의 서비스라도 받아들이는 상대의 여건에 따라 그것은 몰가치한 기준 이하의 서비스가 될 수 있다. 따라서 서비스의 가치는 상대적인 가치 개념을 내포하기 때문에 서비스의 내용이나 전달방법을 상황에 따라 고객의 수준에 따라 그때그때 달리할 수밖에 없다. 이것이 고급화, 다양화를 지향하고 개성을 강조하는 각양각색의 고객을 감동시키는 기법이며 눈높이 서비스의 핵심이다.

② 고객의 서비스 기대는 천차만별이다.

고객이 만족을 느끼는 조건은 개개인의 취향과 생활방식, 삶의 가치관

등 개인적인 속성에 따라 달리 나타날 수 있겠으나 우선은 자신이 기대한 수준과 실제로 체험한 서비스의 수준이 어느 정도 일치하느냐의 여부에 달려있다. 기대한 수준을 만족시킬 수 있다면 그것은 고객만족이다. 레스토랑의 예를 들어 본다면 최고급 레스토랑을 방문하는 고객은 대중식당을 찾는 고객보다 뭔가 다른 기대수준을 갖게 된다. 이러한 고객의 기대심리를 충족시키지 못할 때 그 결과는 고객 불만족으로 이어지고 이는 결국 매출액의 감소로 이어져 경영상의 문제를 낳게 된다. 따라서 서비스 기업체는 고객의 기대심리를 사전에 파악하고 자기 기업의 위치에 맞는 서비스의 질을 향상시켜 나가는 일이 중요하다.

생활수준의 향상에 따라 소비개념의 변화, 여가 시간의 증대, 관광레저 개념의 변화, 생활 패턴의 서구화, 개방화, 가치관의 변화, 개성의 존중 등 소비자 자신의 삶의 환경에 큰 변화가 일고 있다.

③ 개별화 서비스는 철저한 교육, 훈련에서 나온다.

고객을 만족시키고 감동시켜 나가기 위해서는 고객에 대한 정보와 사전 관리가 중요하다. 고객감동을 위해 서비스란 결국 고객의 개성과 인경존중에서 나오는 고객의 반응이라고 볼 수 있기 때문이다.

따라서 눈높이 서비스를 개발하는 것은 고객은 획일화된 하나의 지반이 아니라 10인 10색, 100인 100색의 개성과 각기 다른 생활 방식을 갖고 있다는 데서부터 출발해야 한다. 농사꾼이 일류 호텔에서 느끼는 서비스 수준하고 호텔생활에 익숙한 수준의 서비스를 두 사람에게 제공한다면 어느 누군가가 그 서비스에 대해서 만족을 느낄 경우, 반드시 다른 한 명은 불만족을 느낄 수밖에 없다.

기업의 입장에서는 만인을 위한 만인의 서비스를 개발해야 한다.

기업의 성패를 좌우할 만족을 느낀 고객이 기업이 안겨주는 이익보다는 불만을 갖는 고객이 기업에 안겨주는 잠재력이 더 큰 손실이라는 사실을 깨달아야 할 것이다.

따라서 고객 개개인의 취향에 맞는 다양한 서비스 기술을 터득해야 하는데 이것이 눈높이 서비스의 출발이다. 눈높이 서비스를 잘 실천하기 위해서는 고객에 대한 정확한 신상정보들 중심으로 고객관리에 만전을 기하는 일이다. 또한 서비스맨에 대한 철저한 교육, 훈련에서 나온다는 사실이다.

④ 만인을 위한 서비스가 아니라 만 가지 방법의 서비스를 개발하라.

눈높이 서비스의 본질은 만인을 위한 서비스 제공이 아니라 만인의 만족을 위한 다양한 서비스 기법 개발과 서비스의 차별화 전략에 있다. 고객의 욕구와 필요로 하는 내용이 무엇인지를 사전에 파악하고 개개의 고객을 충족시킬 수 있는 풀(Pull)전략이 요구된다. 천편일률적이고 앵무새처럼 입에서 녹음된 메시지가 아니라 일대일 고객 접근 전략을 구사하여 마음에서 우러나오는 정성과 관심을 전달하는 데 무게를 두어야 한다. 미국에서 나온 한 통계자료에 의하면 서비스 기업체에서 만족을 느낀 고객은 평균 3명에게 자신의 만족체험을 권하지만 불만을 느낀 고객은 평균 11명 정도에게 그 불만족스러운 서비스형태를 이야기한다고 한다. 만족스러워하는 고객을 보고 즐거워할 것이 아니라 불만을 갖는 고객의 부정적 효과에 큰 관심을 가져야 한다. 문제는 불만을 느낀 고객이 서비스 기업체에 대해서 적극적으로 불만사항을 털어놓지 않는다는 데 있다. 이들의 불만사항을 사전에 파악하기 위해서는 방문고객에 대한 서비스 평가 설문서를 받는다던가, 불만사항을 표현할 수 있는 직·간접적인 고객관리 능력을 개발하는 데 있다.

'지상낙원'의 서비스

일본 니가타 현 에치고 유자와는 노벨문학상을 수상한 가와바타 야스나리의 소설 '설국(雪國)'의 배경이 된 마을이다. 온천장 한 료칸(旅館)을 무대로 남자주인공 시마무라와 게이샤 고마코, 그리고 미소녀 요코 세 사람의 미묘한 관계를 다룬 '설국'은 일본 현대 서정문학의 정점(頂點)을 이룬 소설로 평가받는다.

생전에 료칸을 즐겨 찾았던 가와바타는 에치코 유자와 한 료칸에 1934년부터 37년까지 3년 동안 머물며 '설국'을 집필했다. 가와바타가 머물던 방은 책상 의자 화로 등이 옛날 그대로 보존돼 있어 이를 보기 위해 사람들의 발길이 끊이지 않는다. 방문객들은 이곳에서 '설국' 탄생의 현장을 눈으로 직접 확인하는 한편 료칸이라는 일본 특유의 '숙박문화'가 갖고 있는 분위기를 맛볼 수 있다.

료칸은 입지(立地)에 따라 시가지 료칸과 관광지 료칸으로 구분된다. 시가지 료칸은 보통료칸과 갓포료칸으로 나누는데, 보통료칸이 숙박 전문인 데 비해 갓포료칸은 숙박과 함께 연회(宴會)장소로 사용된다. 따라서 갓포료칸은 규모도 클 뿐 아니라 정원 등 부대시설이 잘 갖춰져 있다. 관광지 료칸은 유명 온천장과 명승지에 위치해 있는데, 그 가운데는 수백 년 역사와 전통을 자랑하는 문화재급 료칸도 있다.

료칸은 호텔과 크게 다르다. 우선 외관에서 호텔이 서양식 건물인 데 비해 료칸은 일본 전통 양식을 따르고 있다. 다다미가 깔린 방에서 푸동이라고부르는 이부자리를 깔고 덮고 잠을 잔다. 식사도 식당 아닌 각자 방에서 하며, 목욕탕은 공동으로 사용한다. 호텔에선 유카타 차림으로 방 밖에 나갈 수 없는 데 반해 료칸에서는 유카타에 게다를 신고 어디든 마음 놓고 갈 수 있다.

하지만 이 같은 것들은 작은 차이일 뿐이다. 료칸이 갖는 진짜 특색이자 가장 큰 장점은 감동적인 서비스다. 방마다 기모노 차림의 전담 여종업원이 있어 침구 정돈에서 식사 제공에 이르기까지 모든 것을 완벽하게 해결해준다. 료칸에서 손님은 무엇을 어떻게 할 것인지 생각할 필요조차 없다는 말까지 있을 정도다. 이처럼 수준 높은 서비스를 제공하기 때문에 료칸의 숙박료는 일반 호텔보다 훨씬 비싸다.

미국의 권위 있는 여행전문지 《내셔널 지오그래픽 트래블러》 최신호가 선정한 '진정한 여행자가 일생에 한 번은 꼭 가봐야 할 50곳' 가운데 '지상낙원' 부문에서 일본 료칸이 포함됐다. 서양인들이 료칸에 대해 가지고 있는 호감이 어느 정도인가를 알 수 있다. 여관이라고 하면 먼저 불결함과 불친절이 떠오르는 우리 입장에서도 한 번 심각히 생각해 볼 일이다.

신체적 접촉과 향(香)의 서비스

제2차 세계대전 때에 있었던 일이다. 전쟁에 참가한 젊은 병사들의 사기를 올려주기 위해 어떤 방송국에서 병사들에게 똑같은 질문을 던졌다. 참호 속에 들어가서 적진을 향해 총을 겨누며 언제 죽을지 모르는 절박한 불안에 떨고 있는 병사들에게 '지금 가장 원하는 것이 무엇이냐'고 물었다. 방송국에서는 그 대답을 미리 예측하고 있었다. 한창 혈기왕성한 젊은 병사들이니 당연히 '성욕'이라는 대답이 나올 줄 알았다는 것이었다.

그러나 젊은 병사들의 대답은 전혀 뜻밖이었다. 병사들은 한결같이 '어머니가 만들어준 따뜻한 스프'를 먹고 싶다고 대답했다. '어머니가 만들어 준 따뜻한 스프 한 그릇'이 여자에 대한 욕망보다도, 실컷 잠을 자고 싶은 수면의 욕구보다도 우선한 것이다.

신생아의 경우 태어난 직후 보고 말할 수는 없어도 본능적으로 신체적 접촉을 시작한다. 입술에 있는 촉각세포가 젖 먹는 것을 가능하게 해주고 손으로 뭔가를 찾아 뻗치기 시작한다. 엄마와의 신체적 접촉에서 비롯되는 최초의 정서적 안정은 조건 없는 사랑의 기억으로 남아 평생을 우리와 함께 한다. '어머니가 만들어 준 따뜻한 스프를 먹고 싶다'는 병사들의 소망도 스프 자체보다는 어렸을 적에 어머니와의 신체적 접촉에서 얻었던 정서적 안정을 갈구하고 있었던 게 분명하다.

한 대학 도서관에서 여성 사서가 학생들에게 책을 대출하는 업무를 보고 있었는데 표시나지 않게 사람들을 건드리며 그 사람들의 반응을 살피는 실험을 했다. 그녀는 도서카드를 돌려줄 때 학생들의 손을 가볍게 스쳤는데 여러 가지 조사결과 어렴풋이 건드려진 학생들은 일반적으로 보다 높은 심리적 만족도를 보여준 것으로 나타났다.

외국의 한 레스토랑에서 잠재의식적인 접촉실험을 실시한 적이 있었다. 여종업원이 고객의 손이나 어깨를 눈치 채지 못할 정도로 가볍게 건드린다. 그렇다고 고객이 언제나 그 레스토랑에 높은 점수를 주지 않았지만 이 실험결과는 분명하게 드러났다. 여종업원에 의해 어렴풋이 건드려진 손님들은 그렇지 않은 손님들보다 훨씬 더 음식의 맛이나 서비스에 높은 만족감을 나타냈다. 또 손님들을 가볍게 건드린 여종업원들은 그렇지 않은 다른 종업원들보다 팁을 더 많이 받았다.

미국 보스턴에서도 이와 비슷한 실험을 했다. 한 조사원이 공중전화 부스에 돈을 놓고 나온다. 그리고 다음 사람이 그 돈을 집으려 할 때 부스로 가서 지나가는 말투로 물었다. 내가 분실한 것을 보지 못했느냐고 하면서 상대가 알아채지 못할 정도로 희미하게 신체의 일부를 접촉한다. 그럴 때 돈을 되찾는 확률은 63%에서 96%로 올랐다고 한다.

접촉은 모르는 사이에 우리를 따뜻하게 해준다. 어쩌면 그것은 엄마가 우리를 어르고, 우리는 사랑받는다는 느낌에 매혹되던 그 시절을 상기시키는지도 모르겠다.

신체적 접촉과 함께 우리에게 또 다른 잠재의식의 그리움이 냄새이다. 각 개인은 지문만큼이나 다른 개별적인 체취를 갖고 있으며 좋아하는 냄새도 개인적 기호에 따라 다르다 그러나 고향의 품처럼 모두가 그리워하는 자연 그대로의 향이 있다. 끝없이 범람하는 로션이나 향수를 볼 때, 우리들은 뭔가 찾지 못한 냄새가 있지 않을까 하는 생각을 하게 된다. 산업의 발달로 천연 자연 향까지 나왔다고 하나 우리는 늘 더 좋은 냄새를 찾아 헤매고 있는 게 아닐까.

사람들은 음식을 먹지만 아이러니컬하게도 어떤 음식냄새는 매우 역겨워하는 경향이 있다. 최근 들어 레스토랑의 멋을 따지는 손님들이 늘어나면서 냄새도 고객유치에 중요한 요소로 작용하고 있다.

국민소득수준이 높아지면서 외식산업도 갈수록 발전하고 있다. 이와 함께 경쟁이 치열해지고 있는 것은 당연한 현상이다.

치열한 경쟁의 세계는 보다 더 높은 서비스를 요구하고 있다. 맛있는 음식과 격조 높은 분위기, 절도 있는 접객서비스 정도는 이제 살아남기 위한 기본에 불과할 수 있다.

미래의 치열한 경쟁의 세계를 그려보면서 고객들의 잠재의식을 자극하는 서비스 개발을 한번 생각해 봤다.

〈월간 호텔·레스토랑〉

고객만족을 위한

서비스 경영론

SERVICE

MANAGEMENT

제**4**장

서비스의
품질

제**4**장

서비스의 품질

SERVICE
MANAGEMENT

제**1**절 **품질의 개념**

① **품질의 의의**

품질을 뜻하는 'Quality'는 라틴어인 qualitas/qualis(어떤 성질에 관한; of what kind)에서 유래된 것이다. 철학자 칸트(Kant)는 품질을 '인식의 감지 측면(the sensory side of perception)'으로 정의할 정도로 철학에서는 품질이 독립된 범주를 구성하고 있다.

품질의 원의는 어떤 물질을 구성하고 있는 기본적 내용, 속성, 종류, 정도 등을 의미하는, 즉 물품자체가 지니는 고유의 성질, 특성, 개성의 뜻을 지니고 있다. 그리고 미국국가표준원(American National Standard Institute; ANSI)과 미국품질학회(American Society for Quality; ASQ)에서는 품질시스템에 관한 표준용어에서 품질이란 구체적인 욕구를 충족시키는 능력에 관계가 있는 제품 내지 서비스의 특징 및 특성의 전체라고 정의하여 제품 이외에 서비스를 포함하여 시설, 시스템, 구성요소와 같은 특정상황에도 적용시킬 수 있는 광범위한 정의를 하고 있다.

경제학에서 중요시하는 품질은, 주관적 품질과 객관적 품질로서, 후자는 재화의 객관적인 특질을 가리키는 경우이고 전자는 재화의 특질에 대한 평가를 가리키는 것으로 평가는 주로 그 재화의 사용자가 행한다. 사용자가 소비자라면 그와 같은 평가는 소비자의 가치기준 경제학에서 말하는 효용에 의한 주관적인 것이다. 어떤 의미의 품질도 그 재화가 갖는 여러 가지 특성에 기초를 두는 것은 분명하므로, 주관적 품질과 객관적 품질은 모든 품질정의의 기초가 되는 일반적인 것이다.

품질개념은 ① 생산자/기업관점 ② 소비자/사용자관점 ③ 사회관점의 세 가지 관점에서 설명할 수 있다. 이를 요약하면 다음과 같다.〈표 4 - 1〉

● 표 4 - 1 _ 품질의 정의

관점별	품질정의요약	논 자
생산자/기업관점	시방과의 일치성 (Conformance with specification) 요건에 대한 일치성 (Conformance to requirements)	pittle Crosby, Groocock
소비자/사용자관점	사용/용도의 적합성(fitness for use) 사용목적을 만족시키는 성질, 성능 고객의 기대에 부응(충족)하는 특성 고객의 만족(Customer satisfaction)	Juran, LP Alford Lewis & Booms Feigenbaum, Tenner Gryna & Juran
사회관점	요구를 만족시키는 특성 사회손실을 회피하는 특성	ISO, ANSI/ASQ 다구찌(田口)

② 품질정의에 대한 접근방법

제품과 서비스를 소비자가 원하는 시기에 원하는 품질로 적량 공급 할 수 있도록 조직을 관리하는 것이 생산조직의 목적이고 목표이다. 이 목적을 달성하기 위하여 연구되고 있는 제품과 서비스의 품질은 기업과 소비자 모두에게 중요한 관건이 되고 있다. 본래 품질이란 물품의 사용 목적을 달성하기 위해서 갖추어야 할 여러 가지 성질, 형상, 상태 및 조건, 즉 물품의 유용성을 결정하는 제반 물품의 구성요소를 말한다.

제품에 대한 품질을 정의함에 있어, 학자나 실무자들 사이에 다양한 의미로 사용되고 있으며, 각 학문의 영역에 따라 품질에 대한 관점이 다르다.

가빈(garvin)은 다양한 관점에서의 품질정의에 대한 접근방법을 ① 철학의 선험적 접근방법 ② 경제학의 제품중심적 접근방법 ③ 생산관리의 제조중심적 접근방법 ④ 경제학, 마케팅, 생산관리의 사용자 중심적 접근방법 ⑤ 생산관리의 가치 중심적 접근방법 등 5가지로 구분하여 설명하고 있다.

표 4 - 2 _ 품질정의의 대한 접근방법

접근방법	요 지	논 자
선험적 접근방법 (Transcendent Approach)	품질은 정신도 물질도 아닌 독립적인 제3의 실체로 간주되고 있으며, 선천적 우월성(innate excellent)과 같은 것으로 이해되고 있다.	K.B.Tuchman
제품중심적 접근방법 (Product Based Approach)	경제학적인 관점에서 품질을 제품의 고유한 속성으로 보고, 객관적으로 측정 가능한 변수로 간주하는 것이다. 초기의 경제학적 연구는 품질이 내구성으로 너무 쉽게 증명될 수 있었기 때문에 대부분 내구성에 집중되었다.	K.B.Leffler T.R.Saving
제조중심적 접근방법 (Manufacturing Based Approach)	공학적인 방법과 제조방법에 관계를 지어 품질을 '요건에 대한 적합성'으로 간주하는 것이다. 소비자의 관심을 인정하여 소비자에게 더욱 만족을 주고자 하는 것으로 양질과 저질(good and bad quality)을 생산라인에 대한 제품보증 클레임수로서 측정하여 구분한다.	P.B.Crosby T.J.Keaarney

접근방법	요 지	논 자
사용자중심적 접근방법 (User - Bases Approach)	경제학, 생산관리 마케팅적인 관점으로서, 소비자들은 다양한 요구와 욕구를 가지며, 소비자의 선호도를 잘 만족시키는 제품들은 소비자에 의하여 가장 좋은 품질을 가진 제품으로 간주된다.	C.D.Edward
가치중심적 접근방법 (Value - Based Approach)	성능과 원가의 관계(품질 = 성능/원가), 즉 바람직한 원가나 가격으로 제공되는 성능(특성)으로 품질을 이해하는 제품, 제조, 사용자의 관점에서 보는 복합적인 견해로서, 가격이나 원가에 비해 성능이 우수한 제품이 고품질 제품이 된다.	A.V. Feigenbaum

가빈(Garvin)은 품질에 대한 이러한 다섯 가지 접근방법 중에서 제품 중심적 접근방법은 객관적인 질과 관련되고, 사용자 중심적 접근방법은 주관적 질과 관련된 개념이라고 했다.

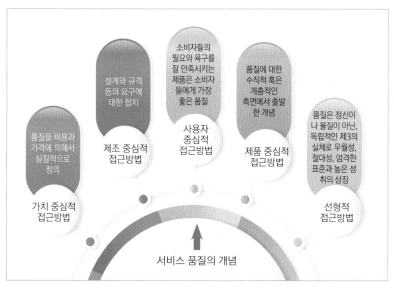

🔍 그림 4 - 1 _ 서비스 품질의 개념

① 서비스 품질의 의의 및 특성

1) 서비스 품질의 의의

서비스는 전형적으로 소비과정에서 높은 소비자 몰입을 요하는 제품이다. 구매자와 판매자 간의 상호작용 또는 서비스 접점에서 동시적 생산 - 소비과정 동안 소비자들은 확인 가능한 많은 자원과 활동을 발견하고, 그것을 평가하게 된다. 서비스가 갖는 고유의 제 특성은 객관적인 품질의 평가가 용이한 재화와 달리 서비스 품질의 평가를 어렵게 만드는 요인이 된다. 이러한 연유로 서비스의 품질은 객관적 질이 아니라 주관적 질의 개념으로서 소비자가 평가하는 '지각된 서비스 품질(perceived service quality)'의 의미로 정의된다.

자이스믈(Zeithaml, 1988)은 지각된 서비스 품질의 개념을 '서비스의 전체적 우월성' 또는 '우수성에 대한 소비자의 평가'라고 정의하고 지각된 서비스 품질의 성격을 다음과 같이 규정하고 있다.

① 서비스 품질은 객관적 질이 아니라 주관적으로 지각된 서비스 품질이다.
② 서비스 품질은 상품의 구체적 속성이라기보다는 매우 추상적인 개념이다.
③ 서비스 품질은 태도와 유사한 개념 또는 태도의 한 형태로서 서비스에 대한 전체적인 평가를 나타내는 개념이다.

④ 서비스 품질은 소비자의 환기조 내에서 행해지는 평가이다. 품질의 평가는 주로 비교개념으로 이루어진다. 즉 소비자들에게 서로 대체관계에 있는 서비스 상품들 간의 상대적 우월성 또는 우수성에 따라 고/저로 평가된다.

파라슈라만 등(1988, PZB)은 기존의 연구결과들을 토대로 하여 지각된 서비스 품질의 개념을 '서비스의 우월성과 관련한 전반적인 판단이나 태도'라고 정의하고, 소비자의 지각과 기대 간의 차이(gap)의 방향과 정도에 의해 지각된 서비스 품질을 평가하였다. 또 캐슬베리와 맥인티레(Castleberry and McIntyre. 1993)는 지각된 서비스 품질을 '서비스의 우월성의 정도에 대한 신념 또는 태도'라고 정의하였다.

지각된 서비스 품질은 '어떤 서비스의 우월성에 대한 소비자의 전반적인 평가 내지 태도'의 개념으로 정의하고자 한다.

2) 서비스 품질의 특성

여러 연구문헌들을 통해 살펴볼 때, 지각된 서비스 품질의 개념적 특성은 다음과 같이 요약할 수 있다.

첫째, 서비스 품질은 태도와 유사한 개념으로서 서비스의 우월성과 우수성에 대한 소비자의 전반적인 판단을 나타내는 추상적이고 다차원적인 개념이다.

둘째, 서비스 품질은 제품의 질에 비하여 평가하기 어렵다. 서비스 구매 시에는 재화의 구매와 달리 품질을 평가할 수 있는 유형적 단서(스타일, 생상, 견고성, 포장, 라벨 등)가 거의 없으며, 대개 간접적인 유형적 증거로서 서비스 제공자의 물리적 설비나 시설, 종업원 용모 정도로 제한된다.

셋째, 서비스 품질은 구체적인 속성에 바탕을 둔 객관적인 평가가 아니라 고객의 지각에 근거하여 주관적으로 평가되는 개념이다.

넷째, 서비스 품질은 서비스의 결과(outcomes)와 서비스 제공과정(pro-cess)에 대한 평가를 포함한다. 즉 서비스의 품질의 평가는 제공된 서비스의 결과뿐만 아니라 그 서비스가 제공되는 과정이나 방법을 포함하는 것이다.

다섯째, 서비스 품질은 서비스 성과를 평가하는 준거가 되는 서비스 기대와 제공받은 서비스에 대한 고객의 지각된 성과 간의 비교에 의해 평가된다.

② 서비스 품질의 정의

우선, 그론루스(Gronroos)는 서비스 품질을 기능적 품질(Functional Quality)과 기술적 품질(Technical Qua-lity)의 2차원으로 구분하여, 기술적 품질은 고객이 실제로 서비스를 제공받는 방법과 관련이 있고 기능적 품질의 경우에는 기술적 품질과는 달리 객관적으로 평가될 수 없이 매우 주관적인 특징을 갖는다고 하였다.

레히티넨(Leht inen)은 서비스 품질을 과정적 품질(process quality)과 결과적 품질(output quality)이라는 용어로 구분하였는데, 과정적 품질은 서비스를 받는 동안에 고객에 의해서 평가됨을 의미하고, 결과적 품질은 서비스가 수행된 이후에 고객에 의한 판단이라고 하였다.

쥬란(Juran)은 서비스 품질에 대해 수요자에 대한 효과 및 영향측면에서 다섯 가지 품질로 구분하고 각각의 품질특성에 따른 관리를 해야 한다고 주장하고 있다.

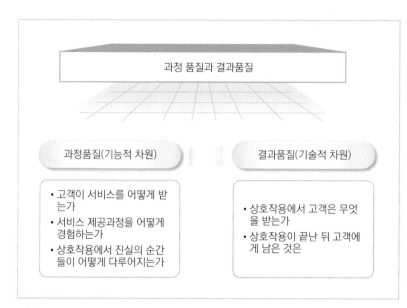

그림 4 - 2 _ 과정적 품질과 결과적 품질

그 외 다음과 같은 주장들이 있다.

1) 피틀의 정의

피틀(pittle:1984)은 서비스 품질이란 값이 비싸거나 높은 수준의 혜택을 의미하는 것은 결코 아니며, 고객 자신에게 맞는 수준의 서비스를 제공하고, 적시적기에 고객의 요구조건을 갖추는 것으로 이해했다. 서비스 품질에 대한 편가는 서비스 품질 자체와는 차이가 있다.

즉 고객의 입장에서 서비스를 어떻게 받아들이느냐에 따라 평가는 다를 수 있다. 서비스 품질은 관광서비스기업의 이미지를 형성하며, 이 이미지는 고객이 서비스기업을 선정하는 데 중요한 역할을 한다.

2) 국제표준기구의 정의

국제표준기구(International Standard Organization: ISO)는 '품질은 표현되었거나 내재되어 있는 욕구를 만족시키기 위한 제품, 혹은 서비스의 능력과 관련된 제품, 또는 서비스의 특성과 특징의 총체'라고 정의하며, 경영자의 지도력 아래 품질을 경영의 최우선과제로 하고, 고객만족의 확보를 통한 기업의 장기적인 성공은 물론, 기업구성원과 사회 전체의 이익에 기여하기 경영활동 전반에 걸쳐 모든 구성원의 참가와 총체적 수단을 활용하는 전사적인 경영관리체계를 갖추는 것이라고 했다. 이를 통해서 진정한 고객만족을 창출할 수 있다는 것을 알 수 있다.

3) 파라슈라만의 정의

파라슈라만(Parasuraman: 1988)은 고객이 인식한 서비스 품질을 '서비스기업이 제공해야 한다고 느끼는 고객들의 기대와 서비스를 제공한 기업의 성과에 대한 고객들의 인식을 비교하는 데서 나오는 것이다'라고 정의하였다. 즉 서비스 품질은 서비스 기업이 제공하는 물적·인적 시스템으로서 전사적 서비스에 대하여 소비자의 지각과 기대 서비스의 차이가 갖는 정도와 방향을 나타내는 것이라고 설명하고 있는 것이다.

4) 루이스와 붐의 정의

루이스와 붐(Lewis & Booms: 1983)에 따르면 '서비스 품질은 제공된 서비스 수준이 고객의 기대를 얼마나 잘 만족시키는지를 측정하는 것으로, 고객의 기대를 일치시키는 것을 의미한다'고 주장했다.

서비스 품질이란 한마디로 고객이 서비스기업을 이용하기 전에 기대한 서비스와 이용한 후에 인식한 서비스 수준 간의 차이인 '만족도'라고 할 수 있다. 여러 학자들의 정의에서 비추어 본 결과 〈그림 3 - 1〉과 같이 서비스 품질은 고객이 나름대로 설정한 서비스 품질의 평가요소에 대입하여 기대한 서비스와 실제 고객이 지각한 서비스와의 차이에서 결정된다고 볼 수 있다. 즉 고급 서비스 품질이란 결국 고객이 기대한 수준의 서비스를 제공해 주어야 한다는 것이고, 이것은 고객이 원하는 바를 사전에 감지하여 고객에게 접객서비스를 해야 한다는 의미가 된다.

③ 서비스 품질의 개념

고객이 지각하는 서비스 품질(perceived service quality)에는 두 가지 측면이 있다. 즉 기술적 품질과 기능적 품질이 이것이다. 기술적 품질(technical quality)은 서비스와 결과 측면으로서 고객이 '무엇(what)'을 받았느냐와 관계가 있다. 이와 반면에 기능적 품질(functional quality)은 서비스의 전달과정으로서 서비스를 '어떻게(how)' 받았느냐와 관계한다. 기술적 품질은 객관적으로 평가될 수 있지만, 기능적 품질은 고객에게 주관적으로 인식되는 것이 보통이다. 서비스의 기술적 품질과 기능적 품질은 바탕으로 고객은 서비스에 대한 이미지를 형성하게 되며, 이것을 원래 기대했던 서비스의 수준과 대비시켜 결과적으로 서비스의 품질은 주관적으로 지각하게 된다.

쉐라톤호텔의 지배인들을 대상으로 한 어떤 연구조사에 의하면 이들은 호텔객실의 사진들을 보고 이것이 쉐라톤의 객실인지 아니면 경쟁호텔의 객실인지를 잘 구분할 수 없다고 한다. 이것은 곧 동급의 호텔들의 객실 자체는 호텔별로 큰 차이가 없음을 의미한다. 그렇다면 호텔서비스는 어떤 물리적 서비스가 고객에게 결과적으로 주어지느냐는 기술적 품질보다는,

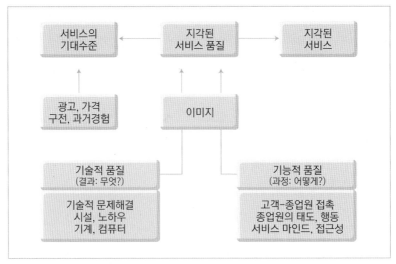

Gronroos, Christian(1990), Service Management and Marketing

🔍 그림 4 - 3 _ 지각된 서비스 품질

어떤 과정을 통해 어떻게 주어지느냐는 기능적 서비스에서 차별화를 하고 여기에 승부를 걸어야 할 것이다.

④ 서비스 품질의 구조

서비스의 품질이 형성되는 과정을 분석해 보면 여러 구성요소가 있음을 알 수 있다.

첫째, 고객이 직접 눈으로 확인할 수 있는 요소로는 고객접촉 종사원 (contact personnel)과 서비스체제(systems), 그리고 물리적 요소(physi-cal component)가 있다. 즉 호텔의 종업원의 친절성과 서비스체제의 효율성과 편리성, 그리고 아름다운 인테리어 등을 보고 호텔서비스의 품질은 판가름한다. 이

Rust, Roland T, Anthony J. Zahorik, Timothy L. Keiningham(1996), Service Marketing 354

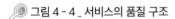 그림 4 - 4 _ 서비스의 품질 구조

러한 가시적인 요소들은 고객과 상호작용을 하는 것들로서, 고객이 직접 눈으로 보고 피부로 느끼며 경험하게 된다.

그러나 이것이 전부는 아니다. 고객에게 보다 좋은 서비스가 제공될 수 있도록 보이지 않은 곳에 숨어서 지원하는 분야가 있다. 즉 경영관리인 측에서 총괄적으로 노하우를 제공하는 경영지원과, 컴퓨터, 로지스틱스, 회계 등 서비스의 정확성과 시간성을 기하는 기능적 지원, 그리고 인력관리, 건물관리 등의 지적 기술적 지원이 바로 이것이다. 이들은 고객이 무이 없이 좋은 서비스를 받을 수 있도록 '무대 뒤에서' 작업하며 일선 서비스현장을 지원한다. 서비스의 품질은 이 6가지 구성요소가 어우러져 모두 제역할을 다할 때 비로소 고객에게 만족스럽게 전달된다.

⑤ 서비스 품질의 분류

1) 품질 속성

대부분의 물리적 제품은 어떤 실체를 지니고 있기 때문에 그 제품의 구체적 속성을 바탕으로 하여 객관적 질을 평가할 수 있고, 품질을 평가하기가 쉽다. 그러나 무형의 서비스는 소비자가 경험한 품질에 기초하거나 서비스에 대하여 주관적으로 느끼는 품질에 기초하여 평가하기 때문에 물리적 제품에 비해 평가하기가 더 어렵다.

소비자가 제품이나 서비스를 평가할 때 고려할 수 있는 품질의 속성은 평가의 난이도에 따라 탐색품질, 경험품질, 신용품질의 세 가지로 구분할 수 있다. 일반적으로 물리적인 제품은 탐색품질의 속성이 강하고, 무형의 서비스는 신용품질 또는 경험품질의 속성이 강하다.

① 탐색품질

탐색품질(search quality)은 소비자가 제품이나 서비스를 구매하기 전에 원하는 정보를 찾아봄으로써 쉽게 평가할 수 있는 속성을 말한다. 여기서 평가속성으로는 색상, 스타일, 적합도, 느낌, 냄새, 가격 등과 같은 요소들을 포함한다. 신발, 청바지, 화장품, 냉장고와 같은 소비재들과 원자재, 부품, 사무용품과 같은 산업재들은 탐색품질의 속성이 강하다. 이러한 제품들은 소비자가 구매하기 전에 쉽게 품질을 평가할 수 있기 때문이다. 소비자들은 구매 이전에 서비스에 대한 정보를 획득하여 다양한 대안들을 비교 평가할 수 있으므로 탐색품질의 속성을 지닌 서비스는 수요탄력성이 높다고 할 수 있다.

② 경험품질

경험품질(experience quality)은 소비자들이 소비 중이나 소비 후에 실질적인 경험을 통해서만 품질을 평가할 수 있는 속성을 말한다. 음식, 케이터링 서비스, 오락, 성형수술, 은행거래와 같은 소비자 서비스와 운송 배달 서비스나 건물관리 서비스, 각종 수리 서비스와 같은 기업 서비스가 경험품질의 속성이 강한 서비스에 속한다.

③ 신용품질

신용품질(credence Quality)은 소비자가 서비스를 제공받는 동안은 물론 서비스를 제공받은 후에도 품질을 평가하기 어려운 속성을 말한다. 교육, 병원 진료, 증권투자, 각종전문 서비스와 같은 개인 서비스와 컨설팅, 광고, 재무분석, 시장조사와 같은 기업 서비스가 신용품질의 속성이 강한 서비스에 속한다.

표 4 - 3 _ 평가의 난이도에 따른 서비스 품질의 속성

품질 속성	개 념	적용 사례	
		개인 서비스	기업 서비스
탐색품질	구매 전에 평가할 수 있는 것(주로 재화)	신발, 보석, 냉장고, 화장품 등	원료, 부품, 사무용품, 공구 등
경험품질	소비 중이나 소비 후에 평가할 수 있는 것	음식, 케이터링, 오락, 성형수술 등	건물관리, 운송 배달, 수리서비스
신용품질	서비스를 제공받은 후에도 평가하기 어려운 것	교육, 병원진료, 투자 상담 등	광고, 보험, 재무분석, 컨설팅 등

2) 과정 질과 결과 질

많은 연구자들은 서비스 품질을 다차원적인 구성개념을 갖는다는 데 동

의하고 있다. 레티넨과 레니넥(Lehtinen and Lehtinen, 1982)은 서비스 품질을 물리적 질(Physical Quality, 이용설비), 기업 질(corporate qu-ality, 기업 이미지와 명성), 상호작용적 질(interactive quality)로 구분하였다. 또 그렌루스(Gronroos, 1984)는 서비스 품질을 소비자가 실제로 무엇을 제공받는가 하는 기술적 질(technical quality)과 서비스가 어떤 방법으로 제공되는가 하는 기능적 질(functional quality)로 구분하였다. 레브랭크와 니구엔(LeBlank and Nguyen, 1988)은 서비스 품질을 기업이미지(corporate image), 내부조직(internal organization), 시스템을 생산하는 물리적 지원(physical support), 직원과 고객의 상호작용(staff - cu-stomer interaction), 고객만족(customer satisfaction)의 5가지 구성차원으로 구분하였고, 에드버슨 등(Edvardsson etc., 1989)은 서비스 품질을 기술적 질(technical quality), 통합적 질(integrative quality), 기능적 질(functional quality), 결과 질(outcome quality)의 4가지 차원으로 구분하였다.

그렌구스(Gronroos, 1990)는 이전에 기술적 질과 기능적 질 자원으로 구분했던 서비스 품질을 다시 결과 질(outcome quality)과 과정 질(pro-cess quality)의 2개 차원으로 분류하였다. Johnson 등(1995)은 시스템적 접근방법으로 지각된 서비스 품질의 측정을 시도하면서 서비스 품질을 투입 질(input quality), 과정 질(process quality) 및 산출 질(outco-me quality)의 3개 차원으로 구분하고, 산출 질이 소비자들에게 가장 중요시되는 서비스 품질 요소라고 주장하였다. 이처럼 학자들 간에 다양하게 제시되고 있는 서비스 품질에 대한 분류는 서비스 제공과정과 관련한 '과정 질'과 서비스 제공 결과로서 평가되는 '결과 질'로 대별할 수 있다. 예컨대, 어떤 피자가게에서 유형적 제품인 피자를 무형적 서비스 차원에서 주문 후 20분 내에 배달한다고 하면, 소비자는 과정 질(예, 피자가 얼마나 신속하게 배달되는가?)과 결과 질(예, 배달된 피자가 맛이 있는가?)을 함께 생각하면서 그 피자가게에 대한 전반적 서비스 품질을 평가할 것이다.

표 4 - 4 _ 연구자별 서비스 품질의 구성요소

연 구 자	서비스 품질의 구성요소
Lehtinen & Lehtinen (1982)	물리적 질, 기업 질, 상호작용적 질
Gronroos (1984)	기능적 질, 기술적 질
Gronroos (1990)	과정 질(기능적 질), 결과 질(기술적 질)
LeBlank & Nguyen (1988)	기업이미지, 내부조직, 물적 지원, 직원 – 고객 상호작용, 고객만족
Edvardsson 등 (1989)	기술적 질, 상호작용적 질, 기능적 질, 결과 질
Johnson 등 (1995)	투입 질, 과정 질, 산출 질

여기서 '결과 질'이란 서비스 거래의 결과를 나타내는 것으로서 '기술적 질'이라고도 하며, 고객이 서비스 거래를 통해 실제로 무엇을(What) 제공받는가를 의미하는 것이다. 또 '과정 질'이란 고객이 서비스 제공자로부터 서비스를 어떤 방법(절타 또는 과정, how)으로 제공받는가를 나타내는 것으로서 '기능적 질'또는 '상호작용적 질'이라고도 한다. 이것은 고객과 서비스 제공자단의 상호작용에서 무엇이 일어났으며, 고객들에게 서비스가 어떤 방법으로 배달되는가를 의미하는 것이다.

그렌루스는 서비스 품질의 또 다른 주요 구성차원으로 '기업 이미지'를 들 수도 있다. 기업 이미지(corporate image)는 소비자들이 그 기업을 어떻게 지각하는가에 대한 결과, 즉 기업에 대한 소비자의 견해로서 소비자의 서비스 기대에 중요한 영향을 미친다. 무형적인 특성을 갖는 서비스를 제공함에 있어서 기업 이미지는 매우 중요한 요소가 된다. 소비자들은 구매자 - 판매자 간의 상호작용 과정과 서비스를 제공받은 결과를 통해 서비스 품질을 평가하며, 이때 기업 이미지는 고객의 서비스 품질 지각을 여과하는 작용을 하게 된다. 고객이 서비스 기업에 대하여 좋은 이미지를 가지고 있으면 과정 질이나 결과 질이 다소 미흡하더라도 용인될 수 있지만, 기업

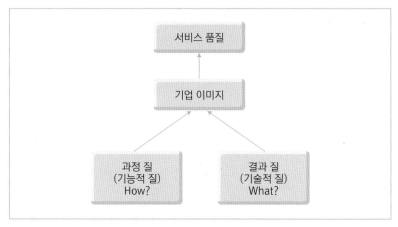

자료: U. Lehtinen and J.R. Lehtinen, "A Conceptual Model of Service Quality and its Implications for Future Research,"Journal of Marketing. Vol. 49. 1985. p.4.

그림 4 - 5 _ 과정 질과 결과 질

이미지가 나쁜 경우는 그렇지 못할 것이다. 〈그림 4-5〉는 기업 이미지와 결과 질, 과정 질이 서비스 품질에 미치는 영향 관계를 나타내주고 있다.

변호사나 의사, 엔지니어, 건축가, 회계사, 교수 등이 제공하는 많은 서비스(특히 전문서비스)는 매우 복잡하고 그 결과가 분명하지 않아 고객의 입장에서 서비스가 제대로 수행되었는지 여부를 판단하기가 매우 어렵다.

고객이 서비스의 기술적 결과 질을 정확하게 평가하지 못할 때에는 서비스의 간접적 또는 추상적인 단서를 이용하여 서비스 제공자나 기술적 품질에 대한 인상을 갖게 된다. 고객은 서비스와 관련한 지식이나 전문성이 부족하기 때문에 기술적 결과 질보다는 서비스 접점에서의 과정 질에 더 큰 비중을 두고 평가하는 경향이 있다. 예를 들어, 뛰어난 기술과 공인 자격증을 가진 실력 있는 건축가와 효과적으로 경쟁하지 못하고 어려움을 겪는 경우를 생각할 수 있다.

또 대학에서 교육서비스를 제공하는 경우, 학생들은 이전에 몰랐던

전공영역의 학문과 기술을 배우고 익히기 때문에 개별 교수의 역량을 객관적으로 평가하는 데 한계가 있다. 그러나 학생들은 교육에 동원되는 유형적 요소인 교육기자재나 시설, 교수의 자세나 태도, 신뢰감, 강의에 대한 열정, 학생들에 대한 관심도, 수업시간의 엄수 등으로 교수의 역량을 추론하게 된다. 따라서 서비스 제공자는 서비스 품질평가에 사용되는 단서를 잘 이해함으로써 자신에 대한 고객의 인상을 통제할 수 있게 된다.

⑥ 서비스 품질의 결정요인

서비스 품질에 관한 연구는 대부분 소비자나 사용자 중심의 지각된 품

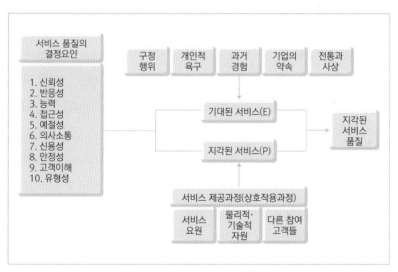

자료: Parasuraman.A., Zeithaml,VA. & Berry.L.L(1985). "A Conceptual Model of Service Quality and it's Implications for Future Research"op cit., p.48

그림 4 - 6 _ 서비스 품질의 기본모형

질의 차원에서 이루어져 왔다. 서비스의 우월성에 대한 소비자의 전반적 평가 내지 태도로 개념화되는 서비스 품질은 다차원적인 개념으로 이해되고 있다.

베리 등(PZB, 1985)은 소비자들이 서비스 유형에 따라 서비스 품질평가 항목들 간의 상대적 중요도에는 차이를 보일지라도 기본적으로 유사한 평가기준을 가지고 있다고 주장하면서, 서비스 산업에 보편적으로 적용할 수 있는 서비스 품질의 결정요소를 〈표 3 - 5〉와 같이 10가지로 제시하였다. 여기서 제시된 10가지의 결정요소들은 개념상 중복되는 차원이 없지 않지만, 서비스 품질의 구성차원을 포괄적인 개념으로 제시한 그렌루스의 연구(과정 질과 결과 질)와 달리 서비스 품질의 결정요소들을 처음으로 구체적으로 제시했다는 점에서 그 가치가 인정된다.

〈그림 4-6〉은 서비스 품질의 결정요소를 기초로 한 서비스 품질의 기본모형을 보여주고 있다. PZB(1985)는 이 그림에서 서비스 품질의 결정요소들은 소비자의 사전 기대와 성과 지각에 영향을 미치며, 기대와 성과 간의 비교를 통해 서비스 품질을 지각한다고 주장했다. 그리고 기대된 서비스는 소비자의 개인적 욕구나 구전 커뮤니케이션, 과거 경험, 기업의 약속, 전통과 사상 등에 의해 영향을 받으며, 지각된 서비스는 서비스 제공과정의 제 속성, 즉 서비스 요원이나 물리적·기술적 자원, 다른 참여 고객들에 의해 영향을 받고 있음을 알 수 있다.

파라슈라만 등(PZB, 1988)은 서비스 산업에 보편적으로 적용할 수 있는 서비스 품질의 평가척도를 개발하기 위한 후속적인 실증 연구에서 10개 차원을 유형성, 신뢰성, 반응성, 확신성, 공감성 등 다섯 가지의 구성차원으로 수정하여 제시하였다.

① **유형성**(tangibles): 물리적 시설, 장비, 종업원, 고객 커뮤니케이션 자료

신뢰성 (reliability)	• 약속된 서비스를 정확하고 일관되게 수행하는 능력을 말한다. 제시된 약속의 정확한 이행, 대금청구와 기록의 정확성, 서비스 시간의 엄수 등을 포함한다.
반응성 (responsiveness)	• 고객을 돕고 즉각적인 서비스를 제공하려는 서비스 요원의 열의와 준비성을 말한다. 신속한 서비스 제공, 고객의 요구에 대한 신속한 응답조치 등 서비스의 적시성을 포함한다.
능 력 (competence)	• 서비스를 수행하는 데 필요한 지식과 기술의 보유를 말한다. • 서비스 직원들의 지식과 기술, 조직의 연구개발력 등을 포함한다.
접근성 (access)	• 서비스 조직에 대한 접근가능성과 접촉의 용이성을 말한다. • 전화, 인터넷 등을 이용한 접근의 용이성, 대기시간, 영업시간, 입지의 편리성을 포함한다.
예절성 (courtesy)	• 고객접촉요원의 친절성이나 정중함, 사려심을 말한다. 고객접촉요원들의 단정한 용모, 고객에 대한 배려 등을 포함한다.
커뮤니케이션 (communication)	• 고객이 이해할 수 있는 언어로 정보를 제공하고 고객의 말에 귀를 기울여야 함을 말한다. 서비스나 서비스 비용에 대한 설명, 고객의 고충처리 보장 등을 포함한다.
신용성 (credibility)	• 서비스의 진실성과 정직성, 신용성을 말한다. 회사의 명성이나 회사명, 접객요원들의 정직성 등이 신용성을 결정짓는다.
안전성 (security)	• 거래에 따른 위험이나 의심이 없어야 함을 말한다. 육체적, 금전적 안전성과 서비스 관련 비밀성 유지 등을 포함한다.
고객이해 (understanding the customer)	• 고객의 욕구를 이해하려는 노력을 말한다. 고객의 구체적인 요구에 대한 학습, 개인화된 관심, 단골고객의 확인 등을 포함한다.
유형성 (tangibles)	• 서비스 평가를 위한 물적 증거를 말한다. 물리적 시설, 구성원들의 용모, 각종설비, 신용카드, 서비스 표현물, 다른 고객들 등을 포함한다.

등의 외형적 요소

② **신뢰성**(reliability): 약속한 서비스를 정확히 수행하는 능력

③ **반응성**(responsiveness): 고객에게 신속하고 즉각적인 서비스를 제공하려는 종업원의 의지

④ **확신성**(assurance): 종업원의 지식과 능력, 공손함, 믿음직함, 거래 안전을 심어줄 수 있는 능력

⑤ **공감성**(empathy): 고객의 개인적 요구에 대한 이해와 배려, 접근 용이성과 원활한 커뮤니케이션

표 4 - 6 _ 서비스 품질 차원의 변화

PZB(1985) 10개 차원	PZB(1988) 5개 차원
유형성(tangibles)	유형성(tangibles)
신뢰성(reliability)	신뢰성(reliability)
반응성(responsiveness)	반응성(responsiveness)
접근성(access) 커뮤니케이션(communication) 고객이해(understanding customer)	공감성(empathy)
능력(competence) 예절성(courtesy) 신용성(credibility) 안전성(security)	확신성(assurance)

〈표 4 - 6〉에서 보는 바와 같이 서비스 품질파원은 요인분석 결과 기존의 10개 차원들 중에서 '유형성'과 '신뢰성', '응답성'은 변동이 없으나, 능력, 예절성, 신용성, 안전성의 4개 차원은 '확신성'으로 묶이고, 접근가능성, 커뮤니케이션, 고객이해의 3개 차원은 '공감성'으로 묶임으로써 5개의 품질차원으로 재구성되었다.

제**3**절 서비스 품질의 측정

① 서비스 품질의 측정에 대한 개요

서비스 품질의 측정은 고객만족이 다양한 무형적인 요인에 의해 결정되기 때문에 간단하지 않다. 그것은 객관적으로 측정될 수 있는 물리적 특징을 지닌 제품과는 달리 서비스 품질은 다양한 심리적 특징을 포함하기 때문이다. 이러한 어려움은 물론 있지만 서비스 품질을 측정하고 고객만족을 조사하기 위한 효과적인 도구를 활용하여 서비스 품질의 다차원을 측정해 내야 한다.

이러한 노력은 '품질문화'를 고취시키기 위한 관광, 환대, 레저산업의 통합적인 노력의 한 부분이고 서비스의 지속적인 개선을 도모하려는 과정이자 확약(Witt and Muhlemann, 1995)인 만큼 이것을 지원하기 위해 품질측정을 위한 체계적 접근이 요구된다. 특히 서비스를 상품으로 생산, 제시하는 관광, 환대, 레저산업에서는 이러한 요구가 더욱 절실하다. 이들 산업은 제조기업과는 달리 객관적으로 품질을 측정할 수 있는 측정수단이 적다는 데 문제점은 있지만, 생산물을 평가해야 한다고 Hudson & Sheppard(1998)는 주장하고 있다. 이러한 견해에 Cronin과 Taylor(1992)도 동의하고 있다. 그들은 더욱 나아가 관광, 환대, 레저산업의 경영자들은 '특정한 서비스의 어떤 측면들이 그 품질을 가장 잘 정의하고 있는가.'를 알아야 한다고 하였다. 이 말은 곧 이들 산업이 인기가 있다고 인식되는 서비스와는 전혀 다르게 요구되고 있는 서비스를 전달할 수 있는 능력이 있어야 경쟁력 위치를 차지할 수 있음을 시사해 준다. 그런 점에서 지속적인 품질개선은 실제적인 품질수행 없이는 불가능함을 알 수 있고, 또 수행에 대한 효과를 조사하고 서비스 품질의 성과를 측정, 비교할 수단이 필요함을 알게 된다 (Edvardsson, Thomasson, and Ovretveit, 1994).

Ramaswamy(1996)는 관광, 환대, 레저산업이 서비스의 품질측정문제와 관련하여 관심을 기울여야 할 세 가지를 다음과 같이 제시하였다.

1. 내적인 것에 주로 초점이 맞추어져 있는 관광, 환대, 레저산업의 서비스 성과측정은 현재의 서비스 성과를 평가하게 해 주고, 그것이 지속적인 신뢰감을 갖게 해 줄 설계명세서를 충족시켜 준다.

2. 이와는 달리 고객의 측정과 평가는 내적 및 외적 양자에 초점이 맞추어져 있고 서비스 수행이 고객에게 미치는 영향을 평가하는 데 목표를 두고 있다.

3. 재무측정은 조직의 재무상태가 얼마나 건전한가를 나타내는 지표이다.

위에 내용들을 주목해 보면, 재무적인 측정과 고객측정 간의 상관관계는 서비스의 수익 - 발생 잠재력을 결정지어 주며, 서비스의 성과측정과 고객측정 간의 관계는 서비스가 고객의 관점에서 어떻게 수행되고 있는가를 나타내는 지표가 됨을 알 수 있다. 그래서 이것은 관광, 환대, 레저산업의 재무성과와 전반적인 시장점유율에 직접적으로 영향을 미친다.

그러나 내적 성과기준에 부합되는 서비스는 고객을 만족시키기 위해 요구되는 서비스를 지속적으로 관광기업이나 환대기업이 제공해 줄 것이라고 가정하기는 어렵다. 따라서 고객 - 인지된 측정 또는 평가는 독립적으로 개발되어야 하고 성과와 관련성이 있어야 한다. 이러한 측정방법이 동원되어야만 관광, 환대, 레저산업은 영업효율의 진작과 고객만족 및 고객유지라는 두 가지의 목표를 달성하기 위해 서비스의 개선을 위한 노력을 지속적으로 수행하게 될 것이다.

1) 서비스 품질의 측정방법에 대한 접근법

서비스 성과를 기준한 서비스 품질의 측정방법에는 내부측정과 고객측정의 두 가지 접근방법이 있다.

① 내부측정

내부측정(internal measure)은 서비스 기업의 성과에 대한 객관적 측정치를 통해 기업 내부적으로 서비스 품질을 측정하는 것을 말한다. 내부서비스 품질을 측정하는 경우로서, 항공사는 정시운항비율이나, 수하물 클레임 횟수, 고객 불평 횟수 등이 포함되고, 택배회사는 주문수취율, 정확한 주문이행률, 반송률, 정시도착률 등이 포함될 수 있다. 이러한 정보들은 고객에게 제공되는 서비스 품질의 수준을 결정하는 데 중요한 요소가 된다.

내부측정의 장점으로는 자사의 평가점수를 서비스 산업 내 경쟁업체들과 비교함으로써 자사의 취약한 부분을 찾아낼 수 있고, 기업이 촉진전략을 수립할 때 비교결과를 경쟁적 차별화 또는 경쟁우위 요소로 이용할 수 있다는 점이다. 노스웨스트 항공사는 내부측정을 통해 경쟁사들 간에 정시운항률이 가장 우수한 것으로 나타남에 따라 이 정보를 광고 및 촉진전략에 이용하였다.

내부측정의 단점으로는 측정결과가 서비스 기업의 관점에서 나온 것일 뿐 고객의 관점을 반영하지 못할 수 있고, 설사 기업이 특정한 분야에서 우월한 결과를 나타낸다고 해도 그것이 고객들에게는 중요하지 않은 것일 수 있다는 점이다. 그럴 경우, 고객들에게 중요하게 여겨지는 부분에 투자해야 할 자원을 낭비하고 결과적으로 기업에 손실을 가져오게 된다. 또한 내부측정은 서비스 경험의 행동적 측면을 측정하지 못한다는 단점이 있다.

② 고객측정

고객측정(customer measure)은 서비스에 대한 고객의 태도와 의견을 측정함으로써 고객이 지각하는 서비스 품질을 측정하는 것을 말하며, 내부측정의 한계를 보완해 줄 수 있다. C&T의 SERVPERF는 고객측정에 의한 서비스 품질을 측정하는 한 방법이라고 할 수 있다. 많은 기업들은 서비스 제공시점에서 비치된 고객카드나 기존 고객들을 대상으로 한 우편조사법을 사용하기도 한다.

고객측정의 장점은 고객들이 서비스에 대해서 갖는 느낌에 대한 정보를 얻을 수 있고, 이를 통해 자사가 제공하는 서비스의 강·약점을 파악하여 마케팅계획에 반영할 수 있을 뿐만 아니라 고객들의 욕구를 보다 더 잘 충족시킬 수 있다는 점이다. 예를 들어, 어느 치과에서 고객조사를 통해 고객들이 의사와 간호사의 불친절을 매우 문제시하고 있는 것으로 나타났다면, 진료절차상 고객응대와 관련한 노력을 강화함으로써 고객들의 욕구를 잘 충족해 주게 될 것이다.

고객측정의 단점은 고객이 아닌 사람들의 의견을 반영하지 못하기 때문에 이들이 특정 기업을 애호하지 않는 이유를 파악하지 못한다는 점이다. 또 고객측정은 비교되는 정보를 제공해 주지 못함에 따라 잘못된 해석을 내릴 수 있고, 극단적인 응답자들로 인해 왜곡된 정보가 제공될 수 있다는 단점이 있다. 경쟁기업의 측정치나 산업 내 평균치를 기준으로 하여 비교되는 정보를 활용할 수 있어야만 고객성과의 측정결과에 대한 정확한 판단을 할 수 있다.

예를 들어, 어느 병원의 고객성과 측정에서 의료진의 친절성에 대하여 7점 척도에서 5.2의 점수를 얻었다고 하자. 비교정보가 없는 상황에서는 이 점수에 대하여 상당히 우수한 친절도를 제공하는 것으로 생각할 수 있다. 그러나 인근에 있는 다른 병원 A, B의 점수가 각각 5.8, 6.5로 나타나고 있다면, 이 병원은 경쟁관계에 있는 세 병원들 중에서 가장 낮은 친절도를 보이는 것이 되며, 결과적으로 왜곡된 해석을 내린 것이 된다.

〈표 4 - 7〉에는 내부측정과 고객측정 방식의 장단점을 비교해 주고 있다.

● 표 4 - 7 _ 내부측정과 고객측정 방식의 장단점

성과측정	장 점	단 점
내부측정	1. 기업의 취약부분 파악 2. 경쟁우위 영역 확인	1. 고객의 관점 결여 2. 내부성과와 고객 중요도 간의 불일치 가능성 3. 서비스의 행동적 측면을 측정하지 못함
고객측정	1. 고객관점의 평가정보 입수 2. 고객욕구에 관한 정보제공 3. 내부측정의 한계 보완	1. 非고객의 의견 미완성 2. 비교정보 미제공 3. 왜곡된 정보 제공가능성

2) 서비스 품질의 측정에 대한 어려움

전통적으로 많은 학자들이 서비스의 독특한 특징들이 품질측정을 어렵게 만들고 품질을 측정하려는 시도를 방해한다고 주장하였지만, 오늘 날과 같은 경쟁적인 환경이 이러한 입장을 재검토하게 만들고 있다. 이러한 상황은 특히 호텔산업에서 심각하게 받아들여지고 있다. 그래서 호텔객실이 초과공급 상태에 있는 호텔경영자들은 그들의 상품과 서비스를 차별화하고 경쟁력 강화전략의 일환으로 고품질의 서비스가 고객에게 전달될 수 있도록 투자에 적극 임하고 있다. 이것이 시사하고 있는 것처럼 지속적인 서비스 측정과 개선노력은 성공적이고 장기적인 품질개선 프로그램을 차별화활 수 있는 유효한 한 방법이 되므로 관광과 환대기업은 이를 피할 수 없는 상황에 처하게 되었다(Lewis, 1987; Getty and Thompson, 1994).

Edvardsson, Thomasson, & Ovretveit(1994)는 관광, 환대, 레저산업

이 서비스 품질을 측정하는 데 다음과 같은 어려움에 직면한다고 하였다.

첫째, 서비스 품질을 측정하기 위해 디자인된 시스템은 무엇을 측정해야 하고, 측정목정은 무엇이며, 또 측정결과의 사용방법을 잘 알지 못하므로 측정시스템에 많은 결함이 있다.

둘째, 경영자들은 서비스 전반에 대해 측정을 하지 않는다. 그중에는 전적으로 내부성과만을 측정하는 데 집중하는가 하면 외부고객만을 중심으로 측정하기도 하는데, 바람직한 것은 양자 간에 균형을 유지하면서 서비스 품질은 '진실의 순간'에 의해 규정된다는 사실을 이해하는 일이다. 진실의 순간은 고객과의 상호작용과정에서 서비스가 전달되는 순간을 뜻한다. 그리고 외부에서 인식된 품질의 평가는 내적인 성과수준을 반영한다는 점이다.

셋째, 고객의 인식을 측정하는 일 그 자체는 고객의 기대를 증대시킨다. 따라서 품질개선을 언급하는 것 자체는 고객의 입장에서 보면 그들의 기대감을 증대시키는 일이 된다.

마지막으로, 관광기업과 환대기업이 서비스 품질의 측정을 너무 자주함으로써 고객과 직원을 모두 지치게 만들 위험성이 있다. 이럴 때 소요되는 시간과 경비를 생각한다면 지나친 측정은 금물이다.

관광, 환대, 레저산업은 이러한 문제점에 대해 자사는 어떠한 상황에 있는지를 자문해 보고 문제의 해결을 위해 측정대상의 선정과 관련 자료의 수집 및 분석에 적합한 측정도구를 디자인하여야 한다.

Palmer(1998)는 관광과 환대기업이 첫 번째 질문에 대답하려면 첫째, 고객이 중시하는 서비스의 특성은 무엇이고 둘째, 고객들은 어떤 수준의 특성을 기대하며 셋째, 고객은 서비스수행을 어떻게 인식하는가에 대해 자문자답해 보아야 한다고 하였다. 관광과 환대기업은 이러한 질문에 답함으로써 품질개선의 목표와 표준을 분명히 설정할 수 있고 적정수준의 서비스 품질을 고객에게 제공할 수 있게 된다.

서비스 품질을 어떻게 측정할 것인가 하는 질문은 무엇을 측정해야 할 것인가에 달려있는데, 최근 호텔업계는 서비스 품질과 고객만족수준을 평가하는 축정도구와 기법들을 많이 개발하였다. SERVQUAL, SE-RVPERE, LODGSERV, LODGQUAL 등이 대표적이고 최근에는 GROVQUAL도 개발되어 활용되고 있다. 여기서 중요한 것은 환대산업 경영자들이 다양한 서비스 품질 측정방법 중에서 자기 기업의 품질을 측정하는 데 가장 적합한 방법을 채택, 원용하는 일이다(Ford and Bach, 1997).

② 서비스 품질의 측정방법

환대 산업 경영자들은 서비스 품질에 대한 고객의 인식을 측정하는 데 어떤 방법을 사용할 것인가의 선택문제에 직면해 있다. 서비스 품질을 평가하는 축정기법은 다양하지만 그것들은 각자 측정대상과 측정배경에 따라 장단점이 있으며, 또 측정기법들 중에는 경비가 너무 많이 소요되는 문제점도 안고 있다.

이에 따라 호텔업자들은 대체로 정량적 방법과 정성적 방법을 혼용하거나 관찰 및 커뮤니케이션 기법을 결합한 피드백을 통해 자료를 수집한다. 정성적 방법은 인터뷰, 소집단, 고객역할연기, 그리고 관찰조사 등을 포함하는 것으로, 주관적인 측면이 강하지만 개개 고객의 사고방식을 통찰할 수 있다. 한편 정량적 기법은 미리 설정한 기준에 기초해서 정보를 수집하므로 객관적인 측정이 가능하다. 대다수의 경우, 이러한 정보는 설문을 통해 수집되는데 이때에는 출구설문처럼 얼굴을 맞대어 이루어지는 직접적인 것이거나 전화상으로 이루어지는 간접적인 것 또는 객실에 배치된 설문지 및 고객비평카드에 기록을 하는 방법 등이 동원된다.

이와 관련하여 Ford 와 Bach(1977)는 이용 가능한 다양한 측정기법을 제시하는 한편, 각각의 기법들이 가지고 있는 장점과 단점을 열거함으로써 환대산업 경영자들이 자기 기업에 유용한 측정기법의 선택에 유용한 지침을 제공하였다〈표 4 - 8참조〉.

표 4 - 8 _ 자료수집기법의 요약

측정 기법 종류	주요 이점	주요 불리점
관 찰	고객에게 불편을 주지 않음	관찰자의 참석이 영향을 미칠 수 있음
직원 피드백	직원이 문제점을 숙지하고 있음	직원의 편견개입 가능성
의견 카드	고객 의견에 회사의 관심 집중	일반적으로 의견은 극단을 반영
우편 조사	타당하고 대표적인 표본의 수집	시차와 기억 유지의 효과
현장 개인인터뷰	자세한 고객 피드백	표본 대표
전화 인터뷰	대표성 있고 타딩한 목표고객 표본	고객 불편
중요 사건기법	고객에게 중요한 것을 확인	낮은 응답률
비확중 모델	직접적인 개선	관리상의 문제점
소집단	풍부한 정보	증상 확인
알 수가 없는 구매자	일관성 있고 편견이 없음	경비 과다

1) SERVQUAL

(1) SERVQUAL의 이해

PZB(1988)는 기대된 서비스와 지각된 서비스 성과를 비교하여 그 차(gap)에 의해 소비자의 지각된 서비스 품질을 측정하는 'SERVQUAL모델'개발

하였다. SERVQUAL은 올리버(Oliver, 1980)의 기대불일치 모델에 기초하여 다양한 서비스 산업에 보편적으로 적용 가능한 일반화된 척도로 개발되었으며, 10가지의 서비스 품질의 결정요소를 나타내는 97개 항목에 대하여 반복적인 요인분석 과정을 거쳐 유형성(tangible), 신뢰성(reliability), 반응성(responsiveness), 확신성(assurance), 공감성(empathy) 등 22개 항목 5개 차원으로 축약된 서비스 품질평가척도로 구성되어 있다.

이 연구에서 PZB는 22개 각 문항에 대한 7점 리커트형 척도(전혀 동의하지 않는다(1) - 전적으로 동의한다(7))를 이용하여 기대된 서비스(E)와 지각된 서비스 성과(P)를 각각 별도로 측정하여 그 차이(P - E)의 방향과 크기로 서비스 품질을 측정하였다. 그리고 이들은 소비자들의 기대수준을 측정함에 있어서, '어떤 서비스가 제공되어야 하는가(should)에 대한 소비자의 믿음 또는 소비자가 바라는 당위적 성과수준'으로서 규범적 기대(normmative expectaions)의 개념을 적용하였다.

PZB는 SERVQUAL 모델에서 P - E의 개념구조가 전통적인 소비자만족/불만족 모델에서 사용된 불일치 개념과 다르다는 것을 강조하고, P - E 개념은 예상된 서비스와 제공된 서비스 간의 차이를 나타내는 것이 아니라 어떤 규범적인 기준(norm)과의 비교를 나타내는 것이라고 주장하였다. 즉 기준을 초과하는 것은 높은 서비스 품질이 제공된 것을 의미하고, 기준에 미달하면 낮은 서비스 품질이 제공된 것을 의미한다는 것이다.

　PZB(1991)는 후속연구에서 5개 서비스 기업에 대한 실증연구를 토대로 하여 기존의 SERVQUAL을 개량한 '수정 SERVQUAL'을 제시하였다. 여기서 PZB는 당위적인 표현(shoud)으로 측정된 기대수준(예, 전화회사는 기록을 정확히 유지하여야 한다)이 너무 높은 기대수준을 야기할 수 있다는 이유 때문에 '~일 것이다(will)'의 현태로 표현을 수정하였다(예, 우수한 전화회사는 기록상의 착오가 없을 것이다). 즉 고객들이 우수한 서비스를 제공하는 회사로부터 무엇을 기대할 것인가에 초점을 두고 모든 기대항목의 어구들을 바꾸었다. 또 부정적인 어구로 표현된 기대 항목들(6개 항목)을 모두 긍정적인 표현으로 바꾸었는데, 이는 부정어구로 표현된 항목들이 긍정적으로 표현된 항목들에 비하여 표준편차가 높고, 의미전달이 잘 안 되며, 신회계수가 낮았기 때문이다. 마지막으로 유형성과 확신성 차원에서 혼동의 소지가 있는 2개 항목은 새로운 표현으로 대체되었다. 이렇게 하여 수집된 자료를 희귀분석한 결과, 실증조사된 5개 서비스기업에서 모두 '수정 SERVQUAL'이 기존의 SERVQUAL보다 더 우수한 것으로 확인되었다.

　PZB는 SERVQUAL의 목적이 조직의 서비스 품질의 강·약점을 발견하기 위한 진단적 방법론을 제공하는 데 있으며, 체계적이고 다단계의 반복적인 과정을 통해 도출된 SERVQUAL의 제 차원과 평가항목들은 서비스 산업 전반에 두루 적용 가능한 평가기준이 될 수 있다고 주장하였다.

(2) SERVQUAL의 한계

　SERVQUAL이 서비스 산업 전반에 걸쳐 범용적으로 개발된 훌륭한 서비스 품질 측정도구이기는 하지만 다음과 같은 몇 가지 한계점을 안고 있다.

첫째, SERVQUAL에서의 기대 측정과 관련한 문제점이다. SERV-QUAL에서는 기대를 '규범적 기대(should be)'로서 성과의 이상적 표준을 나타내는 이상적 기대와 유사하게 개념화하고 측정했다.

SERVQUAL의 기대에 대한 조작적 정의에서 제기되는 문제점은 이 척도가 실제 이상으로 높은 기댓값으로 응답될 수 있으며, 기댓값이 잘 형성되지 않을 경우 기대수준의 측정은 타당성 문제를 야기할 수 있고, 기대 질문항목들에 대한 응답자들의 해석의 차이로 인해 조사자의 질문의도와 다르게 응답할 소지가 많다는 점이다. 또한 SERVQUAL에서 지각된 성과가 기대를 초과(P>E)하게 되면 서비스 품질의 수준이 더욱 향상되는 것으로 보는 것은 한 속성의 성과가 이상점보다 미달되거나 초과되면 그 차이만큼 전체 서비스의 품질이 낮아진다고 보는 고전적 이상점 태도 모델에서의 기대 개념과 다르다는 점에서도 문제가 된다.

둘째, SERVQUAL의 범용성에 대한 문제이다. SERVQUAL이 특징 산업에 적용되는 것이 아니기 때문에 어떤 서비스 산업 고유의 변수를 측정할 수 없다는 것이다. 예컨대, 항공산업의 경우 정시출발 정시도착은 여행객들에게 매우 중요한 요인이다. 그러나 SERVQUAL은 여행객들의 이러한 변수들에 대한 인식을 제대로 측정하지 못하고 있다. 또 도매업이나 유통업에서 공차율이나 정시 배달률은 매우 중요한 요인이 되지만 SERVQUAL은 이러한 변수들 중 어떤 것도 측정하지 못하고 있다.

셋째, SERVQUAL이 서비스 품질의 수준을 측정하는 데 있어서 P - E의 갭(gap)분석 방법을 이용하는 것이 문제이다. 어떤 서비스가 제공된 후에 서비스를 경험한 고객을 대상으로 기대를 측정하는 것은 고객의 반응을 왜곡시킬 수 있다. 즉 성과의 영향력이 작용하여 왜곡된 기대수준을 측정하게 할 수 있다는 것이다. 만일 고객이 어떤 여행사의 관광 서비스에 대하여 긍정적인 경험을 했다면 그 고객은 자신의 서비스 기대에 대하여 낮은 점수를 매기고, 결과적으로 P - E 간에 긍정적인 갭이 생기게 된다. 이와 반대로 관광서비스에 대하여 부정적 경험을 했다면 자신의 서비스 기대점수를 높게 평가하고, 결과적으로 부정적인 갭이 생기게 된다.

SERVQUAL을 이용하여 서비스 품질을 측정하고자 할 때에는 이러한 문제점들을 정확히 이해하고 극복할 수 있는 노력이 필요하다.

먼저, SERVQUAL 척도를 특정 서비스 산업에 맞도록 수정하고 고객들에게 중요시되는 변수를 추가적으로 반영하는 방법을 고려할 수 있다.

둘째, P - E 갭 점수의 왜곡문제를 피하기 위해 서비스를 구매하기 전에 기대를 측정하고, 구매 후에 지각된 서비스 성과를 측정함으로써 시간의 흐름에 따른 종단적 측정방법을 적용한다.

셋째, 서비스기대와 성과를 별도로 측정하는 대신에 '기대에 비교한 성과의 정도'로서 '내가 기대한 것보다 훨씬 더 ~하다'의 형식으로 응답자에게 직접 질문하여 얻은 비차이점수(non - difference score)를 이용하여 서비스 품질을 측정할 수 있다. 예컨대, 어느 서비스 기업의 '최신설비의 구비 정도' 항목에 대하여 '내가 기대한 것보다 훨씬 더 못하다(1) - 훨씬 더 우수하다(7)'의 형태로 응답하게 할 수 있다.

2) SERVPERF

(1) SERVPERF의 이해

SERVPERF는 서비스 품질을 서비스 기대와 성과 간의 차이(gap)에 의해 측정하는 것이 아니라 지각된 성과만으로 측정하는 방식으로서 Cro-nin & Taylor(1992, 이하 C&T)에 의해 제안되었다. C&T는 P - e에 의해 서비스 품질을 개념화하고 조작 측정하는 SERVQUAL 방식은 만족과 태도를 혼동하고 있기 때문에 서비스 품질의 측정방법으로 부적합하다고 비판하고 SERVQUAL에서 개발된 5개 차원의 22개 항목을 사용하여 4개 서비스 산업(은행, 방역, 세탁소, 패스트푸드업)을 대상으로 실증연구를 한 결과 SERVPERF 모델이 SERVQUAL 모델에 비하여 상대적으로 더 우수함을 확인하였다. SERVPERF는 기대수준을 개념화 하고 측정하는 것과 관련한 여러 가지 문제점을 피할 수 있고, SERVQUAL 척도에 비하여 질문항목의 수가 정 반으로 줄어들 수 있다는 점들에서 많은 학자들로부터 지지를 받아 왔다.

C&T는 SERVPERF 에 대한 이론적 근거오서 지각된 서비스 품질을 태도의 한 형태로 개념화할 수 있는 한 적합성 - 중요도 모델(adequa-cy - importance model)에 의해 지각된 서비스 품질을 충분히 조작 측정할 수 있다고 주장하였다.

고객의 지각된 서비스 품질을 축정 평가하기 위한 모형으로는 PZB (1988, 1991)에 의해 개발된 SERVQUAL 방식과 이에 대한 대안적 방식으로 제시된 SERVPERF, 비차이점수 방식 등이 있다.

3) 관찰법

남의 눈에 띄지 않도록 실시되는 관찰기법은 관광 분야에서 널리 적용되어 왔고, 최근에는 축제와 이벤트 등의 행사시에 방문객의 만족수준을 평가하기 위해서도 적용되고 있다(Seaton, 1997). Ford와 Bach(1977)는 호텔경영에서 서비스 품질을 평가할 때 이 기법이 가장 단순하고 비용 절약이 가능한 기법이라 지적하고 있다. 호텔이 이 기법을 활용할 경우, 매니저는 호텔 조직과 고객 간에 매일 이루어지는 다양하고 많은 상호작용을 관찰, 조사, 분석하기 위해서 영업현장에서 한걸음 물러나 있어야 한다. 이 기법의 장점은 서비스의 문제점과 고객의 불편원인을 밝힐 수 있어 현장에서 즉

시 수정할 수 있다는 점이다. 그렇게 하려면 관찰자는 풍부한 영업지식을 가지고 문제의 발생원인과 서비스문제를 인지하는 데 숙련되어 있어야 한다. 또 이 기법은 고객이 인지하지 못하는 상태에서 행해지므로 고객에게 최소한의 불편만을 준다는 장점이 있으나 너무 자주 실시하면 경영자나 일선 직원들에게 어려움을 가중시키는 단점 또한 있다.

이러한 단점 외에도 이 기법을 활용할 때 관찰자는 아주 전문화된 교육을 받아야 하고 시간과 경비가 많이 소요되는 문제가 있다. 이와 함께 관찰은 개인의 사생활 침범과 관련하여 많은 윤리적인 관심과 문제점을 야기시킬 수 있다는 문제점도 지적되고 있다.

이와 같은 문제점들에도 불구하고 많은 환대산업은 고객과 직원들에게 품질개선을 이루기 위해 관찰되고 있음을 통보하고 있다. 이런 상황에서 직원들은 누군가가 자신들을 관찰하고 있다는 지속적 압력 때문에 위협을 느낀 나머지 소극적으로 업무를 수행할 수도 있으므로 관찰 역할을 일선 근무자를 포함하는 확대조치를 취하기도 한다. 이렇게 하면 일선 근무자들은 조직 내에서 그들의 역할에 더욱 비판적인 입장을 취할 수 있고, 이에 따라 동료들의 자신에 대한 평가를 경영진들이 '아직도 업무를 잘 알지 못하는구나.'하는 경영진의 평가보다 훨씬 잘 수용할 수 있다. 이것은 분명 아주 유용한 하나의 정보원천, 즉 직원의 피드백을 가져오게 한다.

4) 직원 피드백

고객에게 인지되는 서비스 품질의 많은 부분은 서비스공급자와 고객이 대면하는 순간과 관계가 있음을 인식하는 것이 매우 중요하다. 서비스 품질을 형성하는 어떠한 다른 요인보다도 중요하고 또 서비스 품질의 성공에 결정적으로 영향을 미치는 것은 '진실의 순간'에 관여하는 조직의 일선 직원 및 이면에서 수고하는 직원들의 질이다. 그러므로 고객의 인지에 영향을 미치는 직원 피드백은 추구되어야 하고 그런 점에서 직원은 그러한 정보의 수집도구로 사용된다. 대부분의 고객은 일선 서비스제공자들에 대해 편안한 느낌을 가지므로 자주 그들이 받아온 서비스에 관해 이야기하길 좋아한다. 그래서 서비스 실패를 경험하면 문서보다는 구두로 그것에 대해 이야기하기를 선호하고, 따라서 정보의 획득도 훨씬 용이하다. 이러한 현상은 호텔업자들이 직접적이고 최신의 고객 피드백을 얻을 수 있는 좋은 기회가 되며, 더불어서 규명되어야 할 문제점들을 즉시 또는 적어도 고객이 업소를 떠나기 전에 바로 잡을 수 있는 기회를 포착하게 된다. 또한 환대기업은 이를 통해 고객의 경험과 관련된 품질에 관한 정보를 얻을 수 있게 할 뿐 아니라 즉각적인 서비스회복 조치를 취함으로써 고객을 만족시킬 수 있어 직원의 사기를 증진시킬 수도 있다. 반면에 관광, 환대, 레저산업의 경영자는 고객피드백과 관련해서 직원들의 편견문제를 이해해야 하는데, 그것에는 직원들이 자주 보고하는 내용에는 단 한 번의 보고로 그칠 것이 많다는 것이다.

이에 따라 호텔경영자들은 일선 근무자들에게 고객과 자구 접촉하는 동안 피드백을 부탁하고 기록할 것을 권장하고 있다. 이것은 체크아웃 시 임의표본(random sampling)을 추출하여 다양한 인터뷰 접근을 통해 공식적 또는 비공식적으로 시행할 수 있다. 이 정보는 매일 또는 주간 단위로 두 사람 사이에서 일어난 일, 부서 단위로 행한 인터뷰 내용, 그리고 직원보고용 카드 〈그림 4-8 참조〉 등으로 이루어지는데, 이것들은 모두 고객인지에 대한 피드백의 원천을 제공해 준다. 따라서 고객의 인식상황이 환대기업의 경영에 도움이 된다고 판단되면 즉각 수용, 행동하여야 한다.

고객 경험 및 직원 피드백 기록

일시:

부서:

☐ 프런트 사무실　☐ 객실청소담당　☐ 식음료　☐ 기술부서　☐ 기타

담당분야: (예, 객실서비스, 체크인, 레스토랑 - 아침식사)

☐ 적합한 박스에 체크하시오.

세부사항 :중요한 문제/성공 범주

☐ 사람들(예, 서비스 품질)

☐ 과정/정책(예, 서비스 품질 타이밍, 호텔 정책)

☐ 장비(예, 금이 간 접시, 컴퓨터 고장)

☐ 기타(예, 호텔의 주변 환경 - 미끄러운 방, 얼룩진 카펫)

_____

_____

_____

_____

☐ 고객경험　　　혹은　　　☐ 직원 피드백

고객이름:　　　　　직원이름:

객실번호:　　　　　부　서:

이 양식을 완성해 주셔서 감사합니다.

당신의 노력이 우리가 고객에게 제공하는 서비스를 향상하는 데 도움이 될 것입니다.

자료: ACCOR호텔그룹

🔍 그림 4 - 8 _ 직원 및 고객 피드백의 수집을 위해 ACCOR호텔이 사용하는 직원 피드백 카드

5) 고객 인터뷰

고객 인터뷰 기법은 가장 사용빈도가 적지만 서비스 품질에 대한 고객의 지각을 보다 깊이 이해하는 데 가장 효과적이다. 인터뷰의 내용은 이해를 잘 할 수 있도록 주의 깊게 구성되고 완벽하게 짜여진 각본에 따라 인터뷰는 진행된다. 이를 통해 얻을 수 있는 혜택은 수집될 정보가 풍부하며 정보가 매우 현실적이라는 점 외에도 고객과의 관계를 구축함으로써 고객유지를 위한 바탕을 마련해 준다는 점이다. 이로써 고객은 인터뷰 그 자체에 대해 가치를 느끼며 환대기업이 자신들을 위해 노력하고 있다는 사실에 좋은 인상을 받게 된다.

이 기법을 운용함에 있어 제기될 수 있는 주요 문제점은 전문적인 교육과정을 이수하지 않는 결과 고객이 관심을 가지지 않는 사안에 대해서도 물음으로써 시간과 경비가 많이 소요된다는 점이다. 이에 따라 많은 환대기업은 한 해의 특정 시점과 특별한 형태의 고객, 즉 그들의 큰 거래처나 특별 행사 시 그리고 불평고객들에 한정해서 이 기법을 사용하는 경향이 있다. 대부분의 호텔은 좋거나 나쁜 설문결과와 개인의 불만편지에 대해 적절한 대처가 필요하다는 것을 중시하고 있다. 예로서 호수 서부에 위치한 준달업(Joondalup)이라는 휴양지는 그곳에서 개최되는 모든 행사를 적절히 처리하는 것을 최우선순위로 두고 있는데, 이 휴양지는 고객욕구가 완전히 충족되었는가를 확인하기 위해 항상 행사 전후에 걸쳐 행사 주최 측과 행사참여자와 접촉하는 것으로 정평이 나 있다. 그리하여 만약 어떤 문제점이 나타나면 고객은 불만의 특성과 내용을 분석, 평가하는 경영자와 단독으로 인터뷰하기 위해 초대된다. 과거에는 환대기업이 불평고객에게 사과의 편지를 보내는 것이 일반적이었지만, 지금은 이러한 개인적인 접근방법을 선택함으로써 시장에서의 회복과 차별화를 도모하는 데 더 좋은 기회가 된다고 판단하고 있다.

6) 소집단

호텔의 입장에서 서비스 품질을 평가하고 이의 개선을 기대하는 소집단 회의에 고객을 초대하는 일은 드물고, 오히려 이러한 소집단회의가 개최되더라도 고객집단들에게 심도 있고 자세하게 고객의 욕구를 충족시키려는 조직의 능력을 설명하는 일에 중점을 두고 있다. 그러나 본질적으로 소집단회의가 개최되면 이때에는 고객이 중시하는 것이 무엇인가를 밝혀내고 그것을 확인해 내는 일이 소집단회의의 목적이 된다. 그러므로 이것의 기본적인 전제는 참가자수가 많은 것이 좋고, 한 사람의 반응은 다른 사람의 반응을 일으키는 데 기여하는 자극제가 된다는 점에서 참여자의 수가 중요하다. 그리고 이 기법은 문제를 확인하는 데 그치지 않고 문제해결에 고객을 참여시키기 때문에 고객관점에서 보면 아주 보람이 크다.

여기에서도 제기되는 것은 경비 문제인데, 특히 중소환대기업인 경우에 더욱 그렇다. 호텔 측으로서는 회의참석자에게 여행경비는 물론이고 전문적인 회의진행자의 비용도 지출하여야 한다. 이러한 경비문제를 해결하기 위해 호텔 로비에 공고된 고객이 공개조정을 받아 주간 팀 개선회의에 참석할 수가 있다. 이러한 형태로 참여한 고객은 서비스 품질 개선회의에서 적극적으로 자신의 직접적인 경험에 입각해서 의견을 제시하므로 공개적인 제안으로 간주된다. 저자는 이러한 모임에 빈번히 참석해 왔고 또 그러한 모임이 아주 가치가 있는 것임을 깨달았다.

7) 중요한 사건기법

중요한 사건기법은 '특별히 고객을 불만스럽게 했거나 즐겁게 한 서비스사항'들을 이끌어내기 위해 고안되었다(Lovelock. Patterson, and Walker, 1998).
이와 관련된 정보는 일선 직원과 고객 간의 인터뷰나 호텔산업에서 자주
이용하는 사내 의견카드〈그림 3 - 7 참조〉에 의해 수집된다. 카드에 기록
한 고객의 의견과 인터뷰의 내용 중에서 공통적인 문제점과 즐거움을 준
원천이 무엇인가를 확인하기 위해 맞추어 본다. 이 기법의 장점은 다른 정
성적인 방법과는 달리 고객들에게 사전에 정해진 문제에 답하도록 강요하
지 않고 자신들이 서비스경험을 통해 가장 기억에 남은 사건을 기록하도
록 권유한다는 데 있다. 이과 관련하여 Hope와 Muhlemann(1997)은 이 기
법은 고객에 중요한 영향을 미치는 특정한 서비스의 속성을 용이하게 밝
혀주고, 또 고객이 중시하여 인식하는 서비스 품질 구성요인과 서비스전
달 시스템을 재구성하도록 해 준다는 점에서 유용하다고 하였다.

귀하가 우리 호텔에 머무는 동안 느끼신 인상은 우리에게 매우 중요합니다.
그것은 귀하가 우리 호텔에 머물면서 어떻게 생각하고 있는가를 알아보기 위함입니
다. 그리고 만약 당신이 우리가 수행하는 일을 향상시키는 데 도움이 될 수 있는 어떤
제안이 있다면 우리는 그것을 듣기 원합니다.
아래에 당신의 생각들을 적어서 호텔 프론트 책상 위에 놓고 가 주십시오.
감사합니다.

_____
_____
_____
_____
_____

성   명: _____
객실 번호: _____   날   짜: _____

그림 4 - 9 _ 호텔에서 사용하는 제안 카드 사례

8) 고객조사법

고객조사는 호텔산업에서 가장 많이 이용하는 자료수집기법이다. 이 조사는 고객의견카드(customer comment cards)처럼 규칙적인 기준에 의해 수행되기도 하고 뒤에서 논의하게 될, 간혹 사용되는 보다 자세한 속성기법(detailed attribution techniques)을 사용하기도 한다. 어떤 방법을 사용하든 중요한 것은 설문 문항의 타당성, 신뢰성 그리고 실용성이다.

(1) 고객의견카드

자주 활용되는 이 설문기법은 일반적으로 식당 테이블이나 고객 침실에 놓여지는 단순한 의견제안카드의 형태를 취하는데, 이것에는 아주 단순한 것으로부터 매우 복잡한 것까지 종류가 다양하다. 고객은 호텔로부터 받은 서비스의 전반적인 품질에 관한 것은 물론, 미리 정해둔 척도에 따라 고객이 경험한 서비스의 개별적인 속성의 질에 대해서도 점수를 매기도록 권유받는다. 이와 함께 대부분의 경우, 고객은 설문문항에 포함되어 있지 않은 서비스에 관해서도 언급해 주도록 요청받는다.

이 설문기법의 주요 이점은 자료수집이 용이하고 단순하다는 데 있다. 설문지를 일정한 장소에 비치해 두면 의견제안카드를 관리하는 측면에서는 더 이상 직원의 노력이나 시간을 요하지 않는다. 따라서 반복해서 발생하는 서비스 문제점들을 확인하는 데 매우 효과적이며 경제적인 수단이 된다. 제기된 서비스 문제점들에 대해 긍정적인 피드백이 이루어지면 직원들에게는 그것을 인정하게 하는 기회가 되고, 그 결과 경영성과의 개선에 훌륭한 보상장려책의 역할을 하게 된다. 그리고 이 의견제안카드를 어디에 비치하느냐도 중요하다. 그것은 비치장소에 따라 호텔이 고객에게 관심을 진정으로 표명하고 있다는 자세를 전달하는 의미와 함께 고객과 지속적인 관계형성에 도움을 주기 때문이다. 또한 의견제안카드의 문항설계가 단순성을 갖고 있느냐의 여부도 고객이 기꺼이 설문에 응하고 흥미를 유발시키는 데 영향을 미치므로 유념해야 한다.

고객만족을 위한

서비스 경영론

SERVICE

MANAGEMENT

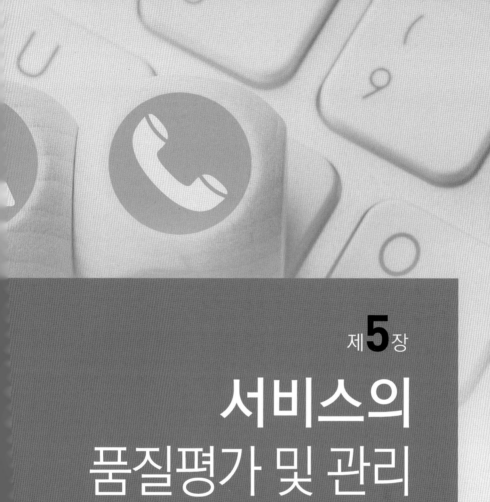

제**5**장

서비스의
품질평가 및 관리

SERVICE
MANAGEMENT

서비스의 품질평가 및 관리

제**1**절 　서비스 품질평가

① 일반적 서비스 품질평가

1) 서비스 품질평가의 의의

고객들에게 만족된 서비스를 제공하기 위해서는 계속적으로 고객의 서비스 품질 지각을 평가함과 아울러 서비스 품질개선을 위해 서비스 품질상의 문제점과 원인들을 찾아내야만 한다.

서비스 품질의 문제점과 원인들은 흔히 서비스 제공자 측에서 발견할 수 있는데, 이들의 결함은 고객이 서비스 품질을 낮게 지각하게 만드는 원인이 된다. 만약 서비스 품질을 제공하는 기업 측에 있어서 그 문제점을 정확히 확인할 수 있다면 이를 개선보완하여 고품질의 서비스를 고객에게 제공할 수 있는 기회가 될 것이다.

2) 서비스 품질평가 과정

고객들이 서비스 품질을 평가할 때, 그들이 기대한 서비스와 그들이 받고 있는 서비스를 나름대로의 서비스의 속성을 통해 비교한다. 즉 서비스 품질은 고객이 기대한 서비스와 실제 수행된 서비스 간의 불일치 정도의 크기에 달려있는 것이다. 따라서 고객들이 대상 서비스기업에서 실제로 제공받는 서비스에 대해 주관적으로 느끼는 정도가 서비스를 제공받기 전에 기대했던 정도에 미치지 못한다면 고객에게 있어 서비스의 품질은 낮게 인식되어 품질이 좋지 않은 것으로 평가될 것이다.

3) 선행연구

서비스 품질을 평가하는 객관적 측정치가 존재하지 않는 상황에서, 기업의 서비스 품질을 평가하는 적절한 접근은 품질에 대한 소비자의 지각을 측정하는 것일 수 있다. 이러한 인식은 서비스 품질을 연구해 온 모든 연구자들에게 있어 일관된 주장이었다. 〈표 5 - 1 참조〉

지금까지 서비스 품질 측정에 관한 대부분의 연구들은 고객지향적인 관점에서 고객에 의해 기대된 서비스와 시작된 서비스를 고객이 평가하는 과정에서 서비스 품질을 결정하는 것이 바람직하다는 것이다. 이때 서비스는 소비과정에서 상대적으로 높은 소비자관여를 요구하며, 생산과 동시에 소비가 발생하므로 제공된 서비스(output)와 함께 서비스 제공과정(process) 특히 서비스제공자와 고객 간의 상호작용이 품질평가에 있어 중요시되어야 한다. 서비스 품질 측정에 있어서 이러한 부분에 대한 비중이 증가되어야 한다는 것이다. 이상의 논의를 요약하면 고객에 의해 인지도는 서비스 품질은, 서비스 기업이 제공해야한다고 고객이 믿고 있는 것과 서비스 제공에 대한 지각과의 비교를 통한 결과이다. 따라서 인지된 서비스 품질은 고객의 기대와 지각 간의 차이 정도 및 방향으로 이해된다.

고객이 특정거래에 만족하고 있다 할지라도 서비스 기업이 높은 품질을 소유하고 있다고 느끼지 않을 수 있으며, 따라서 만족과 품질과의 관계는 시간의 흐름에 따른 만족은 서비스 품질의 지각에 영향을 미친다. 이와 같이 서비스 품질을 측정을 위해서 고객 만족도를 지속적으로 조사가 수행되어야 한다. 고객만족도(Customer Satisfaction Index: CSI) 조사란 고객만족과 성과를 측정하는 기준으로 고객들의 객관적인 평가를 통해 고객들의 기대와 욕구 및 자사와 경쟁시간 위치를 정확히 조사할 수 있는 조사이다.

고객만족 경영은 바로 이 고객만족도 조사에서 시작된다. 고객만족도 조사는 계속성, 정량성, 정확성 3가지 원칙에서 실시되어야 한다. 고객만족도를 계속적으로 조사해야만 측정하고자 하는 업종이나 특정항목의 고객만족도 변화추이를 파악할 수 있기 때문이다. 또 각 항목 간 수치비교가 가능한 정량성을 가져야 고객만족도 수준을 평가할 수 있다. 마지막으로 성실한 조사와 통계분석이 전제되어야 정확한 해석을 내릴 수 있다. 고객만족도 평가는 제품, 서비스, 기업이미지 3가지 요인을 모두 고려해야 한다. 고객만족도 조사는 니즈분석, 조사설계, 실사, 분석과 해석, 고객만족 전략수립의 5단계로 이루어진다.

첫 단계인 니즈분석에서는 해당산업에 대한 상황분석, 자사 및 경쟁사의 강약점 분석(SWOT analysis), 제기된 문제점 파악을 통한 고객의 니즈가 무엇인가를 분석한다.

두 번째 단계에서는 고객만족도 조사가 제대로 수행되도록 설계하는 프로세스로 조사목적과 연구문제를 검토한다. 또 조사방법과 조사일정 및 자료수집과 분석기법들을 결정하며 신뢰성과 타당성 기준을 평가하고 조사예산과 일정을 결정하게 된다.

세 번째 실시단계에서는 고객만족 상태를 실증할 수 있는 정확한 자료를 수집한다. 실사는 고객만족도 조사의 핵심적인 부문으로 조사자의 사명감에 입각한 성실한 조사가 매우 중요하다.

네 번째 단계인 분석과 해석을 위해 빈도분석, 교차분석, 상관관계분석, T테스트, 아노바(ANOVA), 요인분석, 회귀분석 등을 활용한다.

다섯째 분석된 결과물을 토대로 고객만족 전략을 수립하게 된다. 이 단계에서는 고객만족과 고객기대의 분석, 고객만족 포트폴리오, 고객만족 포지셔닝 및 재구매 의도분석 등을 토대로 고객만족 경영을 체계화하기 위한 전략을 수립한다.

🌐 표 5 - 1_ 서비스 품질 측정에 관한 선행연구

연도	연구자	연구결과
1985	PZB	서비스 품질의 10가지 제 구성 차원에 대한 이론적인 제안(유형성, 신뢰성, 반응성, 의사소통, 신용성, 안전성, 능력, 예의, 고객이해, 접근성)
1988	PZB	은행신용카드, 설비수선 및 영선, 장거리 전화, 유가증권 중개 서비스에 대한 설문조사를 통한 실증적 연구결과, 서비스 품질의 5가지 구성차원(유형성, 신뢰성, 반응성, 보증, 감정이입)을 추출하여 22개 변수들로 서비스 품질을 측정하는 'SERVQUAL'을 개발
1990	Carman	파라슈라만, 자이즈믈 그리고 베리의 'SERVQUAL'을 다소 수정하되, 본래의 10가지 서비스 품질 차원에 속하는 항목으로 수정시켜 치과대학의 진료소, 경영대학의 취업부, 타이어 상점, 급성병 전문병원에 대한 서비스 품질에 관해 설문조사를 실시한 결과 파리슈라만, 자이즈믈 그리고 베리의 5가지 차원들과는 다소 상이하기는 하지만 이들이 제안한 10가지 서비스 품질차원들에서는 크게 벗어나지 않는 것으로 나타남
1990	Brensinger and Lambert	파라슈라만, 자이즈믈 그리고 베리의 'SERVQUAL'을 전화, 우편조사를 통해 산업서비스에 대한 실증적 연구에 적용한 결과, 'SERVQUAL'차원들은 전반적인 지각된 서비스 품질에 대한 설명력이 저조한 것으로 나타남

연도	연구자	연구결과
1990	Babakus	공익사업의 협동조합을 대상으로 파라슈라만, 자이즈믈 그리고 베이의 'SERVQUAL'척도를 그대로 적용하여 우편조사를 실시한 결과 item - to - total correlationqnstjr과 내적 일관성 검정 결과는 파라슈라만, 자이즈믈 그리고 베리의 결과와 같았지만 파라슈라만, 자이즈믈 그리고 베리의 5가지 차원은 추출되지 않았으며, 지각된 서비스와 기대서비스와의 차이 점수는 지각된 서비스만의 점수보다도 서비스 품질과의 상관관계가 낮았음
1990	Lambert and Lewis	서비스 품질 측정에서의 기대와 중요성 척도를 실증적으로 증명하기 위해 전화산업과 수송산업에 대한 설문 조사결과 응답자들은 기대와 중요성을 동일시하고 있음이 증명됨
1991	Finn and Lamb	파라슈라만, 자이즈믈 그리고 베이의 'SERVQUAL'로써 여러 유형의 소매점 서비스 품질을 측정하기 위해 전화조사를 통한 실증분석 결과 'SERVQUAL'의 타당성 입증이 불가능하였음

② 호텔서비스 품질의 평가사례

호텔서비스는 인적, 물적, 시스템적 서비스로 결정되어 있기 때문에 실제로 서비스의 질을 결정짓는 요인은 수없이 많다고 할 수 있다. 또한 이러한 서비스 요인은 객실과 레스토랑 서비스에 따라 다르다고 할 수 있다. 그러나 호텔고객의 지각의 관점에서 볼 때 고객의 평가는 종합적이므로 특정 서비스분야별 접근보다는 호텔서비스에 대한 전반적인 서비스 질 요인을 중심으로 연구되어야 할 것이다.

호텔서비스와 관련된 선행연구들의 서비스 평가요인을 요약정리하면 다음 〈표 5 - 2〉와 같다. 표에서 보는 바와 같이 캐도트와 터전(Cadotte, Turgeon)은 호텔서비스 품질을 구성하는 변수를 도출하기 위해서 호텔서비스 품질평가에 관한 25개의 속성을 제시하고 있으며, 티어와 올슨(Teare and Olsen)은 이를 5가지의 범주로 나타내고 있다.

한편 루이스(Lewis)는 호텔 선택 속성을 주요속성(important attribute), 돌출속성(salient attribute) 및 결정속성(determinant attribute)으로 구분하여 17개의 호텔 속성과 이에 속하는 57개의 구성변수를 제시하였다. 이 밖에 인적 서비스 품질평가 속성을 밀(Mill)은 8가지로 구분 제시하였으며, 마틴(Martin)은 이를 절차적 서비스와 인적 서비스로 나누어 제시하고 있다.

또한 메드릭(Medrik)은 입지, 시설, 인적 서비스, 이미지, 가격요인을 들고 있다. 마틴(Martin)은 절차 서비스 요인으로 수용력, 감독, 예측성, 적시성, 유기적 절차, 의사소통, 고객에 대한 피드백 요인을 들고 있다. 밀(Mill)은 서비스평가요인으로 대기시간, 종사원의 접근방법, 태도, 상품 및 가격 지식, 판매제안, 감사인사, 다시 찾아 주기를 바라는 재방문, 교객의 반응 확인 요인을 제안하고 있다.

최근의 연구로서 르블랑(Le Blanc)은 여행사를 중심으로 서비스 평가요인을 물적 증거, 능력, 이미지, 적시성, 예절, 경쟁 정도, 반응, 신뢰성, 그리고 접근성 요인으로 보고 있다. 테레와 올슨은 서비스 평가요인으로 객실 및 욕실의 청결성과 쾌적성, 가격에 대한 가치, 종사원의 친절 및 전문성, 안전과 안정감, 메뉴의 표준화의 5개 요인을 제안하고 있다.

한편 이러한 호텔서비스의 평가요인들은 고객의 관점에서 보면 상대적으로 그 중요성이 다를 수 있다. 이때 평가요인의 상대적 중요성은 여러 요인에 대한 가치 및 평가적 측면의 상대적인 중요성 혹은 편리성의 의미로서 전술한 바와 같이 개인의 인구통계적 특성, 이용상황, 그리고 사전경험에 따라 달라질 수 있다.

표 5 - 2 _ 호텔서비스 선행연구

연구자	평가속성
Engel, Balckwel(1978)	평가기준: 위치, 제품구색, 가격, 광고판촉, 종사원 서비스 기타 지각특성: 호텔이미지(위치, 제품구색, 가격, 광고판촉, 종사원 서비스)
Emdrik(1980)	위치: 1) 지리적인 위치(상업적 도심지, 도시, 시골 등) 2) 위치에 따른 접근성, 편의성, 주변경관의 매력성
Buttle(1986)	시설: 객실, 업장, 테니스장, 수영장 등 고객이 사용할 수 있는 제반 시설 서비스: 물적 서비스를 위한 각종 서비스, 즉 고객의 관심도, 서비스의 신속성 및 효율성 이미지: 고객이 호텔에 머물고 있는 동안 위치, 시설, 서비스 분위기 등에 관해 인식하는 정도 가격: 위치, 시설, 서비스, 이미지 등 호텔에 제공한 제반요소에 대한 경제적인 평가
Lewis(1984)	서비스의 질(Services Quality) 1) 직원의 전문성 2) 모든 서비스의 신속성 3) 서비스의 전반적인 수준 4) 제공되는 서비스의 다양성 5) 친절성과 공손성 전반적인 느낌(Overall Feeling) 1) 잘 운영되는 호텔 2) 믿을 만한 질적 수준 3) 자신의 욕구에 부합됨 4) 제공되는 마음을 알아차림 5) 편안한 느낌 안전(Safety) 1) 호텔의 안전함 2) 주변지역의 안전함 3) 객실의 안전함 4) 화재 안전 개선된 서비스(Upscale Services) 1) 늦은 저녁식사 서비스 2) 룸서비스의 이용 가능성 3) VIP 객실 4) 우아한 식사 5) 추가적인 화려함 6) VIP 대우 식음료의 가격과 질(F&B Price and Quality) 1) 합리적인 식음료가격 2) 식음료 시설의 유용성 3) 음식의 질 4) 식음료 가격, 다양한 선택 5) 음식 서비스의 질적 수준

연구자	평가속성
Lewis(1984)	서정적 실내장식 분위기(Aesthetics, Decoration) 1) 건축 내부의 미학적 상태 2) 실내의 미적 수준 3) 현대적, 시대감각적임 4) 객실, 욕실의 실내장식 5) 역사적, 전통적임 쾌적상태(Amenities) 1) 편리함 2) 쾌적상태(향기 등) 3) 추가적 제공 부속물 4) 전반적인 현대적 편리함 이미지(Image) 1) 호텔의 성격 2) 체인의 성격 3) 전반적인 좋은 느낌 음료의 질(Beverage Quality) 1) 와인목록의 질적 수준 2) 음료의 질적 수준 3) 로비 칵테일 제공상태 객실, 욕식(Room & Bath Conditions) 1) 객실과 욕실의 물적 조건 2) 객실과 욕실의 청결함 헬스시설(Health Facilities) 1) 사우나, 증기욕탕 구비 2) 연중이용 가능한 풀장 평판(Reputation) 1) 호텔과 체인의 명성, 위광 2) 좋은 평판 조용함(Quiet) 1) 호텔의 조용함 2) 지역의 조용함 개실 속성조건(Room Attributes) 1) TV와 라디오의 절적 수준 2) 침대의 안락함 3) 객실과 욕실의 크기 Reservation & Frontde나 1) 예약시스템의 편리성 2) 예약시스템의 신뢰도 3) 입숙, 퇴숙 절차 가격과 가치(Price & Value) 1) 가격과 가치 2) 실제적인 가격 입지(Location) 1) 다른 지역에의 접근성
Lewis(1985)	이미지, 안전, 입지, 평판, 가격, 가치, 건축미, 편의성, 조용함, 서비스 품질, 부대시설, 객실상태, 식당품질, VIP 대우

연구자	평가속성
Parasuraman, Zeithaml & Barry (1985, 1988, 1991)	유형, 사회, 반응, 안전, 예절, 능력, 이해, 신용, 접근성, 의사전달, 사회성, 반응, 보증, 감정이입
Knuston(1988)	객실의 청결, 안락함, 편리한 위치, 안전과 보안, 신속하고 정중한 서비스, 친절성 및 환대정신, 객실요금, 레크리에이션 시설, 직원으로부터의 특별한 대우
Cadette & Turgeon(1988)	1) 객실, 식음료, 서비스의 가격 12) 호텔시설의 특수성 2) 서비스의 속도 13) 건물의 청결서 3) 주차가능 정보 14) 경영자의 서비스 지식정도 4) 숙박시설의 이용가능정도 15) 주변환경의 조용함 5) 신용카드의 적용성 16) 불평에 대한 반응정도 6) 영수증의 정확성 17) 불평에 대한 반응정도 7) 경영자의 돕는 자세 18) 시설외관의 통일성 8) 호텔규모의 알맞음 19) 영업시간 9) 지배인의 서비스 지식정도 20) 광고의 질적 수준 10) 서비스의 범위(정도) 21) 초과예약제도 11) 서비스의 질적 수준 22) 호텔주변의 교통혼잡도
Martin (1986,1989)	절차부분: 수용, 예견, 적시성, 업무절차, 의사전달, 고객반응, 감독 심리분석: 태도, 관심, 어조, 신체언어, 재치, 호칭, 안내, 제안판매, 문제해결
LeBlanc(1992)	이미지, 능력, 신용, 적시, 예절, 반응, 경쟁, 접근성
테레와 올슨 (R.Teare&Olsen), 1992	객실 및 욕실 청결, 쾌적성, 가격가치, 종사원 친절, 전문성, 안전성, 메뉴표준화

자료: Bonnie J knatson, Freuent Travellers: Making Them Happy & Bringing Them Back, The Cornell H.R.A Quarterly, May, 1988. p.84

제2절 서비스 품질관리

고객은 자신이 기대한 서비스와 제공받은 서비스를 비교하여 서비스 품질을 평가하게 된다. 만일 서비스 품질이 나쁘게 인식되면 고객은 불만족하게 되고 그 결과로써 다른 서비스 기업을 찾거나(고객이탈) 다양한 형태의 불평행동을 전개하게 된다. 반대로 서비스 품질을 좋게 평가하게 되면 고객은 만족하게 되고 그 결과로써 재구매의도와 기업에 대한 애호도가 형성되며, 다른 사람들에게 긍정적 구전을 통해 장기적으로 기업에게 이익을 가져다준다. 이처럼 서비스 품질의 관리는 기업의 이익과 경쟁우위의 원천이 될 수 있는 것이다.

서비스 품질관리의 필요성

관광서비스 기업의 서비스 품질경영에 대한 필요성은 대개 세 가지로 제안할 수 있다.

첫째, 관광서비스 기업이 무한경쟁의 치열한 국제경쟁에서 살아남고 서비스 수준이 세계적으로 일류급이 되기 위해서는 이와 관련된 서비스 품질경영 수준도 뛰어난 경지에 올라야 하며, 이러한 최고의 고객만족을 목표로 고객이 요구하는 서비스를 제공하는 경영시스템으로서의 전사적 품질경영(TQM: Total Quality Management)에 관한 개념화의 작업이 필요하다.

둘째, 호텔관광 서비스기업에서 제공하는 서비스의 품질은 고객의 만족불만족과 직결되므로 관광서비스기업의 경쟁력 대응이나 시장점유율, 다른 경영전략 변수와 상호 보완관계에서 매우 중요한 전략적 요소로 인식되고 있다.

셋째, 호텔관광 서비스기업의 물적, 인적 시스템은 서비스상품을 구성하는 중요한 요인인데, 그중에서 서비스요원의 사기와 태도는 호텔관광서비스기업을 이용하는 고객 만족도에 결정적인 역할을 하고 있으므로, 고객만족을 위해서는 서비스요원의 만족이 필수 불가결한 조건이 될 수 있다.

① PZB의 갭 모형분석

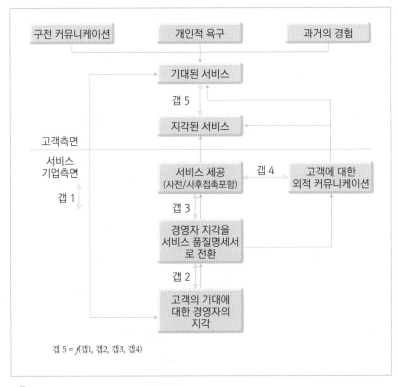

🔍 그림 5 - 1 _ PZB의 갭분석 모형

이 모형은 갭 분석을 통해 서비스 기업이 품질문제를 야기하는 네 가지 갭의 원인을 파악하고 그 갭을 줄일 수 있는 전략을 개발함으로써 서비스 품질을 향상시킬 수 있게 해준다.

1) 갭1: 고객의 기대와 경영자 지각의 차이(조사갭)

갭1은 고객의 기대와 이에 대한 기업 경영자의 인식 간의 차이를 말한다. 이는 서비스 기업의 경영자를 포함하는 서비스 제공자가 고객이 기대하는 바를 제대로 인식하지 못하고 있는 상황을 말한다.

갭1이 발생하는 원인은 ① 고객과의 직접적인 상호작용이 없는 경우 ② 고객의 기대를 알려고 하는 의지가 없는 경우 ③ 고객기대에 응할 준비가 안 된 경우들이 있다. 기업이 고객의 기대를 제대로 이해하지 못하면 자원배분의 문제를 유발하여 질 낮은 서비스를 제공하는 결과를 낳게 된다. 예를 들어 고객은 설비의 편의성이나 기능성을 중요시하고 있는데도 기업은 시설의 외양에만 과도하게 투자하는 경우를 생각할 수 있다.

고객의 기대에 대한 잘못된 인식은 결과적으로 고객기대에 미치지 못하는 서비스 성과를 가져오게 된다. 서비스 품질을 향상시키는 출발점은 서비스 제공자가 고객기대에 대한 정확한 정보를 획득하는 데 있다고 할 수 있다.

갭1을 감소시키기 위해서는 다음과 같은 전략이 필요하다.

① **고객들과의 커뮤니케이션**: 기업 경영자가 고객들과 지속적으로 대화를 함으로써 고객들의 기대와 현재 제공되고 있는 서비스에 대한 고객들의 평가를 할 수 있다.

② **마케팅조사 실시**: 서비스 기업은 고객과의 대면접촉을 통해 확인되지 않는 정보, 즉 고객들의 서비스 품질에 대한 욕구와 이들의 서비

스 기대를 좀 더 정확히 파악하기 위해 마케팅조사를 실시할 수 있다.

③ **상향적 커뮤니케이션 활성화**: 갭1을 줄이기 위해서는 하향적 커뮤니케이션보다 상향적 커뮤니케이션이 활성화되어야 한다. 서비스 요원은 고객과의 커뮤니케이션을 통해 서비스 개선에 대한 아이디어를 도출하고, 이를 경영진에 제안하여 경영의사결정에 반영하고 채택된 아이디어에 대해서는 포상이 이루어지는 시스템이 필요하다.

④ **결재단계의 축소**: 결재단계가 길면 길수록 기업 경영자가 고객의 욕구를 수렴하기 어려워진다. 신속하고 정확한 서비스 수행을 위해서는 경영계층의 축소를 통해 의사결정과정을 단축하는 것이 필요하다.

⑤ **관계마케팅의 강화**: 기존 고객과의 관계를 유지 강화하는 데 초점을 두는 관계마케팅은 갭1의 발생가능성을 줄일 수 있다. 정보기술의 발달은 고객관계를 유지 강화하는 데 필요한 정보를 보다 쉽게 축적하고 활용할 수 있게 해준다.

2) 갭2: 경영자의 지각과 서비스 품질명세서의 차이(계획 및 설계갭)

갭2는 고객의 기대에 대한 경영자의 지각과 양질의 서비스 제공을 위한 서비스 품질 명세서 간의 갭을 말한다. 이는 경영자가 고객의 기대를 정확히 이해하고 있지만 이를 정확한 서비스 품질명세서, 즉 '고객중심적 서비스 설계 및 표준'으로 전환시키지 못해 문제가 되는 경우라고 할 수 있다. 서비스 품질명세서는 서비스 접점에 있는 종업원을 평가하고 보상하는 기준이 되며, 서비스 품질에 결정적인 영향을 미친다.

갭2의 발생원인으로는 기업자원의 제약, 고객의 욕구보다 시장의 경쟁상황에 대응한 서비스 전략 전개, 경영진의 무관심 등이 있다. 서비스 관리자들이 고객의 기대를 비현실적이라고 보고 소극적으로 대응하거나 서비스의 다양성과 수요의 불확실성으로 인해 서비스 표준 설정이 불가능한 것으로 인식하는 경우도 문제가 된다.

갭2를 감소시키기 위해서는 다음과 같은 전략이 필요하다.

① **최고경영자의 관심**: 갭2를 줄이기 위해서는 무엇보다도 서비스 기업 최고경영자의 적극적인 의지와 관심이 필요하다. 많은 서비스 기업들은 고품질의 서비스 제공을 회사의 사명(Mission)으로 명시하고 있음에도 불구하고 실제상으로는 원가절감, 총 매출이나 순이익의 증대들을 오히려 더 강조하는 경우를 볼 수 있다. 이는 서비스를 측정하기는 어렵지만 비용이나 매출, 이익의 측정은 쉽게 이루어지고, 또 임직원들에 대한 보상이나 인사고과 체계가 주로 非서비스 기준에 의해 이루어지기 때문이라고 할 수 있다.

② **서비스 품질목표의 설정**: 갭2를 줄이기 위해서는 고객과 고객접촉요원 및 경영진이 모두 공감할 수 있는 서비스 품질목표를 설정해야 한다. 고객접촉요원들은 경영진의 의도와 이익창출의 필요성을 깊이 이해해야 한다. 또 서비스 품질목표를 설정하는 과정에 고객을 참여시켜 고객 중심의 품질목표를 설정하는 것이 필요하다.

③ **업무표준화**: 업무 표준화는 기계화, 자동화, 전산화 등의 하드웨어와 소프트웨어 기술을 활용하여 이루어진다. 은행의 현금자동입출금기(ATM)와 같이 영업활동을 표준화시키고 일관된 서비스를 제공할 수 있는 시스템을 갖추게 되면 갭2의 격차를 줄이는 데 도움이 된다.

3) 갭3: 서비스 품질명세서와 실제 서비스제공의 차이(실행갭)

갭3은 서비스 기업이 제공하고자 하는 서비스 품질명세서와 고객에게 실제로 제공된 서비스 간의 갭을 말한다. 이러한 갭의 주된 원인은 서비스 자체가 가지고 있는 가변성과 비분리성에 기인한다. 대개 서비스는 사람에 의해 수행되기 때문에 서비스 품질은 서비스 제공자가 얼마나 자신의 직무를 잘 수행하느냐에 좌우된다. 만일 종업원들이 서비스 품질명세서에 명시된 대로 서비스를 제공하지 않으면 고객들의 기대를 충족시킬 수 없게 되고 결과적으로 고객들은 불만족하게 된다.

갭3이 발생하는 원인으로는 서비스 품질명세서에 대한 종업원들의 인식 부족, 종업원들의 서비스 수행에 필요한 능력과 자질의 부족, 서비스 명세서의 지침에 따라 종업원들이 서비스를 제공할 의지가 없는 경우 등이 있다.

갭3을 감소시키기 위해서는 다음과 같은 전략이 필요하다.

① **종업원들의 팀워크(teamwork)제고**: 종업원들이 다른 종업원들과 경영진을 그 팀의 핵심맴버로 여길 때 팀워크가 형성된다. 이를 위해서는 최하 직급의 종업원이 최고경영자를 비롯한 상사들로부터 보살핌을 받고 있으며, 자신의 직무가 회사 성공의 중요한 부분이 됨을 느낄 수 있도록 해야 한다. 또 종업원들 간에 경쟁이 아닌 상호 협력정신이 생기도록 해주어야 한다.

② **종업원과 직무의 적합성**: 종업원의 직무수행능력이 부족하면 서비스 품질 문제를 야기할 수 있다. 서비스 기업은 직무수행에 필요한 자질과 능력 및 기술을 갖추고 있는 사람을 채용하고, 내부적인 교육훈련 과정을 통해 직무수행능력을 제고해야 한다.

③ **기술과 직무의 적합성**: 종업원들이 효율적인 직무수행을 위해 사용하는 기계나 설비 및 기술은 직무에 적합해야 한다. 각종 설비나 기술이 부족하면 종업원들은 양질의 서비스를 제공할 수 없게 된다. 고가의 첨단 의료장비를 갖추어 놓고도 이를 운용할 기술력과 지식이 부족하여 제 기능을 충분히 활용하지 못하는 경우를 생각할 수 있다.

④ **경영자의 통제시스템 개발**: 직무명세서에 충실한 서비스를 제공한 종업원들에 대하여 그에 상응하는 평가와 보상을 또는 처벌을 하는 경우에 발생한다. 자동차 정비 공장에서 정비요원들의 실적을 자동차 수리 대수만으로 평가함에 따라 정작 중요시되어야 할 서비스 이행 지침이 소홀히 다루어지는 경우를 생각할 수 있다.

⑤ **역할갈등의 감소**: 경영자는 고객과 접촉하는 종업원들이 고객욕구에 부응할 수 있도록 적절한 유연성과 재량권을 주어야 한다. 종업원들이 직면하는 주요 역할갈등은 고객의 기대와 경영진의 기대 사이에서 고객의 니즈(needs)에 대응할 수 있는 유연성을 갖지 못하거나 서비스 제공과정을 통제하지 못할 때, 다른 종업원들과 협조관계를 유지하지 못할 때 발생할 수 있다. 종업원들이 직면하는 갈등의 폭을 줄여 주는 것은 경영자의 책임이라 할 수 있다. 역할갈등의 해소는 종업원의 직무만족과 사기진작, 이직률 감소 및 고객만족에 긍정적 영향을 주게 된다.

⑥ **역할의 모호성 감소**: 종업원들이 자신의 직무와 역할에 대한 이해가 부족하고 정보가 부족할 때 역할모호성이 발생한다. 역할모호성은 역할갈등을 증가시키고 직무만족도를 감소시킨다. 종업원들이 수행할 직무를 잘 이해하지 못하게 되면 직무명세서에 명시된 역할이나 기능을

제대로 수행하지 못하게 된다. 역할모호성을 줄이기 위해서는 경영진의 명료한 하향적 커뮤니케이션과 경영진의 기대에 대한 종업원들의 건설적인 피드백, 종업원들에 대한 지식과 정보제공 및 교육훈련 강화, 고객접점 종업원들의 커뮤니케이션 기술 배양 등의 노력이 필요하다.

4) 갭4: 실제 서비스 제공과 외부 커뮤니케이션의 차이(커뮤니케이션갭)

갭4는 고객에게 실제 제공된 서비스와 그 서비스에 대한 외부커뮤니케이션 내용 간의 차이를 말한다. 기업은 광고나 판매촉진, 인적 판매 등의 커뮤니케이션활동을 통해 고객들에게 약속을 하며, 이러한 약속은 고객의 기대를 형성하게 한다. 서비스 기업이 약속된 서비스를 제대로 제공하지 못하면 고객기대와 제공된 서비스 간에 갭이 생기게 된다.

갭4가 발생하는 원인으로는 제공된 서비스에 대한 조직 내 부서 간의 수평적 커뮤니케이션이 문제가 되는 경우나 고객에 대한 과대약속이 있다. 예컨대, 광고부서와 서비스 제공 부서 긴에 원활한 커뮤니케이션이 이루어지지 않거나 경쟁이 치열해지고 고객창출에 대한 압박 가중됨에 따라 과대광고를 하는 경우가 해당된다.

따라서 갭4를 감소시키기 위해서는 서비스 제공 부서와 광고 홍보 부서, 영업부서의 임직원들 간에 긴밀한 협조관계를 유지하여 원활한 수평적 커뮤니케이션이 이루어지도록 하고, 고객들에게 과대약속을 하지 않도록 해야 할 것이다.

5) 갭5: 서비스 기대와 서비스 지각의 차이(실제갭)

갭5는 고객들에게 기대된 서비스와 지각된 서비스 간의 차이를 말하며, 갭1에서 갭4까지 각 단계에서 발생하는 네 가지 갭의 합이라고 할 수 있다. 고객에게 지각된 서비스 품질은 갭5의 크기와 방향에 의해 결정된다.

서비스 마케터는 고객의 기대와 지각 사이에 존재하는 '고객 갭'을 줄임으로써 지각된 서비스 품질을 높일 수 있는바, 이를 위해서는 네 가지 갭을 감소시키기 위한 노력이 결합되어야 한다.

지금까지 살펴본 갭 분석 모형은 '고객 갭'의 크기와 그 성격을 이해할 수 있게 해주며, 서비스 마케터는 이를 바탕으로 고객의 욕구충족을 위한 서비스 마케팅전략을 수립할 수 있다.

② 서비스 품질관리 방법

서비스 품질 관리 프로그램은 마케팅 관리자와 서비스 생산라인 계층 간의 상호협조적인 노력을 요구한다. Denton은 서비스의 품질관리를 위한 10가지 법칙을 제시하였다.

1) 서비스 품질관리

(1) 리더십

자신의 호텔기업에 대한 명료한 비전을 가진 최고경영자는 그 비전을 부하직원에게까지 전달하여 행동으로 실천하게끔 인도하는 리더십이 필요하다. 훌륭한 리더는 서비스 품질에 대한 자신의 열정을 종업원과 고객에게 행동으로 입증해 보인다. 매이러트호텔의 Bill Marriott와 리츠칼튼호텔의 Horst Schulze 사장은 서비스의 세부사항에 주의를 기울이며 자신의 호텔고객 및 종업원들과 접촉할 시간을 갖고 서비스 품질에 관한 한 타협을 하지 않는다. 최고경영자의 이러한 자상함과 단호함은 조직원들로 하여금 긴장을 풀지 않고 열과 성을 다해 고객에게 봉사하여 호텔에 질 높은 서비스문화를 정착시키도록 하였다.

(2) 전체 조직 마케팅

호텔과 같은 서비스산업의 마케팅기능을 담당하는 것은 마케팅부서의 직원이 아니라 전체 조직원이다. 마케팅활동을 마케팅과에 국한시키지 말고 전체 조직에 통합시켜 전사적 마케팅기능(total marketing function)을 담당하도록 하라.

(3) 고객이해

사소한 불편도 고객에게는 치명적인 서비스결함으로 받아들여질 수 있다. 자칫 하찮아 보이는 서비스의 부재가 그만 고객으로 하여금 등을 돌리게 할 수도 있다. 고객의 필요와 욕구에 대해 민감하기 위해서는 그들의 작은 불평에도 귀를 기울이고 그들이 쉽게 호텔 측에 의사전달을 할 수 있는 장치를 마련해야 한다. 또한 시장조사를 통해 그들에 대한 이해와 정보를 획득해야 그들의 기대에 부응하는 서비스를 제공할 수 있다.

(4) 자신이 속한 서비스기업 성격 파악

이러한 메커니즘으로 서비스가 제공되며 이것이 고객에게 어떠한 영향을 주는지에 대한 전반적 이해가 있어야 한다. 교육훈련을 통해 호텔산업에 대한 지식과 이해가 생길 때, 종사원의 서비스 품질도 향상된다.

(5) 서비스 전달 운영체제 구축

질 높은 서비스가 전달되기 위해서는 이를 지원하는 운영체제가 갖추어져야 한다. 호텔의 경우 예약시스템과 건물관리체제, 호텔정보시스템 등이 제대로 갖추어져야 고개에게 효율적으로 서비스를 제공할 수 있다.

(6) 서비스 융통성

질 높은 서비스를 제공하는 호텔일수록, 고객이 개별화된 서비스(Customized service)를 요구하는 경우가 많다. 이 경우 고객의 기대에 맞추기 위해서는 경직된 태도로 규칙과 방침만을 고집하지 말고 고객이 원하는 서비스를 그들의 요구에 맞춰 제공하는 유연성을 가져야 한다.

(7) 기계화 자동화

고객을 데이터베이스 처리하여 관리하고 시장 환경 및 자료를 정확하게 분석하기 위해서는 컴퓨터와가 필수적이다. 또한 효율적인 보완체제를 갖추고 인텔리전트 건물을 운영하기 위해서는 기계화자동화가 이루어져야 한다. 이러한 기술의 도입은 궁극적으로 서비스 품질향상과 고객만족에 기여한다.

(8) 인력관리

호텔과 같은 서비스사업에서 인력의 중요성을 아무리 강조해도 지나치지 않는다. 호텔의 고품질 서비스의 생산을 위해서는 내부마케팅 전략으로 접근하라.

(9) 서비스 품질평가 기준 설정 & 유인책 마련

호텔서비스의 품질 유지를 위해서는 일정한 기준이 마련되어야 하며 훌륭한 서비스 제공자에게는 포상이 이루어져야 한다.

(10) 종사원에게 피드백을 제공하라

향상된 서비스 제공을 위하여 종사원은 자신의 업무성과와 서비스 수준에 대한 피드백을 받을 필요가 있다.

2) 벤치마킹(Benchmarking)

벤치마킹이란 원래 강물의 깊이를 측정하기 위한 수준기표를 의미한다. 그것이 기업경영에서는, 막연하고 추상적인 목표를 타 기업을 기준점으로 구체화시켜 자사에 도입하는 기법을 뜻하는 용어로 사용되고 있다. 미국 생산성 본부는 벤치마킹의 정의를 다음과 같이 내리고 있다.

'벤치마킹이란 자사의 성과개선에 유용한 정보를 얻기 위해 자사의 업무수행방식을 측정하고 그것을 전 세계 어느 곳, 어느 조직이건 선도자적 위치에 있는 조직의 프로세스와 비교하는 과정을 말한다.'

즉 기업은 '학습하는 조직'(learning organization)이며, 벤치마킹은 분야별로 최고 경쟁력이 있는 업체를 표적으로 삼아 그 업체의 우수성을 배워오는 학습과정인 것이다. 일전의 벤치마킹은 동종의 경쟁회사와의 비교분석을 통해 배울 점을 빌려온다는 한정적 개념이었지만, 이제 벤치마킹의 적용 범위는 크게 확대되어 산업을 불문하고 효율성이 뛰어난 어느 기업이든지 표적으로 삼게 되었다.

벤치마킹의 도입사례들을 살펴보면 상당히 흥미롭다. 예를 들어 미국의 Federal Express사는 30분 내 배달서비스로 유명한 도미노피자를 모델로 선정하여 속성 배달시스템의 목표를 삼았다. 또한 우리나라 강남 성모병원의 호스피스병동은 호텔서비스의 개념을 도입하여 병원특유의 차가움을 없애고 부드럽고 안락한 분위기를 조성하였다. 서비스산업의 꽃이라고도 할 수 있는 호텔은 그 서비스개념을 은행, 병원 등 타 서비스산업에 전수시키고 있다.

우리나라 호텔의 경우를 보면, 호텔신라가 서비스 개선팀 내에 벤치마킹 전담팀을 구성하여 수년간 연속적으로 호텔 서비스부문 세계 1위를 차지하고 있는 태국의 오리엔탈호텔과 싱가포르 페닌슐라호텔 등에 직원을 파견한 것에 이어, 서울 웨스틴조선과 부산의 웨스틴조선비치호텔도 미국 시애틀에 있는 웨스틴호텔 그룹 본사에 직원을 파견하여 서비스와 경영기법을 전수받도록 하였다.

호텔들이 벤치마킹을 위해 시장에서 선도적 위치에 있는 타 호텔에 서비스 기준을 설정하는 것은 타당하고 바람직한 방법이다. 그러나 벤치마킹의 범위를 더욱 확대하여 다른 우수호텔뿐 아니라 호텔과는 무관한 산업(예: 제조업의 JIT(Just - in - time)기법을 호텔 레스토랑 서비스시스템에 도입), 혹은 가정의 안락함이나 첨단사무실의 효율성까지도 호텔의 중요한 학습 대상으로 삼을 수 있을 것이다.

사례: 호텔업계, 벤치마킹 – 위탁경영 활발

호텔업계에 국내외 호텔들끼리 경영노하우를 주고받는 벤치마킹과 한시적인 위탁경영이 활발히 이루어지고 있다. 관련업계에 따르면 호텔신라는 최근 서비스 개선팀 내에 벤치마킹 전담팀을 구성하고 이들 전담팀을 비롯한 직원들을 올해부터 연중 해외 특급호텔에 파견, 서비스 및 경영 노하우를 전수받고 시장조사도 벌이도록 할 계획이다. 이 호텔은 이달 초 1차 벤치마킹팀 20여 명을 방콕 오리엔탈호텔, 싱가포르 페닌슐라호텔 등에 내보낸 데 이어 매월 20~30명 단위로 외국 특급호텔에 직원들을 파견할 계획이다.

서울 웨스틴조선호텔과 부산 웨스틴조선비치호텔은 총지배인을 비롯, 마케팅, 인사 기획팀장 등 부서장급 11명을 지난 연말 미국 시애틀 웨스틴호텔 그룹 본사와 미주지역 호텔에 파견, 현지 호텔 경영기법을 전수받도록 했다. 또 서울 힐튼호텔도 서비스, 식음료부문 등 현업부서 직원 3~4명을 선발, 유럽지역 호텔에 3~4개월 이상 파견해 경영노하우를 습득하는 장기연수를 실시 중이다.

특급호텔들이 벤치마킹을 위해 해외 일류호텔에 직원을 파견하는 데 비해, 국내 중소호텔들은 수도권 특급호텔을 벤치마킹 대상으로 삼고 직원들을 파견하거나 한시적인 위탁경영계약을 해 경영기술을 전수받고 있다. 웨스틴 조선호텔은 이달 초 대전의 중급호텔인 리전드호텔과 위탁경영계약하고 곧 이 호텔에 직원들을 파견, 경영지도를 실시할 계획이며, 지방호텔에 대한 위탁경영 및 컨설팅업무를 전담할 호텔경영연구원 설립도 추진하고 있다.

호텔롯데는 지난해까지 기아그룹이 운영하는 충남아산의 이화관광호텔 들 지방 중소호텔들과 잇따라 위탁경영 계약하고 호텔운영의 노하우를 전수했다. 이 밖에 이미 호텔경영 컨설팅을 전담하는 계열법인을 별도로 설립해 운영하고 있는 세종호텔도 종소호텔에 대한 위탁경영사업을 강화할 계획이다.

3) 전사적 품질경영(TQM: Total Quality Management)

1980년대 초까지의 기업 품질관리활동을 살펴보면 다음과 같은 문제점들을 발견할 수 있다. 첫째는 최고경영층의 품질에 대한 인식수준이 그다지 높지 않아 품질이 중요한 관심사가 되지 못하였다. 둘째, 품질관리 분임조 활동만으로 품질에 대한 모든 문제는 해결된다고 믿었다. 셋째, 품질관리 활동은 품질관리 담당자의 고유영역으로 간주하였다. 넷째, 기능별 의사소통이 잘 이루어지지 않아 부서 간 협조를 요하는 품질 문제를 해결하기 어려웠다. 다섯째, 품질관리 활동의 평가기준이 고객만족이 아닌 비용이었다. 이러한 문제점들을 극복하고자 구미기업들이 앞 다투어 도입하여 추진해오고 있는 전략기법이 바로 회사의 전 조직원을 품질관리에 참여시킨다는 전사적 품질 경영(TQM)이다.

TQM은 다양한 고객욕구에 대응하기 위하여 기업 경영의 최우선 과제를 품질혁신에 두고 지속적인 품질혁신을 통하여 고객만족을 유도하고 궁극적으로 시장 시장경쟁력을 강화하고자 하는 경영혁신 전략이다. TQM

에서 강조되는 것은 조직구성원의 전원참여이다. 즉 최고경영층에서부터 일선 종업원에 이르기까지 전원이 의식개혁을 하여 유형제품, 서비스 납기 등을 포함한 모든 부분의 개선이 이루어지도록 노력해야 한다는 것이다. 이렇게 품질향상이 전체적으로 이루어지기 위해서는 다음과 같은 품질경영개념이 정착되어야 한다.

첫째, 품질은 '좋은 것'이 아니라 고개기대에 부응하는 것이다. 즉 기업 내부의 품질관리 담당자가 정한 규격이 아니라 실제 품질에 대해 민감하게 반응하는 고객이 요구하는 것에 대한 응답이다. 제품에 대한 최종평가는 기업이 하는 것이 아니라 고객이 하는 것이다. 이것이 자사의 품질우수성을 아무리 주장해도 만약 고객이 이것을 인정해줄 수 없다면 아무 소용이 없다. 따라서 최종접점인 고객에 중심을 두고 이들의 요구와 기대를 충족시켜 준다면 '마켓 인'(market - in)사상으로 품질관리가 이루어져야 한다. 고객이 원하는 바를 파악하여 이를 충족시켜 주어야 한다는 것은 바로 TQM의 기본 원칙이다.

둘째, 품질의 예방이다. 사전에 결점을 찾아내는 것은 나중에 품질 문제가 발생했을 때 그것을 수정하는 것보다 훨씬 값싸고 안전하다. 여기서 예방이란 서비스 품질의 개선과 경쟁우위까지도 포함하는 의미이다. 셋째, 품질경영의 수행기준은 무결점(ZD: Zero Defect)이다. 즉 불가피한 오류들은 묵인하는 것이 아니라 제품과 서비스가 추호의 결함 없이 생산되어야 한다는 것이다. 서비스의 품질수준을 한층 더 높이기 위해 노력하는 것도 중요하지만 이따금 결함이 발생하고 서비스가 시분수준 이하로 떨어지는 일은 방지라는 것도 역시 중요하다. 서비스의 품질향상을 꾀한다 하더라도 예기치 못한 서비스 실수가 되풀이된다면 이는 전체 서비스의 품질을 떨어뜨리고 말 것이다. 가령 보다 나은 고객서비스의 창출을 강조하면서, 호텔서비스의 기본인 객실준비가 제대로 되어 있지 않은 경우가 때때로 발생한다면, 이러한 서비스의 결함 때문에 다른 부문의 서비스개선은 빛을 잃게 될 것이다. 서비스 품질의 불량률 제로를 목표로 삼는 것은 서비스의 품질을 일정수준 이상으로 유지하는 가장 강력한 방법이다.

호텔의 서비스 품질관리는 모든 부문에서 수행되어야 한다. 객실과 식당 음식의 질, 인테리어, 디자인, 분위기, 고객과 직접 접촉을 하는 벨맨, 프런트데스크 클럭, 룸서비스 종사원의 친절성과 정직성, 컨시애르지의 효율적 도움 등은 모두 통합되어 호텔의 서비스를 이루고 있다. 호텔서비스의 품질은 기능적 측면과 친절성 측면, 그리고 유형적 측면과 무형적 측면에서 총체적으로 관리되어야 하며, 마케팅 활동에 직접 관여를 하지 않는 것으로 알고 있는 메이드나 전화교환에 이르기까지 모두 참여해야 한다.

리츠칼튼호텔은 일찍이 TQM 방식을 도입하여 고객만족실현을 하였다. 이 호텔의 부사장인 디챠라(Jin Dichiara)는 이렇게 말했다. "우리에게 TQM이란 계속적인 서비스 혁신을 뜻합니다. 우리의 경쟁호텔에서 하지 않는 서비스를 찾아 우리가 실현하는 것이지요. 그리고 우리는 ZD 서비스에 100% 고객유지를 목표로, 한 번 우리호텔을 찾은 고객은 평생고객으로 삼으려 하고 있습니다. 훌륭한 서비스가 제대로 뒷받침되지 않는 대형 호텔들은 훗날 덩치 큰 공룡들로 남을 것입니다." 리츠칼튼의 차별화 전략은 '우리는 신사숙녀를 모시는 신사숙녀다(We are ladies and gentlemen serving ladies and gentle-men)'라는 사훈으로 요약된다. 최고의 서비스에 승부를 걸어 가격파괴 경쟁 속에서도 가격을 하락시키지 않고 고객감동을 이루어낸 리츠칼튼호텔은 불황 때도 오히려 매출이 오르는 경험을 하였다. 리트칼튼의 품질관리전략은 철저한 고급화 지향이다. 전 세계 리츠칼튼 체인에는 임원급 품질관리 리더가 근무하며, 모든 직원들은 20개 항으로 이루어진 서비스 신조카드를 항시 양복 포켓 속에 소지하고 다닌다. "때로는 우리가 고객을 선택합니다." 리츠칼튼의 파디 라마단 관리이사는 이렇게 말한다. 이는 고객관리에 있어 고객믹스전략 측면으로 주요 고객인 '최고의 신사숙녀'에게 제공되는 서비스의 질을 결코 희생시키지는 않겠다는 의지를 보여주는 것이다.

리츠칼튼은 고객의 프로파일을 데이터베이스화하여 관리하고 고객의 의사전달 통로를 다양하게 마련하였으며, 호텔 내의 각 업장 및 고객 접촉 부문에 서비스 생산일지를 작성하여 고객 서비스에 장애가 되는 어떤 요인이든지 이를 미리 파악하고 즉시 제고하도록 하였다. 또한 고객이 세계 어느 곳에 있는 리츠칼튼호텔에도 손쉽게 예약할 수 있도록 컴퓨터화된 예약시스템을 갖추어 놓았으며, 투숙·퇴숙 절차를 간소화하여 고객이 기다리지 않고 신속하게 서비스를 받을 수 있도록 세심한 배려를 하였다. 그 결과 서비스 품질의 우수성을 인정받고 말콤볼드리지 품질상을 받는 첫 번째 호텔기업이 될 수 있었다.

제3절 서비스 품질과 고객만족

고객 - 인식된 서비스 품질과 관련된 고객만족의 개념에 대해서는 앞에서 여러 차례 설명했지만, 문헌 검토과정에서 두 용어가 자주 호환적으로 사용되고 있어 혼란을 불러일으키고 있다. 두 개념은 상호 관련성이 있고 융합되어 있는 것처럼 보이지만 사실상 구성개념, 상호관계 그리고 그것들을 추정하고 결과를 이해하는 데 차이점이 있으므로(Gwynne, Devlin, and Ennew, 1998) 확연히 구분될 필요가 있다. Cronin 과 Tayor(1992)는 이러한 구별은 서비스기업의 경영자나 조사자들에게 모두 중요하다고 하였다. 그 이유는 서비스기업의 경영자나 조사자들에게 모두 중요하다고 하였다. 그 이유는 서비스제공자는 그들의 목적이 서비스의 수행으로 만족한 고객을 확보하려는 것인지 혹은 인식된 서비스 품질을 최고 수준으로 제공하려는 것인지를 알 필요가 있기 때문이다.

Oliver(1981)는 만족은 '비확정적 경험에 따른 감정적 반응'이라는 견해를 가지고 있고, Getty와 Thompson(1994)은 '구체적인 서비스처리 혹은 경험에 관해 확정적이거나 비확정적인 기대가 존재할 때 고객이 경험하는 요약된 심리상태'를 만족이라 하였다.

사실상 고객만족에서 가장 자주 사용되는 주장은 비확정적 접근(Ramaswamy, 1996)인데, 여기에서 만족은 고객의 구매 이전 기대와 구매 이후 실제로 행해진 서비스에 대한 인식 간의 차이와 관련성이 있다. 비확정론에 따르면, 고객이 특정한 서비스를 접할 때 갖게 되는 만족과 불만족의 정도는 고객의 기대와 실제로 인식된 서비스수행 간의 차이에 의해 결정된다.(Oliver, 1996).

만약 서비스가 기대한 것보다 나은 것으로 인식이 되면 긍정적인 비확정 또는 높은 수준의 만족이 있을 것이지만, 서비스가 기대한 것에 미치지 못하면 부정적인 비확정 또는 불만이 나타날 것이다. 인식된 서비스수행이 고객기대를 만족시키거나 서비스경험이 고객기대보다 나을 때에는 확정 또는 제로 비확정(zero disconfirmation)이 결과로 일어날 것이므로 만족은 상황적, 대면적 혹은 특정한 처리로 간주될 수 있다.

반면에 인식된 품질은 서비스경험의 우수성과 관련성을 갖는 전반적인 태도라 생각할 수 있기 때문에(Getty and Thompson, 1994) 매우 동적인 속성이 있다(Parasurman, Zeithaml, and Berry, 1994). 환언라면, 그것은 태도의 속성을 가짐과 동시에 전체적인 가치판단으로서 역할을 한다. Lovelock, Paterson과 Walker(1998)는 만족과 인식된 서비스 품질 간의 중요한 차이를 다음과 같이 구분하고 있다. 즉 '만족은 경험 종속적이기 때문에 만족과 불만족의 정도를 느끼려면 서비스를 경험해야 한다. 그러나 인식된 서비스 품질은 경험 종속적이 아니고 다양한 서비스접촉을 통해 형성되는 것이다.'

이 두 개념은 서로 차이는 있지만 관련성이 있으므로 특정한 서비스와 서비스접점에 대한 전반적인 태도를 평가하는 데 사용할 수 있다. 서비스 품질은 만족과 다른데, 그 차이는 그것이 인식평가이고 품질평가를 위해 사용되는 객관적인 속성이라는 점이다. 만족은 품질과 관련이 있든 없든 조직에 대한 견해에서 나오는 것이지만, 서비스 품질에 대한 인식은 품질 속성 및 그 차원과 관계가 있다(Oliver, 1993).

이러한 개념 간의 관련성에 대해 상당한 논쟁이 있어 왔다는 것은 그다지 놀랄 일은 아니다. 대다수의 연구는 서비스 품질이 고객만족에 중요한 선행물이라고 제시하고 있지만(Parasurman, Zeithaml, and Berry, 1985; Cronin and Tayor, 1992), 최근에는 오히려 만족이 서비스 품질의 중요한 선행물일 수도 있다는 주장이 강력히 제기되고 있다(Oliver, 1981; Bitner, 1990). 어떤 입장을 취하든 만족과 서비스 품질 간의 관계는 밀접한 관련성이 있다. 즉 만족은 서비스 품질의 평가에 영향을 미치고 서비스 품질의 평가는 만족에 영향을 미친다(McAlexander, Kalde-nberg, and Koenig, 1994). 결과적으로 두 가지는 모두 미래의 고객구매 의도형성에 중요하므로 관광 및 환대산업 경영자들은 관심을 집중해야 한다.

1) 서비스 품질과 기대불일치

서비스 품질은 일반적으로 기대불일치 패러다임에 따라 고객의 기대와 지각 차이로 받아들여지고 있다. 기대불일치 패러다임은 고객만족의 결정 변수를 연구하는 패러다임 중의 하나로서 최근 학계에서 고객만족의 형성과정을 설명하는 이론적 배경으로서 많은 호응을 얻고 있다. 기대불일치 패러다임은 기대와 기대불일치가 소비자 만족에 미치는 영향 및 기대와 기대불일치 상호 간의 관계를 규명하는 데 주안점을 둔 패러다임이다.

이 이론에 의하면 고객의 만족은 고객의 기대와 기업의 성과와의 차이에 따라 형성된다.

올리버(Oliver)는 만족은 만족하지 못한 기대를 둘러싸는 감정이 고객의 소비경험에 관한 사전느낌과 합쳐질 때 발행하는 심리적 상태의 집합으로 보고, 따라서 만족은 기대와 불일치의 지각수준함수이며, 구매의 태도는 초기태도의 함수와 고객의 만족/불만족의 감각의 영향함수로 보았다.

그뢴루스(Grnroos), 파라슈라만(Parasuraman) 등은 고객만족 연구에서 제기된 기대불일치 패러다임을 적용하며 서비스 품질을 성과와 기대 사이의 차이(기대불일치)로 개념화시켰다. 문제는 고객만족과 서비스 품질 사이의 연계성이다. 고객만족과 서비스 품질 사이는 인과관계의 방향과 두 개념을 구분하기가 애매하므로, 실무에서는 고객만족과 서비스 품질을 혼용해서 사용하는 경우가 많다.

두 개념이 다같이 고객의 기대와 지각차를 중심개념으로 하는 기대불일치 패러다임의 이론을 따르고 있으나, 기대와 지각의 기준은 달리하고 있다. 즉 서비스 품질 연구에서의 기준은 향후사건의 표준적 기대로서, 바라거나 이상적인 기대로 작용하는데 비해, 고객만족 연구에서의 기준은 향후사건에 대한 예측적 기대를 의미한다. 또한 서비스 품질에서 지각은 누적된 전체품질의 지각을 의미하는 반면, 고객만족에서는 특정거래에 관한 고객의 지각을 의미한다. 한편, 서비스 품질과 고객만족과의 인과관계는 방향을 달리하고 있다. 즉 서비스 품질 연구자들은 고객만족이 서비스 품질을 이끈다고 하는 반면, 고객만족 연구자들은 품질의 평가가 거래만족을 이끈다고 주장한다.

이것은 대부분의 고객만족 연구가 거래특서에 초점을 맞춘 반면, 서비스 품질에서는 전체 또는 전반적 태도에 초점을 맞추기 때문이다. 구매의도(태도)에 미치는 영향력으로는 고객만족이 서비스 품질보다 더 강력한 영향력을 미치는 것으로 알려졌다. 이상의 서비스 품질과 고객만족 개념의 차이점을 정리해 보면 〈표 5 - 3〉과 같다.

표 5 - 3 _ 서비스 품질과 고객만족개념과의 관계

내용	서비스 품직	고객만족
1. 개념근거	기대불일치 패러다임	기대일치 패러다임
2. 기대기준	향후사건에 대한 표준적 기대	향후사건의 예측
3. 지각기준	누적된 전체 품질	특정거래
4. 인과관계	특정거래의 만족이 품질지각의 선행	품질평가가 거래만족의 선
5. 태도에의 영향력	변수 낮음	행변수 높음

따라서 비록 서비스 품질과 고객만족이 다른 개념적 구조를 가지고 있기는 하나, 개별 거래(고객만족)나 누적된 전반적 만족(서비스 품질) 모두 같은 기대불일치 패러다임으로서 고객의 기대와 지각차이에 의해서 관측됨을 알 수 있다.

2) 서비스 품질과 고객만족 간의 관계

서비스 기업은 여러 가지 노력을 통해 자사의 서비스 질을 높이고자 된다. 소비자의 만족도는 구매의도의 큰 영향을 미치게 되므로 서비스 질과 소비자 만족도의 관계는 서비스 기업에게 매우 주요한 이슈이다. PZB에 의하면 지각된 서비스의 질의 수준이 높을수록 더 높은 소비자의 만족을 가져오게 된다. 즉 서비스 질은 소비자 만족의 선행조건이 되는 것이다.

그러나 비트너(Bitner)는 이에 반대되는 의견을 가지고 있었다. 그는 실증적으로 인과관계를 분석하여 소비자 만족이 서비스 질의 관건이 된다고 밝히고 있다. 볼튼과 드류(Bolton and Drew)는 서비스 질은 태도와 유사하다는 가정을 이용하고 있는데, 이 가정은 소비자 만족은 서비스 질의 결정요소가 된다는 것을 보여준다.

소비자가 이전에 형성된 태도와 현재의 서비스 수행도에 대한 만족의 함수로 보고 만족도가 서비스 질에 영향을 미치는 관계를 설명하였다. 볼

튼과 드류는 그 이후의 연구에서도 다음과 같은 식을 제시하여 만족도와 서비스 질의 관계에 대한 논의의 범위를 확장시켰다.

서비스 질 = qo(만족/불만족, 불확증), 만족/불만족 = c(불확증, 기대, 수행도)

이 식은 소비자의 만족도는 서비스 질의 관건이라는 주장을 뒷받침하여 준다. 그러나 크로닌과 테일러는 PZB의 견해를 다시 지지하고 있다. 그들은 SERVPERF와 SERVQUAL의 서비스 질 측정 능력을 비교하는 실험에서 서비스 질이 만족도의 편견이라는 가설이 지지됨을 보여주었다. 서비스 질과 만족도의 관계는 위의 논의에서 알 수 있는 것처럼 영향을 미치는 방향이 분명하지가 않다. 그러나 위의 논의를 종합해 보면, 서비스 질과 만족도는 높은 상관관계를 가지고 있다는 것을 알 수 있다. 그러므로 두 개념 중 어느 한 가지만 정확히 측정할 수 있다면 다른 한 가지를 측정할 수 있게 된다. 서비스 품질이나 고객만족이 다 같은 기대불일치 패러다임을 따르나 이 둘 사이의 인과관계 방향이나 구조특성이 달라 품질을 이해하고 연구하는 데 어려움이 따른다. 서비스 가치에 대한 고객의 평가는 희생과 고객특성의 준거체계에 좌우된다. 따라서 재무비용, 비재무비용, 고객의 취미 및 고객 특성에서 차이가 있으므로 서비스 가치에 대한 고객평가는 차이가 있다.

한편 만족은 서비스 품질의 고객평가, 구매의도 및 행동에 영향을 미친다. 파라슈라만(Parasuraman)은 거래 특성에 따라 고객이 느끼는 만족은 서비스 품질, 제품 품질 및 가격의 함수인 반면(고객만족 관점), 개별적 거래로부터 얻은 경험은 서비스 품질은 서비스 품질을 포함한 만족, 제품 품질 및 가격을 포함한 복합적인 기업의 전반적인 인상의 지각에 영향을 끼친다고 하여(서비스 품질 관점) 두 개념을 통합하고자 하였다. 기업의 전반적 인상은 기업에 대한 고객의 만족과 기업의 서비스 품질, 제품 품질 및 가격의 전반적 지각에 따라 복합적으로 형성된다. 이와 같은 구조는 '만족'(특성 거래에 대한)은 전반적인 품질로 나타난다.

3) 서비스 품질과 서비스 가치

가치가 인간의 행동에 영향을 미친다는 측면에서 고찰하면 의견, 신념, 태도, 흥미 등보다 포괄적인 개념으로서 동일한 행동을 평가할 때 근본적이고 광범위한 개념으로 평가된다. 이들 상호 간에는 '의견→신념→태도→흥미→가치'와 같은 계층적 구조가 구성되어 있어서, 가치를 인간행동 결정의 최상위 개념으로 분류하고 있다.

소비행동과 관련하여 Peter & Olson(1990)은 가치를 소비자들이 달성하려는 가장 기본적이고 근본적인 욕구와 목표의 인지적 표현이라고 하였다. 즉 가치는 소비자가 자신의 생애에서 달성하고자 하는 중요한 최종상태에 대한 정신적 표현이라는 것이다. 또한 인지적 표현 혹은 가치란 기능적 혜택이나 심리사회적 혜택보다 추상적이며, 가치만족은 매우 주관적이고, 무형적이고, 그리고 상징적인 의미를 포함하는 경향이 있다고 하였다.

Rokeach(1973)는 가치를 추상적인 정도에 따라 수단적 가치와 최종가치로 구분하였다. 최종가치(terminal value)는 선호되는 최종상태를 나타낸다. 행복 혹은 지혜 같은 최종가치는 수단적 기치보다 더 추상적인 목표의 표현이다. 즉 이는 소비자가가 인생에서 궁극적으로 달성하고자 하는 지상의 목표를 나타낸다.

Sheth, Newman, & Gross(1991)는 가치를 다섯 개의 차원으로 구분하고 있다. 제품의 품질, 기능, 가격, 서비스 등과 같은 실용성 또는 물리적 기능과 관련된 기능적 가치 제품을 소비하는 사회계층집단과 관련된 사회적 가치, 제품의 소비에 의해 긍정적 또는 부정적 감정 등의 유발과 관련된 정서적 가치, 제품소비의 특정상황과 관련된 상황적 가치, 그리고 제품소비를 자극하는 새로움, 호기심 등과 관련된 인식적 가치들을 의미한다. 그들은 이상의 다섯 가지의 가치가 시장선택의 가장 커다란 영향요인이 될 수 있음을 시사하고 있다.

서비스 가치의 개념이 지각된 제품가치의 개념과 유사하다면, Zeithaml(1998)의 서비스 가치의 연구는 서비스를 이용함으로써 얻어지는 효익과 그것을 얻기 위해 투자한 비용에 대한 고객평가 사이의 거래관계를 수반하는 것으로 고려될 수 있음을 시사한다.

Bolton & Drew(1991)는 서비스 가치에 대한 고객평가는 행위의도와 구매행동에 영향을 미치는 것으로 가정하고 있다. 그들은 화폐적 비용과 비화폐적 비용, 고객기호, 그리고 고객특성의 차이 때문에 서비스 가치의 고객평가가 구별될 수 있음을 주장한다. 또한 그들은 지각된 희생과 고객특성, 서비스 가치, 행위의도, 그리고 구매행동 사이의 이론적 연결관계의 구체화를 시도하였다.

서비스 가치의 고객평가는 고객의 희생(화폐적 희생, 비화폐적 희생 등)과 효익에 의해 결정되며, 고객의 준거틀에 의해 나타난다. 지각된 서비스 가치에 대한 많은 연구는 서비스의 가치는 서비스를 얻기 위해서 필요한 희생과 서비스로부터 얻어지는 지각된 효익을 소비자들이 비교하여 나타나는 것으로 보았다.

즉 서비스의 효익은 다른 상징적인 것(추상화)과 지각된 서비스 품질에 대한 측정을 포함하고 지각된 희생은 실제의 지각된 서비스 가격과 함께 제품의 획득과 사용을 위해서 소비한 노력과 다른 비화폐적 비용을 포함한다. 또한 지각된 서비스 가치는 특정 상황과 배경을 의미하고, 투자한 지각된 희생과 제공받은 다양한 종류의 효익을 설명해주는 여러 가지 의미의

해석이 가능하다고 할 수 있다.

서비스 품질평가의 관점에서 볼 때, 서비스 가치는 매우 추상적인 것으로서 낮은 가격이나 구매로부터 얻고자 하는 것과 지불한 비용에 대한 보상이다. 즉 서비스 가치란 고객이 무엇을 주고, 무엇을 받는가라는 지각에 근거하여 서비스 효용에 대한 전반적인 평가이다. 특히 서비스 가치는 고객에 따라서 달라질 수 있다는 점에서 특징이 있다. 어떤 고객은 양적인 측면에서 서비스 가치를 평가할 수 있는 반면, 어떤 고객은 화폐적인 지불 이외에 시간적인 비용 및 기타의 개인적인 노력도 서비스 가치에 포함하기 때문이다.

따라서 서비스 가치를 정의하는 데 있어서 고려해야 할 점은 위에서 고찰한 바와 같이 인간의 심리적인 관점을 포함해야 하고, 가격·품질보다는 좀 더 복잡한 개념으로 정의해야 한다. 즉 서비스 가치는 서비스 생산 그 자체가 본질적인 가치가 아니라 인지된 서비스 품질과 같은 것이 전체 서비스 가치로 형성된다는 점에서 품질이나 가격보다 설명력이 높다는 것이다. 서비스 가치와 관련된 여러 개념에 대한 관계는 〈표 5 - 4〉와 같다.

● 표 5 - 4 _ 가치의 차원

연구자	속성과 품질차원		가치차원	
Young & Feigen (1975)	기능적 편익	실질적 편익	감정적인 차원	
Rokeach(1973) & Howard(1997)	제품속성	선택의 기준	수단가치	최종가치
Myers & Shocker(1981)	물리적 특성	물리적 특성	기업의 가치	사용자 차원
Gerstfeld, Sproles& Badenhop(1997)	구체적, 단일차원, 측정가능한 속성	추상적, 다차원적, 측정가능한 속성	추상적, 다차원적, 측정의 어려움	
Cohen(1979)	속 성	도구적인 속성	고가치적 상태	

연구자	속성과 품질차원				가치차원	
Gutman & Reynolds(1979)	속 성		결 과		가 치	
Olson & Reynold(1983)	구체적 속성		추상적 속성		도구적 가치	최종가치
Peter & Olson (1987,1990)	구체적 속 성	추상적 속 성	기능적 혜 택	심리사회 적 혜택	수단적 가치	최종가치

자료: peter J.P and olson, J.C, Consumer Behavior and Marketing strategy, Irwin. 1990. pp75 - 80.

4) 관련개념들과의 관련성

가) 서비스 품질/고객만족/행위의도의 관련성

서비스 품질과 고객만족은 행위의도의 중요한 변수로 알려져 있다. 그러므로 서비스 품질과 고객만족이 어떻게 행위의도에 영향을 미치는가에 대한 연구를 고찰할 필요가 있다. 그것은 두 개념이 행위의도에 어떠한 영향을 미치는가에 대한 분석이 고객만족과 서비스 품질의 인과관계를 규명하는 데 도움이 되기 때문이다.

Qliver(1980)는 고객은 서비스 수행에 대한 이전의 기대를 바탕으로 서비스 제공자에 대한 태도는 기업과 지속적으로 인카운터하는 동안에 고객이 경험하는 만족·불만족의 수준에 의해 수정된다고 보았다. 또한 수정된 태도는 고객의 현재 행위의도를 결정하는 데 중요한 영향을 미친다고 보고, 서비스 품질을 태도로 파악하면 고객만족이 서비스 품질에 우선한다고 하였다.

Bitner(1990)은 좋은 물적 환경은 고객만족을 높이고 고객만족이 높을수록 서비스 품질에 대한 고객의 태도는 좋게 형성되어 서비스의 구매가능성이 커질 수 있다고 주장하였다. 즉 서비스 품질은 고객만족과 행위의도를 중재하는 변수하고 가정하고 연구를 진행하였다. 따라서 그는 서비스 품질과 고객만족의 구조를 설명하면서 '고객만족→서비스 품질→행위의도'에 대한 영향경로를 제시하였다.

그러나 Cronin & Taylor(1992)는 Bitner(1990)가 제시한 경로를 분석하여 이를 지지하지 못한다는 결과를 제시하며, 서비스 품질이 고객만족의 선행변수라고 하였다. Woodside(1989) 등도 서비스 품질과 지각과 고객만족 및 행위의도 간의 관계를 파악하기 위한 연구에서 고객만족은 서비스 품질과 행위의도 사이에 있는 매개변수라고 설명하고 있다.

지금까지 진행된 서비스 품질과 고객만족에 관련된 연구의 대부분은 '서비스 품질이 고객만족의 선행변수'인가 또는 '고객만족이 서비스 품질의 선행변수'인가라는 논의를 지속하고 있다. 그러나 두 개념 사이에 나타나고 있는 논의는 지속되고 있는 연구에도 불구하고 가까운 시일 내에는 결론이 유도되기 어려운 실정이다.

서비스 품질과 행위의도의 관련성은 많은 연구를 통해서 직접적인 인과관계가 형성되고 있음이 밝혀지고 있다.(Bitner, 1990; Leblanc, 1992, Parasuuaman et al, 1985, 1988, 1991). 즉 서비스 품질에 대한 고객의 평가가 좋거나 나쁨에 따라서 구매가능성이 커질 수 있음을 의미하는 것이다.

또한 고객만족과 행위의도의 관련성도 많은 연구들을 통해서 유의한 의과관계가 형성되고 있음이 밝혀지고 있다. 고객만족이 행위의도에 서비스 품질을 매개변수로 하여 간접적으로 또는 매개적 역할이 없이 직접적으로 영향을 미치고 있음을 밝힌 연구(Bitner, 1990; Bolton & Drew, 1991; Swan, 1982, 1988), 지각된 서비스 품질을 선행변수로 하여 고객만족이 행위의도에 미치는 영향을 밝힌 연구(Anderson, Fornell & Lehmann, 1993; Anderson & Sullivan, 1993; Churchill & Surprenant, 1982; Cronin & Taylor, 1992; Fornell, 1992; Oliver &DeSarbo, 1988)의 결과들이 이들 변수 간의 유의한 상관관계를 잘 설명해 주고 있다.

나) 서비스 품질/서비스 가치/행위의도 관련성

서비스 품질, 서비스 가치, 그리고 행위의도의 관계를 검증하려는 연구는 다각도로 진행되어 왔다. 특히 이와 같은 연구의 대부분은 서비스 품질과 서비스 가치의 두 요인과 구매행동 간의 상관관계 또는 인과관계를 분석함으로서 어떤 요인이 구매행동에 보다 영향력이 있는가를 설명하려는 관점에서 연구가 이루어졌다.

Bolton & Drew(1991)는 서비스 품질과 서비스 가치의 소비자평가모델을 개념적 틀로 제시하였다. 서비스에 대한 소비자의 전반적 평가는 내적 상관관계의 연속으로 구분(예를 들면: 성과평가, 품질, 가치)할 수 있음을 시사하였다. 대부분의 서비스는 핵심요소의 서비스, 시설요소의 서비스, 지원요소의 서비스의 묶음으로 다차원성이라고 할 수 있다.

따라서 다속성 모델에서와 같이 서비스 성과의 소비자 지각은 특정 서비스 속성과 차원에 관한 성과평가의 기초가 될 수 있다고 하였다. 즉 소비자의 불일치 경험, 기대, 그리고 지각된 성과수준은 특정 서비스 거래에서 고객만족/불만족에 영향을 미칠 수 있으며, 이것은 고객만족/불만족이 서비스 품질의 전반적 평가에 영향을 미칠 수 있음을 시사해 주는 것이라고 할 수 있다.

또한 많은 연구결과는 서비스 가치가 구매행동에 보다 많은 영향력이 있다고 제시하고 있다. Dodds(1991)는 서비스 품질평가와 관련하여 가격과 점포명이 미치는 영향에 관한 연구에서 행위의도에 가장 많은 영향을 미치는 것을 서비스 가치라고 하였다. 이 연구에서는 지각된 품질과 지각된 비용이 지각된 서비스 가치를 형성하고 지각된 서비스 가치가 행위의도에 가장 많은 영향을 미친다고 보았다. 따라서 행위의도가 형성되는 전제조건은 지각된 서비스 가치의 형성 여부이며, 지각된 서비스 가치 형성에 따라서 행위의도가 형성되는 것으로 볼 수 있다.

Dodds et el.(1991)도 지각된 가격이 지각된 품질과 지각된 희생이 지각된 가치에 직접적인 인과관계가 있으면, 지각된 품질은 가치를 매개변수로 해서 행위의도에 간접적인 영향을 미치지만 기치변수의 매개역할이 없이도 직접적인 영향을 미치고 있음을 밝히고 있다. 그들의 연구는 다음의 연구에 기초하고 있다.

Szybillo & Jacoby(1974)는 지각된 서비스 품질과 지각된 가치, 그리고 행위의도 사이의 관계에서 지각된 서비스 품질보다는 지각된 가치가 구매와의 강한 상관관계가 있음을 가설화하였으며, Jacoby & Olson(1985)는 그들의 『지각된 서비스 품질』이라는 저서에서 Shapiro (1970)의 연구를 인용하여 지각된 가치가 지각된 서비스 품질보다 행위의도의 더 좋은 예측치가 될 수 있다고 하였다.

이것은 지각된 서비스 품질이 자각된 가치와 행위의도의 관계에서 지각된 가치보다 행위의도에 좋은 예측치가 되지도 못하지만 직접적인 인과관계가 형성되고 있음을 시사하는 것으로, Dodds et el.(1991)의 연구결과를 통해서 지각된 서비스 품질이 지각된 가치를 매개하지 않고도 행위의도에 직접적인 관계가 형성되고 있음을 확인하였다(지각된 서비스 품질→서비스 가치→행위의도).

Rust et el.(1996)은 인지된 서비스 가치를 구매와 재구매를 결정하는 요인으로 평가하였다. 이들은 서비스 가치가 품질이나 가격과 높은 상관관계에 있기 때문에 서비스 품질을 이상적으로 평가하면 서비스 가치도 높다고 주장하였다. 그러나 가격이 높으면 서비스 가치가 하락함으로써 서비스 가치를 가격에 대한 상대어로 평가하여, 서비스 가치와 서비스 품질이 상반되는 경우가 있다는 점을 지적하였다.

서비스 가치는 서비스를 얻는 편익에 대한 고객의 지각과 서비스를 구입하는 비용 간에는 부(-)의 상관관계가 있다는 것이다. 이를 경제학적인 관점에서 효용이론과 결합하여 보면, 서비스 품질이 증가하면 효용은 증가하고 가격이 증가하면 효용은 감소하는 것으로 볼 수 있다. 따라서 '가치＝품질의 효용 - 가격의 비효용'의 공식이 제안될 수 있다.

Randall & Senior(1996)는 가격보다 서비스 가치가 고객에게 타당한 개념으로 받아들여진다고 보았다. 이들은 비가격적 비용인 시간과 심리적인 비용까지를 포함한 개념이 서비스 가치이가 때문에 고객의 행동을 설명하는 보다 적절한 개념을 서비스 가치로 설정하였다. 또한 고객은 금전적인 가격을 지불하고 비금전적인 비용을 줄이려 하거나, 같은 가격이면 보다 질 좋은 서비스를 원하게 되므로 고객행동을 설병하는 주요 개념은 서비스 가치임을 밝히고 있다.

특히 고객은 서비스 품질을 평가할 경우에는 양적인 측면, 편리함과 같은 변수를 이용한다. 또한 지불된 비용에는 금전적인 지불뿐만 아니라 시간적인 비용과 개인의 노력 등도 포함시킨다. 이상의 논의로 불 때, 서비스 가치는 고객의 행위의도를 설명하는 데 있어서 서비스 품질이나 고객만족보다 유용한 개념으로 판단할 수 있다.

다) 고객만족과 서비스 가치의 관련성

서비스 가치의 개념은 연구자들과 실무자들을 통해서 다양한 의미로 다루어지고 있다. 그러나 고객만족과 서비스 가치의 관계에서, 서비스 가치는 두 가지 관점에서 접근할 수 있다. 첫 번째 관점은 고객만족에 선행하는 관점(서비스 가치→고객만족), 서비스 가치에서 서비스 가치는 종종 얻는 것과 잃은 것을 비교하여 나타난 공정성(가치)의 지각이 고객만족과 직접적인 인과관계가 있다는 것이다.

최근의 연구에서는 가치를 수단적(실용적) 가치와 정서적(쾌락적) 가치로 구분하고 이들 가치가 고객만족에 영향을 미치는 선행변수가 되고 있음이 밝혀지고 있다. Rokeach(1968, 1973)는 개인의 가치를 수단적 가치와 최종가치로 분류하고, 속성들의 집합인 구매를 통한(수단적 가치) 안락한 생활(행복)과 같은 최종가치를 얻는 방향으로 진행된다고 하였다. 이들 가치가 고객만족의 한 유발요인이 된다는 연구결과가 이를 지지하고 있다.

두 번째 관점은 고객만족이 가치변수라는 매개를 통해서 행위의도에 영향을 미칠 수 있다는 것으로 가치가 고객만족의 후행변수라는 관점이다(고객만족→서비스 가치).지난 수년간 연구자들은 고품질의 서비스 또는 제품의 전달이 고객만족을 통해 이익창출(예를 들면; 가치)에 영향을 미칠 수 있음을 입종하고 있다.

Cronin & Taylor(1992)는 서비스 품질, 고객만족 그리고 행위의도의 인과관계를 SERVPERF를 이용하여 검증한 결과 서비스 품질과 고객만족 간의 직접적인 인과관계는 나타났으나, 서비스 품질과 행위의도 간의 인과관계는 유의한 결과를 얻지 못하였다. 그러나 고객만족과 행위의도 사이에는 직접적인 인과관계가 나타났다. 그들은 이와 같은 연구결과를 토대로 서비스 품질, 고객만족 이외의 다른 변수(예를 들면 서비스 가치)가 행위의도에 새로운 평가기준이 될 수 있음을 시사하였다(서비스 품질→고객만족→서비스 가치→행위의도).

이상의 논의를 통해서 다음과 같은 세 가지 논의가 가능하다. 첫째, 고객만족은 서비스 품질과 서비스 가치를 매개로 해서 간접 또는 직접적으로 행위도의에 영향을 미친다. 둘째, 고객만족은 서비스 품질을 선행변수로 하고 서비스 가치를 매개로 간접 또는 직접적으로 행위의도에 영향을 미친다. 셋째, 고객만족은 서비스 품질과 서비스 가치를 선행변수로 하여 행위의도에 직접적으로 영향을 미친다.

고객만족을 위한

서비스 경영론

SERVICE

MANAGEMENT

제**6**장

서비스의
기대 및 인식

SERVICE
MANAGEMENT

서비스의 기대 및 인식

 서비스의 기대 및 인식

① 서비스의 기대

루이스와 붐스(Lewis & Booms)는 '서비스 품질은 제공된 서비스 수준이 고객의 기대를 얼마나 잘 만족시키는지를 측정하는 것으로, 고객의 기대를 일치시키는 것을 의미한다.'고 주장하였다.

기대된 서비스는 고객이 서비스 제공자가 제공하여야 한다고 생각하는 서비스의 전반적 수준을 말하는데 광고, 인적 판매, 가격설정 등의 전통적 마케팅활동은 목표고객들에게 약속을 주기 위해 사용될 수 있다. 이러한 기업 측의 약속은 기대된 서비스에 영향을 미치는 고객의 기대에 영향을 준다. 또한 전통('우리가 늘 그렇게 해왔다'는 식의 행동)이나 사상(종교적 사고, 정치적 참여) 등도 이러한 고객의 기대에 영향을 미치며, 구전의사소통, 과거경험, 개인적 필요도 영향요소의 하나로 보고 있는 것이다.

이러한 여러 가지 요소들은 개별적으로 영향을 미치는 것이 아니라 복합적으로 상호 작용하여 기대된 서비스에 영향을 미치게 되는 것이다.

② 서비스의 인식

소비자들에 의해 인식된 서비스 품질은 서비스 기업이 제공하여야 한다고 느끼는 소비자들의 기대와 서비스를 제공한 기업의 성과에 대한 소비자들의 인식을 비교하는 데서 발생되는 것이다. 그러므로 기대된 서비스와 인식된 서비스를 비교하는 과정의 결과인 인식된 서비스(perceived service quality)는 소비자의 기대와 인식 사이에 있는 불일치 정도와 방향이라고 볼 수 있는데, 여기에서 주의해야 할 것은 서비스 품질 연구에서 사용되는 '기대'와 소비자만족 연구에서 사용되는 '기대'의 개념이 서로 다르다는 것이다. 소비자 만족의 연구에서는 '기대'가 거래나 교환에 직면하는 때에 일어날 것 같은 것에 대한 소비자의 예측(predictions)을 의미한다.

예를 들어 올리버(Oliver)에 의하면 '기대는 소비자가 어떤 행동에 관계할 때 긍정적 혹은 부정적 사건(events)의 발생에 대해 소비자가 정한 확률'을 의미하는 것이다. 이와는 대조적으로 서비스 품질 연구에서는 기대를 소비자의 바람이나 욕망(desires or wants), 즉 서비스 산출자가 제공할 것 같은 것이라기보다는 제공해야 하는 것을 의미하는 것이다.

그뢴루스(Gronroos)는 인식된 서비스 품질에 영향을 미치는 요소로 기업의 물리적, 기술적 자원, 직접 소비자와 마주치는 접촉요원, 참여고객 등의 세 가지가 있다고 하였다. 물리적, 기술적 자원이란 기업이 보유하고 있는 시설, 장비, 도구와 이것을 운용하는 지식이나 기술이라고 할 수 있으며, 고객접촉요원의 행동이나 태도에 따라 고객들은 서비스를 다르게 지각한다는 것이다. 또한 고객참여의 개인적 특성에 따라서도 인식된 서비스는 달라질 것으로 보았다.

서비스의 기대수준

서비스에 대한 고객의 기대(expectation)는 어떤 서비스의 성과에 대하여 소비자가 갖는 사전적 신념(belief)으로서, 서비스 성과를 평가하는 표준 또는 준거기준이 된다.

소비자의 기대는 이상적 서비스, 희망서비스, 적정서비스, 예상서비스 등 네 가지 수준으로 구성된다. 〈그림 6 - 1〉은 이러한 기대수준들 간의 관계를 보여주고 있다.

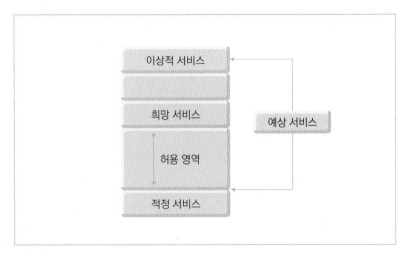

🔍 그림 6 - 1 _ 고객의 서비스 기대모델

1) 이상적 서비스

이상적 서비스 수준(ideal service level)은 어떤 서비스에 대하여 소비자가 원하는 가장 바람직한 서비스 수준으로서, 고객이 원하는(wished - for) 서비스 수준을 말한다. 예를 들어, 자동차가 사고로 인해 차체와 엔진이 손상을 입어 정비공장에 맡겼을 때, 차 주인은 이 차가 100% 원상 복구되기를 바랄 것이다. 이러한 기대수준이 바로 이상적 서비스 수준이다. 이상적 기대수준은 대개 현실적으로 달성되기 어려운 경우가 많다.

2) 희망 서비스

희망서비스 수준(desired service level)은 고객이 어떤 서비스로부터 제공받기 원하는 성과수준을 말한다. 사고차량의 주인은 차체와 엔진이 원상 복구되기를 기원하지만, 현실적으로 100% 완전히 원상 복구될 수는 없다는 것을 알기 때문에 희망서비스 수준은 이상적 서비스 수준보다 조금 낮을 것이다. 그러나 자동차를 구입한 지 얼마 안 되어 보증 기간 내의 자동차라고 한다면 희망서비스 수준은 이상적 서비스 수준과 거의 일치할 수도 있을 것이다.

일반적으로 희망서비스 수준은 이상적 서비스 수준보다 약간 낮은 편이다.

3) 적정 서비스

적정서비스 수준(adequate service level)은 고객이 불만 없이 받아들이거나 용인할 수 있는 최소한의 기대수준을 말한다. 따라서 고객의 적절서비스 수준은 희망서비스 수준에 비하여 낮은 수준에서 결정된다.

희망서비스 수준과 적정서비스 수준 사이의 영역을 '허용영역(zone of tolerance)'이라고 한다. 이 허용영역 안에서 서비스가 제공되면 고객은 기꺼이 수용할 수 있는 서비스가 되지만, 적정서비스 수준보다 낮아 허용영역 밖의 서비스가 제공되면 고객은 그 서비스를 받아들이려고 하지 않고 불만족스러워할 것이다. 만일 제공받은 서비스가 희망서비스를 능가하는 수준이라고 한다면 고객은 무척 기뻐하고 만족해 할 것이다.

허용영역은 서비스가 제공되는 상황이나 고객의 특성에 따라 달라질 수 있다. 대개 희망서비스 수준은 잘 변하지 않고 안적정이지만 적정서비스 수준은 동일한 고객이라도 잘 변할 수 있다. 이것은 희망서비스의 기대수준은 서비스 경험이 누적됨에 따라 점차 위쪽으로 상승하지만, 적정서비스의 기대수준은 상황적 요인에 따라 상하 양 방향으로 즉각적으로 움직이기 때문이다. 따라서 허용영역의 변동은 희망서비스보다 적정서비스 수준의 변동폭에 의해 더 많은 영향을 받는다. 예를 들어, 어떤 환자가 예약을 하지 않고 종합병원에 진료를 받으러 간 경우에 다른 예약환자들로 인해 자신은 더 오랜 시간동안 차례를 기다려야 한다고 생각한다면, 대기시간에 대한 허용영역은 예약을 하고 병원에 갔을 때보다 훨씬 더 넓어질 것이다. 자이스믈(Zeithaml)은 허용영역은 희망서비스 수준보다 적정서비스 수준의 변화에 따라 아코디언처럼 움직인다고 비유하였다.

베리 등(PZB: Berry, Parasuraman, Zeithaml)은 서비스 특성(차원)의 중요도가 높을수록, 서비스에 대한 경험이 쌓일수록 허용영역은 좁아진다고 했다〈그림 6 - 2〉. 예컨대, 은행 서비스에 대하여 어떤 고객이 신뢰성 요인을 가장 중요시 여긴다고 한다면, 유형성이나 공감성, 응답성 등 다른 특성요인들에 비하여 시뢰성에 대한 허용영역이 훨씬 더 좁을 것이다.

4) 예상 서비스

예상서비스 수준(Predicted service level)은 고객들이 서비스 기업으로부터 실제로 기대하는 서비스 수준을 말하며, 이상적 서비스와 적정서비스 수준 사이의 범위에 걸쳐 있다. 예를 들러, 어느 예약환자가 진료를 받기 위해 병원에 가는 경우 이상적 기대수준은 약속대로 정각 오후 2시에 진료를 받는 것이다. 하지만 과거의 경험 등에 비추어 볼 때 진료가 최대한 30분 정도까지 지연될 수 있다고 본다면, 예상서비스 수준은 여러 가지 상황을 고려하여 적정서비스 수준인 오후 2시30분 이내에서 결정될 수 있을 것이다. 또 진료일이 외래환자가 많은 주초 월요일이고 예약환자가 많은 날이라고 한다면 희망서비스와 적정서비스 간의 허용영역은 더 넓어질 수 있을 것이다.

그림 6 - 2 _ 서비스 특성의 중요도에 따른 허용영역

5) 서비스 우위도와 적정도

고객이 기대하는 서비스와 실제로 제공받은 서비스에 대한 지각된 서비스 간에는 차이(gap)가 있을 수 있다. 이 차이는 서비스의 기대수준을 구성하는 두 가지 비교기준, 즉 희망서비스 수준과 적정서비스 수준을 반영하여 두 가지로 나눌 수 있다.

> 서비스 우위도(MSS) = 지각된 서비스 – 희망 서비스
> 서비스 적정도(MSA) = 지각된 서비스 – 적정 서비스

먼저, 고객이 기대하는 희망서비스와 지각된 서비스 간의 차이를 '서비스 우위도(MSA, measure of service superiority)'라도 한다. 희망서비스와 지각된 서비스 간의 차이가 작을수록 기업의 서비스 적정도는 높아진다. 또 고객이 기대하는 적정서비스와 지각된 서비스 간의 차이를 '서비스 적정도(MSA, measure of service adequacy)'라고 한다. 적정서비스와 지각된 서비스 간의 차이가 작을수록 시업의 서비스 적정도는 높아진다.

고객의 지각된 서비스 수준을 바탕으로 희망 서비스 수준과 적정 서비스 수준을 비교하여 각각 서비스 우위도와 서비스 적정도를 측정할 수 있다.

서비스 우위도와 서비스 적정도의 크기에 따라 기업의 경쟁적 위치가 달라질 수 있다. 고객의 지각된 서비스 수준이 희망서비스 수준보다 높은 경우에는 고객충성도를 얻을 수 있고, 지각된 서비스 수준이 적정서비스 수준보다 높을 때에는 경쟁사에 비해 경쟁우위를 지니고 있다고 말할 수 있다. 그러나 고객의 지각된 서비스 수준이 적정서비스 수준보다 낮다면 경쟁사에 비해 경쟁열위에 놓이게 되고 고객들은 불만족하게 될 것이다.

〈표 6 - 1〉에는 서비스 우위도와 적정도에 따른 경쟁적 위치 관계를 보여주고 있다.

🌐 표 6 - 1 _ 서비스 우위도와 적정도에 따른 경쟁적 위치 관계

고객의 서비스 기대와 지각수준	서비스적정도와 우위도 크기	경쟁적 위치
지각된 서비스 희망서비스	MSA = + MSS = +	고객충성도
지각된 서비스 적정서비스	MSA = + MSS = -	경쟁우위
지각된 서비스	MSA = - MSA = -	경쟁열위

제3절 서비스의 기대요인

앞에서도 살펴본 것과 같이 서비스에 대한 고객의 기대는 서비스 성과를 평가하는 준거기준이 되고 전반적인 서비스 품질의 평가에 영향을 미치게 된다. 그렇다면 고객의 기대에 영향을 미치는 요인은 무엇일까? 서비스에 대한 고객의 기대에 영향을 미치는 요인은 〈그림 6 - 3〉에서 보는 바와 같이 고객의 내적 요인과 외적 요인, 상황적 요인 및 기업요인으로 구분할 수 있다.

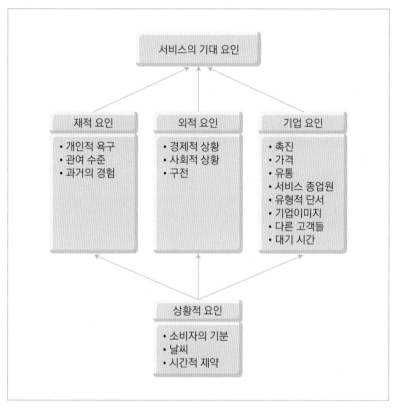

자료: Kurtz, David L. and Clon, Kenneth E(1998), "Service Marketing."John Wiley & Sons pp69 - 82

그림 6 - 3 _ 서비스의 기대 요인

① 내적 요인

서비스 기대에 영향을 미치는 내적 요인으로는 개인적 욕구, 관여수준, 과거의 경험 등이 있으면, 이러한 요인들은 개인의 이상적 기대와 희망기대 및 적정기대 수준에 영향을 미친다.

1) 개인적 욕구

소비자의 개인적 욕구(needs)는 매슬로우(Maslow)의 욕구 5단계설, 즉 생리적 욕구, 안전욕구, 사회적 요구, 자기존경 욕구 및 자기실현 욕구에 기초하고 있다. 사람은 저차원의 욕구가 충족되면 그보다 상위의 욕구단계로 이행하게 된다는 것이다. 예를 들어, 배가 고파 식당을 찾은 고객은 푸짐하게 먹을 수 있고 신속하게 제공될 수 있는 식사메뉴에 관심을 가지며 생리적 욕구를 충족하려고 할 것이다. 그러나 사랑하는 연인과 함께 식사를 하는 경우에는 식사 자체보다는 분위기와 서비스가 좋은 고급 레스토랑을 찾음으로써 자기만족감과 상대방의 인정을 받고 싶어 하는 자기 존경 욕구를 충족하려고 할 것이다. 서비스 기업은 고객의 개인적 욕구를 정확하게 이해하여 고객의 기대에 부응하는 서비스를 제공할 수 있도록 노력해야 할 것이다.

2) 관여수준

관여(involvement)는 고객이 어떤 제품이나 서비스와 자신 간에 형성하는 개인적인 관련성이나 중요성의 정도를 말한다. 관여는 고객의 서비스 기대에 대하여 두 가지 면에서 영향을 미친다. 첫째, 관여수준이 증가될수록 이상적 서비스 수준과 희망서비스 수준 간의 갭은 좁아지게 된다. 둘째, 관여수준이 높을수록 허용영역이 좁아지게 된다.

성형수술과 같은 고관여의 경우 고객의 이상적 서비스 수준과 희망서비스 수준, 적정서비스 수준은 모두 거의 차이가 없을 것이다. 따라서 영역은 매우 좁을 수밖에 없다. 이런 상황에서 의사는 환자의 기대를 적절한 수준으로 관리하는 것이 매우 중요하다. 또 비디오 대여와 같은 저관여의 경우는 이상적 서비스 수준과 희망서비스 수준 및 적정서비스수준이 서로 떨어져 있으므로 허용구간은 매우 넓어지게 될 것이다. 소비자는 자신이 찾던 비디오테이프가 없다 하더라고 이해하고 다른 테이프로 대체할 수 있을 것이다.

3) 과거 경험

대개 고객의 과거 경험은 고객의 서비스 기대에 영향을 미치는 가장 중요한 요소가 된다. 과거의 경험에는 특정 서비스 기업에 대한 경험뿐만 아니라 동일한 서비스를 제공하는 다른 서비스 기업에 대한 경험이나 관련된 서비스에 대한 과거의 경험이 포함된다. 예를 들어, 취업면접을 할 때 정장 한 벌을 구입하기 위해 백화점을 들른 고객은 그 백화점에서 과거 구매경험과 다른 의류점에서 구매했던 경험, 캐주얼복을 구매했던 경험 등을 기초로 하여 그 백화점에 대한 서비스 기대를 갖게 된다. 일반적으로 과거의 경험이 많을수록 고객의 기대수준이 높아지는 경향이다.

② 외적 요인

서비스에 대한 소비자 기대에 영향을 미치는 외적 요인에는 경쟁적 상황과 사회적 상황, 구전 커뮤니케이션 등 세 가지가 있다. 이들 요인은 네 가지의 서비스 기대 수준에 모두 영향을 미치지만 예상서비스 수준에 가장 큰 영향을 미친다.

1) 경쟁적 상황

어떤 특정한 서비스 기업으로부터 소지자가 기대하는 서비스 수준은 그 소비자가 이용할 수 있는 경쟁사의 서비스 대안들에 의해 영향을 받는다. 예를 들어, 맥도널드에서 가격을 인하하고 보너스 포인트 제도를 운용하고 있다면 고객들은 롯데리아에서도 그런 서비스를 제공하기를 기대할 것이다.

2) 사회적 상황

소비자가 맞이하는 사회적 상황은 자신의 서비스 기대에 영향을 미칠 수 있다. 사람들은 자신에게 중요한 사람들과 함께 있을 때 희망기대 수준이 더 높아진다. 예를 들어, 대학을 졸업 후 성공한 제자가 평소에 존경하던 스승을 초대하여 레스토랑에서 식사를 하는 경우 서비스에 대한 그의 기대수준은 주변 친구들과 식사하는 경우에 비해 더 높아지게 될 것이다. 그 이유는 자신의 결정과 행위에 대하여 인정받고 또 스승이 만족스러워하기를 바라기 때문이다.

3) 구 전

구전(word - of - mouth communication)은 고객이 서비스에 대한 기대를 형성하는 가장 강력한 정보원천이 된다. 사람들은 대개 어떤 서비스를 구매하기에 앞서 다른 사람들에게 조언을 구하게 되기 때문이다. 구전은 개인적 원천과 전문가 원천에 의해 이루어진다. 개인적 원천으로 친구나 친척, 동료 등이 있으면, 전문가 원천으로는 교수나 변호사 등이 있다. 또 파생적 정보원천은 고객과 직접적인 관계가 없는 제3자의 견해나 정보로부터 얻을 수 있는 정보원천으로서 '제3의 정보원천'이라고도 한다. 예를 들어, 어떤 사람이 "내 동생은 한국대학교를 다니고 있는데 교육서비스가 우수한 대학이라고 자부심이 대단해."라는 말을 전해 듣게 되면, 이 대학에 대한 그의 기대수준이 높아지게 될 것이다.

구전은 고객의 예측적 서비스 수준은 형성하거나 강화하는 역할을 한다. 또 고객이 서비스에 대한 지식이나 전문성을 갖고 있지 못할 때 구전은 이상적 서비스 수준과 희망서비스 수준을 형성할 수 있다. 고객이 서비스에 대하여 잘 모를 때 전문가들이 제공하는 정보는 이상적 서비스 수준과 희망서비스 수준이 어떠해야 하는지를 알게 해주기 때문에 매우 중요하다.

③ 상황적 요인

상황적 요인은 정상적인 상태에 대한 일시적인 변화로 소비자의 기대에 영향을 미치는 요인으로서 구매이유, 소비자의 기분, 날씨, 시간적 제약 등이 있다.

1) 구매이유

구매이유는 서비스에 대한 고객의 기대를 바꿀 수 있다. 즉 어떤 서비스 기업을 선택한 이유에 따라 기대수준이 달라질 수 있다는 것이다. 예를 들어, 투숙할 호텔을 찾는 경우에 있어서, 가족여행을 하는 사람은 옥외 수영장이나 오락시설, 패밀리 레스토랑 등이 기대수준은 결정하는 중요한 요소가 되지만, 사업차 출장하는 사람은 안락한 침실과 조용한 호텔 분위기가 중요한 기대요인이 될 것이다.

2) 소비자의 기분상태

소비자의 기분상태가 서비스 기대에 영향을 미칠 수 있다. 사람들은 기분이 좋을 때에는 서비스 직원들에게 보다 관대해진다. 이에 따라 허용영역이 넓어지고 적정서비스 기대수준이 잦아지게 된다. 반대로 기분이 좋지 않을 때에는 허용영역이 좁아지고 적정서비스 기대수준도 좁아진다. 백화점이나 카페, 레스토랑 등에서는 좋은 향기와 배경음악, 매력적인 실내장식, 종업원들의 친절과 예절성 등으로 고객들에게 좋은 기분을 느끼게 하기 위해 많은 노력을 기울인다. 고객의 기분이 좋아지고 허용영역이 넓어지게 되면 정상적인 상황에서 수용하기 어려운 대기시간도 기꺼이 수용될 수 있다.

3) 날 씨

날씨 또한 고객들의 기대수준을 변화시킬 수 있다. 항공기 승객들은 정상적인 일기상황에서는 정시도착을 기대하지만 일기가 나쁠 때에는 도착시간이 지연될 수 있다고 생각하게 된다. 이때 희망서비스 기대수준은 그대로 유지된다고 하더라도 예상서비스 기대수준은 낮아져 허용영역이 넓어지게 된다.

4) 시간적 제약

시간적 제약은 고객의 서비스 기대에 영향을 미칠 수 있다. 갑작스런 수요에 대응하기 위해 임기 종업원을 채용한 경우 이들의 업무능력에 대한 기업의 예상기대 수준은 낮아지게 된다. 충분한 시간을 갖고 채용하기 못해 허용영역이 넓어졌기 때문이다.

긴급상황이나 예기치 않은 재난상황이든 고객의 기대수준에 영향을 미친다. 응급환자가 발생하여 구급차를 부르거나 운행 중에 자동차가 고장나 자동차회사의 긴급출동서비스를 요청한 경우에 고객의 예상기대 수준을 낮아지고 허용영역은 좁아진다. 이와 반대로 병원에서 증세가 심하지 않은 환자가 교통사고로 중상을 입고 들어온 응급환자가 보게 되면 진료 대기시간에 보다 관대해지고 허용영역이 넓어질 것이다.

④ 기업요인

고객의 기대에 영향을 미칠 수 있는 기업요인으로는 촉진, 가격, 유통 서비스 직원, 유형적 단서, 기업이미지, 고객의 대기시간 등이 있다.

1) 촉 진

광고와 판매촉진, 영업사원 등을 통해 제시되는 기업의 약속(pre-mise)은 고객의 예상서비스 기대 수준에 영향을 미친다. 특히 기업의 광고는 고객의 희망서비스 수준과 적정서비스 수준 및 허용영역을 변경시킬 수 있다. 만일 어느 카센터에서 엔진오일을 16,000원 가격에 10분 이내로 교환해 주겠다고 광고를 하면, 소비자들의 예상기대 수준은 이러한 약속을 반영하여 결정될 것이다. 만일 과거의 경험상 소비자의 희망기대수준이 20,000원 가격에 15분 정도의 시간이 소요되는 것으로 형성되어 있었다면 소비자의 희망기대 수준은 광고에서 제시된 새로운 기준으로 변경될 것이다. 또한 허용영역도 변경되어 16,000원, 10분을 초과하는 엔진오일 교환에 대해서는 덜 관용적이 될 것이다.

쿠폰과 같은 판매촉진은 할인 혜택을 받는 만큼 고객의 예상서비스 기대 수준이 낮아지고 허용영역이 넓어질 것이다. 또 영업사원들의 약속도 고객의 기대 수준과 허용영역에 영향을 미친다.

2) 가 격

일반적으로 가격이 높을수록 고객의 서비스 기대수준은 높아지고 허용영역은 좁아진다. 어떤 서비스의 가격수준은 경쟁상황이나 다른 대체 서비스들에 대하여 상대적인 개념으로 결정된다.

서비스에 대한 예상서비스 기대수준은 고객이 지불하는 가격수준과 직접적인 관계에 있지만, 허용영역은 역의 관계를 가지게 된다. 즉 어떤 서비스를 비싼 가격으로 구매했다면 예상서비스 기대수준은 높아지더라도 허용영역은 낮은 가격에 구매했을 때보다 더 좁아진다. 가격이 높아질수록 적정서비스 기대수준이 높아지기 때문이다. 또 서비스 기업은 다른 대체 서비스의 가격구조에 대해서도 고려해야 한다. 예를 들어, 프로야구경기의 입장료가 프로축구나 프로농구 경기의 입장료보다 비싸다면 팬들은 프로야구 경기를 관람할 때 더 많은 즐거움과 서비스를 기대하게 될 것이다.

3) 유 통

많은 가맹점을 가지고 운영되는 체인점의 경우 고객들은 예상 서비스 기대 수준을 강화하는 경향이 있다. 롯데리아나 KFC, 피자헛과 같은 프랜차이즈 체인점을 찾는 고객들은 어느 가맹점을 가든지 모두 같은 수준의 서비스를 제공할 것으로 믿기 때문이다.

서비스의 이용가능성이나 접근성도 고객들의 기대에 영향을 미친다. 많은 은행들은 컴퓨터를 이용한 사이버 뱅킹을 통해 대금결제나 잔액조회, 계좌이체, 대출 등의 서비스를 제공하고 있다. 은행의 이러한 추가적인 편의성 제공은 다른 은행 고객들의 기대수준에도 영향을 미치게 된다. 사이버 뱅킹은 이제 고객들의 희망서비스 수준의 한 부분이 되는 것이다.

4) 접객 직원

접객 직원의 용보나 태도, 신뢰성 및 고객 응대는 고객의 기대수준에 영향을 미친다. 예컨대, 영어회화 강사가 수강생들에게 3개월 교육 프로그램을 이수하면 일상적인 영어를 구사할 수 있다고 말해주면 그들은 희망기대수준을 갖고 수강을 하게 된다. 그러나 3개월 후에 기대만큼의 교육효과가 나타나지 않을지라도 수강생들은 대개 얼마간 더 연장하여 수강하게 된다. 강사의 고객에 대한 응대나 노력 여하에 따라 허용영역이 넓어지고 예상서비스 기대수준도 낮아질 수 있는 것이다.

5) 유형적 단서

서비스의 유형적 단서는 서비스 시설의 외관이나 내부구조, 집기, 장비, 내부장식, 청결성, 종업원들의 용모와 복장, 유통업체의 구매시점 진열상태 등을 포함하는 것으로 고객의 기대를 형성하는 중요한 요인이 된다. 유형적 단서는 무형적인 서비스의 품질을 평가하는 중요한 단서가 되며, 서비스를 제공받는 고객들의 희망기대 수준과 예상기대 수준에 영향을 미친다.

6) 기업 이미지

서비스 기업에 대해 고객이 좋은 기업 이미지를 가지고 있으면 서비스 기대수준은 높아지지만, 반대로 기업이미지가 나쁘면 서비스 기대수준이 낮아진다. 기업이미지는 고객의 예상서비스 기대수준에 크게 영향을 미친다. 고객이 서비스 기업에 대하여 좋은 이미지를 갖게 되면 고객의 예상서비스 기대수준에 근접하게 된다. 그리고 소비자의 기업이미지가 증가하면 희망서비스 수준과 적정서비스 수준 간의 허용영역이 넓어진다. 즉 고객이 서비스 기업에 대하여 좋은 이미지를 가지면 나쁜 이미지를 갖는 경우에 비하여 보다 관대해진다는 것이다.

7) 고객의 대기시간

서비스를 제공받기 전에 기다리는 대기시간은 고객의 기대수준에 영향을 이친다. 투자상담을 위해 은행에 들른 고객이 10분 정도 기다릴 것으로 생각하고 있었는데 수준을 넘어 30분 이상 기다리게 되었다고 하자. 이런 상황에서 고객은 대기시간이 길어질수록 덜 관용적이 될 것이다. 때로는 '오랫동안 기다렸기 때문에 더 좋은 투자상담을 받을 수 있을 거야'라고 합리화할 수도 있다. 또 투자상담을 위해 기다리는 것이 은행의 잘못이 아니라고 생각한다면 보다 더 관용적이 될 것이다. 어떤 사람이 평소에 애용하는 식당을 갔는데 때마침 단체손님이 있다고 한다면 고객의 허용영역은 보다 넓어지고 기다림에 관대해질 것이다.

제4절 서비스의 기대관리

오늘날 서비스 산업부문에서 고객들은 이전에 경험하지 못하던 새로운 서비스와 특전 및 저렴한 가격 혜택을 맛보고 있다. 이러한 상황에서 기업 간의 경쟁이 치열해짐에 따라 고객들의 서비스에 대한 기대수준은 날로 상승되고 있다. 예를 들어 신용카드 회사들은 1980년대까지만 하더라도 브랜드 이미지와 이용가능범위로 경쟁을 했으나 90년대 이후 새로운 경쟁사들이 이 산업에 대거 진입하면서부터 이자율 인하, 대금결제기간의 연장, 마일리지 서비스, 연회비의 인하 또는 폐지, 리베이트, 사은품, 할인, 포상제도, 상품 다양화 등의 새로운 경쟁수단들을 동원하면서 고객 서비스를 경쟁적으로 강화하게 되었고, 이에 따라 고객들의 기대수준은 전례 없이 높아지고 있다.

소비자가 어떤 서비스 기업을 선호할 것인가 하는 것은 서비스 기대에 기초하여 결정된다. 고객의 기대가 클수록 서비스 구매가능은 더 높아지고, 고객의 기대가 낮을수록 서비스 기업이 고객의 기대를 충족해주지 못할 가능성은 더 커지고, 따라서 고객은 불만족하게 될 것이다.

서비스 기업은 이러한 딜레마에 직면하게 된다. 고객의 기대를 높이는 촉진활동은 기업에 대한 애호도를 높일 수 있으나 불만족한 고객들을 만들어낼 가능성이 그만큼 더 높아진다는 것이다. 이와 반대로 고객들이 낮은 서비스 기대를 갖도록 촉진활동이 전개되면 만족한 고객들에게는 확신을 줄 수 있으나 일반 고객들이 서비스를 구매할 가능성은 현저하게 낮아지게 된다. 따라서 서비스 기업은 고객들이 제공받게 될 서비스를 정확하게 촉진하고, 고객들이 기대하는 서비스를 정확하게 제공하는 것을 목표로 해야 한다. 서비스 기업이 고객의 기대와 제공되는 서비스를 정확히 대응시킬 수만 있다면 고객들은 만족하게 될 것이다.

고객의 기대를 관리하는 것은 서비스 기업의 마케팅계획을 수립하는 데 있어서 핵심적인 요소가 된다. 서비스 기업은 서비스의 구매 전 단계에서부터 소비 단계(서비스접점), 구매 후 단계에 이르는 과정 동안 고객의 기대를 잘 관리해야 한다.

① 서비스 구매 전 단계

구매 전 단계에서 수행하는 고객의 기대관리는 고객 기대의 파악, 서비스의 홍보, 일관된 서비스 제공이라는 3단계로 이루어진다.

1) 고객의 기대 파악

고객의 기대를 파악하기 위해서는 영업사원이나 서비스요원을 이용할 수 있다. 이들은 콜 센터(Call Center)를 운영하거나 서비스 접점에서 고객들의 요구나 문제를 듣고 해결하는 과정을 통해 서비스 기대수준을 확인할 수 있다. 또 필요하다면 시장조사를 통해 잠재고객들의 기대 서비스를 파악할 수 있다.

2) 서비스에 대한 홍보

고객의 기대가 파악되면, 이를 토대로 서비스 상품을 개발한 다음 기업이 제공하는 서비스에 대하여 표적고객들에게 널리 알려야 한다. 이때 광고나 판매촉진, 영업사원, 서비스 요원, 유형적 단서, 구매시점 전시 등의 커뮤니케이션 수단을 이용할 수 있다. 기업은 제공될 서비스에 대한 정보를 정확하게 커뮤니케이션해야 한다. 서비스 기업들은 흔히 실제로 제공할 수 없는 과장된 약속이나 광고를 하여 소비자를 현혹하는 경우가 있다. 이는 소비자의 기대수준을 높이고 구매가능성을 높일 수 있지만 결과적으로 고객의 불만족과 불평행동을 유발할 수 있음을 알아야 한다.

3) 일관된 서비스 제공

구매 전 단계에서 고객의 기대를 관리하기 위한 세 번째 전략은 일관성 있는 서비스를 제공하는 일이다. 과거 경험과 구전은 고객의 구매결정에 있어서 중요한 두 가지 변수로 작용한다. 기업이 일관성 있는 서비스를 제공하게 될 때 고객은 구체적인 기대를 형성하고 그 기업에 대하여 지속적인 애호도를 갖게 된다. 또 서비스 구매자들은 이러한 서비스 기업에 대하여 다른 잠재고객들에게 긍정적인 구전활동을 하게 될 것이다.

② 소비 단계(서비스 접점 단계)

서비스를 소비하는 접점(service encounter) 단계에서 고객의 기대를 관리하기 위해서는 세 가지 전략이 사용될 수 있다.

첫째, 서비스 요원들은 서비스를 제공하는 동안 고객들과 지속적으로 대화를 해야 한다. 고객들과의 긴밀한 커뮤니케이션은 서비스 기업이 고객의 기대를 이해하는 데 도움이 된다.

둘째, 서비스 제공자는 가능한 한 고객의 기대에 부응할 수 있도록 서비스를 수정해야 한다. 즉 고객이 원하는, 고객중심의 서비스가 제공되도록 해야 한다는 것이다.

셋째, 만일 서비스 수정이 어렵다면 서비스 제공자는 고객의 기대를 왜 충족시켜 주지 못하는지를 충분히 설명해주어야 한다. 예컨대, 출고한 지 얼마 되지 않아 접촉사고로 차체가 손상되어 자동차 수리를 의뢰한 고객은 자동차의 도색상태가 100% 원상회복되기를 기대할 것이다. 이때 자동차수리 요원은 도색공정의 차이와 기술상의 한계 때문에 정비공장 차원에서는 완전한 도색을 할 수 없음을 고객에게 충분히 이해시켜야 할 것이다. 만일 그렇지 못하게 되면, 고객은 그 정비공장에 대하여 매우 불만족하게 될 것이다.

③ 서비스 구매 후 단계

서비스가 제공되었다고 해서 고객의 서비스 기대관리가 끝나는 것이 아니다. 서비스 기업은 구매 후 단계의 고객기대 관리를 위해 다음과 같은 세 가지 전략을 전개할 수 있다.

첫째, 서비스 기업은 고객의 기대가 충족되었는지 여부를 반드시 확인해야 한다.

둘째, 서비스 기업은 사후관리 프로그램(follow - up program)을 개발해야 한다. 사후관리 프로그램은 고객이 즉각적으로 평가하기 어려운 서비스의 경우에 매우 효과적인 고객기대관리 방안이 된다.

셋째, 서비스 기업은 고객들의 불만처리 프로그램을 개발해야 한다. 이것은 고객들의 재구매 가능성을 높이고 미래의 기대를 관리하는 데 도움이 된다. 즉 어떤 기업에 대한 고객의 미래 기대와 애호도는 불만족한 고객들을 얼마나 잘 관리하느냐에 따라 좌우된다고 할 수 있다.

어떤 경우이든 서비스가 제공되고 나면, 서비스 제공자는 피드백 과정을 통해 고객들과 그 서비스에 대하여 대화나 커뮤니케이션을 할 필요가 있다. 예를 들어, 미장원의 미용사는 고객의 욕구를 기초로 하여 머리를 손질한 뒤에 거울을 비추어 고객이 기대하는 헤어스타일인지, 또 얼마나 만족하는지에 대하여 물어볼 수 있다. 또 즉석에서 자신의 헤어스타일을 평가하지 못할 때에는 1주일이나 2주일 후에 다시 미장원에 대한 고객의 애호도를 증대시킬 수 있을 것이다. 만일 고객이 불만족해 한다면 머리를 다시 손질해주거나 금전적 보상, 최신 헤어스타일에 대한 설명 등의 방법으로 고객불만을 줄이거나 해소할 수 있을 것이다.

요컨대, 서비스 구매 후 단계에서 고객의 기대를 관리하는 목표는 두 가지고 함축할 수 있다. 1차적 목표는 고객기대의 충족여부를 확인하기 위해 고객과 커뮤니케이션 하는 것이고, 2차적 목표는 고객들의 재구매 가능성을 높이기 위해 미래 기대를 조정하는 것이다.

고객만족을 위한
서비스 경영론
SERVICE
MANAGEMENT

고객만족을 위한

서비스 경영론

SERVICE

MANAGEMENT

제 **7** 장

서비스의
운영관리

제**7**장

서비스의 운영관리

제**1**절　서비스의 운영관리전략

　　서비스 기업이 경쟁관계에 대응하기 위해서는 원가효율성, 개별화 및 서비스 품질 차원의 세 가지 접근방법으로 운영관리전략을 개발할 수 있다. 원가효율성(cost effiency)은 자본투자를 줄이기 위해 공업화 절차를 강조하는 전략이다. 개별화(customization)는 고객들의 개인적인 욕구(needs)를 충족시키기 위해 서비스를 설계하는 전략이다. 또 서비스 품질(servi-ce quality)은 보다 우수한 수준의 서비스 품질을 강조하는 전략이다. 기업의 서비스 운영관리는 이들 세 가지 대안 중 어떤 부문에 비중을 둘 것인가에 의해 결정된다.

1) 원가효율성 전략

　　원가 효율성 관리는 경쟁사보다 낮은 가격으로 서비스를 제공하고 총

원가효율성

기술적
측면

시장적
측면

서비스 품질

기능적
측면

개별화, 니치

🔍 그림 7 - 1 _ 서비스 운영전략

매출액의 증가를 높여서 보다 많은 이익을 얻는 것을 목표로 한다. 따라서 원가효율성 관리는 운영상의 원가절감을 통한 저원가 구조를 지향하게 되며, 이를 위해 서비스 프로세스의 다양성과 복잡성 수준을 모두 줄이는 노력이 필요하다. 리틀시저스 피자는 피자업계의 선두주자인 피자헛과 경쟁하기 위해 복잡성과 다양성을 모두 줄이는 전략을 선택했다. 운영상의 복잡성을 줄이기 위해 픽업과 배달서비스만 제공했고, 다양성을 낮추기 위해서 피자의 크러스트와 토핑 수를 줄이고 고객들에게 제공되는 부가적인 아이템을 줄였다.

(1) 운영목표

원가효율성 관리를 전개하는 기업은 효율성 극대화와 생산성 극대화라는 두 가지 목표를 갖게 된다. 서비스 운영의 청사진을 통해 생산성이나 효율성에 악영향을 미치는 부문과 병목지점을 나타내고, 이러한 문제를 해

소할 수 있는 방안을 강구하게 된다. 서비스 기업은 자동화나 표준화 전문화와 같은 기법들을 원가효율성을 높이는 데 적용할 수 있다. 예컨대 극장업계에서는 홈비디오나 유선TV와 경쟁하기 위해 보다 효율적이고 생산적인 운영방법을 채택해오고 있다. 멀티플렉스의 도입으로 인력과 공간의 활용을 통한 설비의 효율성을 높일 뿐만 아니라 멀티스크린과 편안한 좌석, 전산화된 매표시설, 넓은 주차장 확보 등으로 많은 고객을 다시 유인할 수 있다.

(2) 설비의 입지와 배치

서비스 설비의 입지와 배치는 단위당 생산비를 줄이고 높은 매출고를 유도함으로써 원가효율성을 높일 수 있다.

입지 결정은 고객접촉부분과 지원부분의 상대적 비중에 따라 좌우된다. 고객접촉부분은 매출고 증대를 위해 고객들에게 편리한 곳에 입지해야 하지만, 지원부분은 자본투자가 적게 소요되고 임대료가 저렴한 지역에 입지해도 무방하다. 예컨대, 제과점은 고객접촉부분이 되는 매장은 잠지 고객들에게 최대한 노출될 수 있는 곳에 위치시키고, 대신에 지원부분이 되는 주방설비는 임차료가 싼 곳에 위치시켜 하루에 한두 번 신선한 빵을 공급함으로써 전체 운영비용을 낮추고 원가효율성을 높일 수 있다. 그러나 고객접촉부분과 지원부분을 분리하기 어려운 경우도 있다. 주유소는 통행량이 많고 운전자들의 눈에 잘 띄는 곳에 입지하여 고객접촉지점을 최대한 편리하게 설계하고 지원부분은 후방에 위치하도록 해야 할 것이다.

원가효율성 관리를 선택하는 기업의 설비 배치는 단위원가를 절감하면서 서비스 운영의 속도와 효율성을 극대화해야 한다. 이를 위해 고객접촉부분에서는 서비스를 제공받는 고객 수를 극대화하는 것이 목표가 되며 지원부분에서는 단위생산비를 줄이면서 설비의 생산성을 극대화하는 것이 목표가 된다. 많은 극장은 멀티플렉스 설계를 통해 인력과 공간활용의 극대화를 기하고 설비의 효율성을 증가시킬 수 있었다. 또 멀티스크린이나 매표창구, 영사실, 매점 등을 효율적으로 배치함으로써 입장객 수를 극대화할 수 있다.

(3) 직무설계

원가효율성 관리를 취하는 기업의 종업원 직무설계는 고객지향이 아니라 생산지향적인 설계가 되어야 한다. 이를 위해 이용할 수 있는 기법으로는 분업과 전문화, 고객접촉부분의 최소화, 지원부분의 최대화, 서비스 제공절차의 표준화, 종업원의 직무순환교육, 전산화, 자동화, 업무의 일괄처리, 셀프서비스 등이 있다.

분업과 전문화는 고객접촉부분과 고객지원부분의 분리로부터 시작된다. 서비스 기업은 운영상의 원가효율성을 높이기 위해 고객접촉기능을 최소화하고 고객지원기능을 최대화하기를 원한다. 고객접촉기능보다 고객지원기능의 생산성과 원가효율성을 높이는 것이 상대적으로 더 쉽기 때문이다.

서비스 기업이 고객접촉부분을 줄일 수 있는 방법에는 세 가지가 있다.

① 셀프서비스를 이용하는 것이다.
② 자동화와 전산화이다.
③ 고객접촉부분 종업원의 업무를 지원부분 종업원에게 위양한다.

서비스 제공절차의 표준화는 고객지원부분과 고객접촉부분 모두 가능하다. 종업원 순환교육은 종업원의 유연성을 증가시켜 원가효율성을 높이며, 피크수요나 긴급상황이 발생했을 때 효과적으로 활용할 수 있다. 업무의 일괄처리는 고객의 부문이나 서비스 지원기능을 한데 묶어서 붐비지 않는 시간에 처리함으로써 생산성과 원가효율성을 높이는 것을 말한다.

2) 개별화 전략

개별화 관리는 개별고객의 욕구를 이해하고 이를 철저히 충족시켜주는 것을 목표로 한다. 개별화 관리를 취하는 서비스 기업은 서비스 프로세스의 복잡성과 다양성이 모두 높다. 의료, 법률, 컨설팅과 같은 전문 서비스에서 활용되며, 고객중심적인 서비스 설계가 요구된다.

개별화 관리를 하는 기업에 필요한 운영목표와 설비 입지 및 배치, 직무설계에 대하여 살펴보자.

(1) 운영목표

개별화 관리를 전개하기 위해서는 고객접촉부분과 고객지원부분의 분리가 필요하기 때문에 서비스 운영 청사진이 매우 중요하다. 고객접촉부분은 생산지향이 아니라 고객지향적이어야 한다. 고객접촉부분에서는 각 단계별 처리시간과 단위당 산출을 측정하는 것이 중요하지 않지만 고객지원부분에서는 각 단계별 소요시간을 측정하는 것이 도움이 될 것이다. 결혼이나 출장 파티와 같은 케이터링 서비스에서는 고객접촉부분과 고객지원부분이 분리된 청사진을 바탕으로 하여 개별화된 서비스가 제공되고, 행사와 관련한 모든 결정은 고객의 입장에서 이루어지게 된다.

(2) 설비의 입지와 배치

개별화 관리를 전개하는 상황에서는 입지가 중요하더라도 기업의 생존에 직결될 만큼 중요하지는 않다. 고객접촉 지점을 잘 입지시킴으로써 고객들에게 서비스 제공자의 전문성과 역량을 강화하는 이미지를 전해 줄 수 있다.

설비배치는 고객의 중요성을 상조하는 방향으로 이루어져야 한다. 고객 대기실, 고객 상담실, 사무실 등의 공간은 회사의 이미지와 역량을 높일 수 있도록 배치하여야 한다.

(3) 직무설계

개별화 관리를 전개하는 기업의 종업원 직무설계는 고객지향적이어야 한다. 그리고 직무설계에서 서비스의 고객접촉부분과 고객지원부분은 분리시키는 것이 중요하며, 고객접촉부분은 특히 고객지향적으로 설계해야 한다. 종업원들은 즐거운 마음으로 고객들과 접촉해야 하고 뛰어난 커뮤니케이션 기술을 가지고 있어야 한다. 또 이들은 서비스에 대한 광범한 지식을 가지고 있어야 하며 고객과 서비스 제공자 간의 상호작용적 질을 강화하기 위해 전산화와 자동화가 이용될 수도 있다.

개별화를 취하는 기업은 고객접촉부분에서는 원가우위를 획득할 수 없기 때문에 생산성 향상을 위해서는 고객지원기능에 중점을 두어야 한다.

3) 서비스 품질전략

서비스 품질을 강조하는 기업은 경쟁자보다 더 높은 서비스 품질을 제공하기 위하여 노력한다. 우수한 서비스 품질은 기능적 품질이나 기술적 품질에 의해 나타낼 수 있다. 기능적 품질은 반응성이나 확신성, 공감성의 관점에서 고객을 어떻게 응대할 것인가 하는 과정에 중점을 둔다. 반면에 기술적 품질은 서비스의 결과와 유형성, 신뢰성과 같은 서비스 품질 차원에 중점을 둔다.

(1) 운영목표

기술적 품질을 강조하는 서비스 기업은 서비스의 지원부분에 초점을 두어 고품질 서비스를 생산할 수 있는 설비투자를 중점을 둔다. 그리고 서비스 청사진을 만들어 서비스 제공에 소요되는 시간을 효율적으로 관리하고, 품질관리를 위한 감독자를 필요로 한다.

기능적 품질을 강조하는 서비스 기업은 서비스의 지원부분에 초점을 두고 고객과의 접촉 횟수나 커뮤니케이션을 늘린다. 또 설비와 감독에 투자하기보다는 고객접촉부분의 인력부문에 더 많은 투자를 한다. 서비스 접점에 있는 종업원의 역할과 상호작용을 중요시하고, 이들을 통해 고객을 만족시킬 수 있다고 본다.

(2) 설비의 입지와 배치

서비스 품질 전략을 선택하는 기업은 고품질 서비스라는 인상을 창출하기 위해 고급이미지를 갖는 지역에 고객접촉부분을 입지시켜야 한다. 고객접촉부분과 고객지원부분을 분리할 수 있으면 고객지향적이어야 하며, 고객접촉부분은 고객들에게 고품질의 서비스를 제공한다는 인상을 심어주어야 한다.

(3) 직무설계

기술적 품질을 강조하는 서비스 기업은 원가효율성 전략하의 직부설계 과정을 이용할 수 있으며, 기능적 품질을 강조하는 서비스 기업은 개별화 전략하의 직무설계 과정을 이용할 수 있다.

기술적 품질을 강조하는 기업은 서비스 결과 질에 초점을 두고 있기 때문에 일선업무에 대한 전문지식을 가진 감독자를 고용한다. 감독자는 엄격하게 설정된 기준에 부합되는지 여부를 철저히 검사하고 기준에 부합되지 못하면 감독자는 재작업을 시킨다.

　기능적 품질을 강조하는 기업은 서비스 접점에 있는 종업원과 고객 간의 상호작용을 중요시하는 과정 질에 초점을 두고 있다. 감독자는 종업원들의 직무수행을 정기적으로 또는 가끔씩 점검하며, 주로 고객과 종업원의 매개적 역할을 수행한다. 고객을 정기적으로 방문하여 문제가 확인되면 이를 해당 종업원에게 통보하고, 전문가인 일선 종업원을 통해 문제를 해결하게 한다. 감독자에게는 대인 관계 관한 교육을 실시한다.

　서비스 품질전략을 이용하는 상황에서는 직무전문화와 분업이 매우 중요한다. 기술적 품질을 강조하는 기업은 종업원을 전문가로 양성하고 표준화된 서비스 절차와 업무지침서에 따라 업무를 수행하도록 하여 서비스의 품질을 높이고자 한다. 또 일괄처리 방식으로 업무를 수행하여 규모의 경제를 실현하기도 한다. 한편 기능적 품질을 강조하는 기업은 직무성계를 함에 있어서 기능적 측면보다 고객중심적인 측면에서 직무전문화와 분업을 추구한다. 종업원들은 다양한 업무기능을 익히고, 프로세스 중심의 업무설계를 한다. 기능적으로 전문화된 직무를 수행하기보다 고객이 원하는 바를 이해하고 고객의 편의를 최대한 도모하는 서비스를 제공하고자 하는 것이다.

　지금까지 살펴본 서비스 운영전략별 운영방안들을 요약하면 〈표 7-1〉과 같다.

표 7 - 1 _ 서비스 운영전략과 운영방안

운영전략 운영방안	원가효율성 전략	개별화 전략	서비스 품질전략	
			기술적 품질	기능적 품질
운영목표	생산성 극대화	서비스 개별화와 고객지향성 극대화	서비스 결과 극대화	서비스 과정 극대화

설비입지	고객접촉부분은 고객 가까이에, 지원 부분은 저렴한 지역에 입지	고급이미지 지역에 입지	고객접촉부분은 고급이미지 지역에, 지원부분은 저렴한 지역에 입지	좌 동
운영전략 / 운영방안	원가효율성 전략	개별화 전략	서비스 품질전략	
			기술적 품질	기능적 품질
설비배치	운영 속도와 효율성 극대화	고객의 중요성 강조	고객접촉부분에서 고객중요성 강조	좌 동
직무설계	고객접촉부분의 최소화, 지원부분의 최대화 절차의 표준화 분업과 전문화 순환근무제 전산화 자동화 업무 일괄처리 셀프서비스	고객접촉부분의 강화 지원분분의 표준화 분업과 전문화 전산화 자동화	고객접촉부분의 최소화, 지원부분의 최대화 절차의 표준화 분업과 전문화 순환근무제 전산화 자동화 업무 일괄처리 요소구매	고객접촉부분의 강화, 지원부분의 표준화 분업과 전문화 (고객중심) 전산화 자동화

서비스의 수요관리

① 수요관리의 개념

일반적으로 수요관리란 "수요의 시간대와 수량에 영향을 주고 수요 패턴의 바람직하지 않은 효과에 대응하는 과정"이라고 한다. 반면에 운영관리를 강조한 미국의 생산관리 협회(APICS)의 정의는 "제품이나 서비스의 모든 수요를 인지하고 관리하여 생산 운연계획이 이를 미리 파악할 수 있게 하는 것이다.

그러므로 수요관리는 외부고객과 내부관리 목적으로서의 수요예측, 주문수령, 주문약정을 포함 한다"라고 정의 하고 있다.

주말에는 식사를 하기 위해 많은 사람이 식당 앞에 줄을 서며 기다리지만, 평일에는 좌석점유율이 주말과 다르다. 하루 중에도 점심과 저녁 시간에는 많은 고객이 붐비지만, 그 이외의 시간은 그러하지를 못하다. 식당업은 제조업과 달리 미래의 판매를 위해서 서비스를 재고로 보관할 수 없다.

이러한 서비스의 소멸성은 수요가 안정적이고 예측이 가능한 경우에는 문제가 없지만 수요가 심한 경우에는 한정된 서비스 가용능력 때문에 경영의 어려움이 따른다.

수요를 적절히 조절하여 최적수요수준이 되도록 하는 것이 서비스경영의 목표라고 할 수 있다.

② 수요관리의 목적

1) 수요의 조절

식당의 경우 수요의 증가와 감소에 관심을 가질 필요가 있을뿐더러 예측하기 어려울 정도로 수요의 기복이 심하다.

고객을 발견하는 것뿐 아니라 제품과 서비스에 대한 수요의 수준 및 시간에 대한 성격을 명백히 해야 한다.

첫째, 서비스를 다양화하여 수요를 조절할 수 있다.

계절에 따른 특선메뉴를 제공하거나 커피숍에서 간단한 점심식사를 제공하는 것이다.

둘째, 서비스 제공시간대와 장소를 조절한다. 새벽에 출근하는 사람들을 위해 패스트푸드점에서 아침메뉴를 제공하여 고객의 수요를 충족시켜 준다.

셋째, 가격으로 수요를 조절한다.

피크시간대에는 높은 가격으로 수익성을 향상시키고 그 외의 시간대에는 가격할인으로 수요를 증가시킨다.

2) 수요의 재고관리

서비스는 재고형태로 보관할 수 없지만 예약시스템이나 대기 시스템을 이용해서 서비스수요를 재고 관리할 수 있다.

예약시스템은 서비스를 사전에 판매하는 것을 의미한다. 예약시스템은 서비스 수요를 예측하게 하며 수요관리를 가능하게 하어 서비스품질을 높혀 준다.

한편 대기시스템은 서비스에 대한 만족과 서비스전달에 중요한 의미가 있다. 고객이 서비스를 받기 위해 기다리는 시간을 확인하고 고객이 기다리는 동안 즐겁고 빠르게 보낼 수 있도록 한다.

대부분 패밀리 레스토랑에서는 예상되는 대기시간을 알려주고 간단한 식음료를 제공함으로써 고객의 불평을 줄이고 있다.

3)수요관리의 유형

가) 가용능력 변동전략

시설 인력 장비등의 가용능력을 수요변화에 따라 변동시키는 방법이다.

이는 수요의 변동이 심하고, 예측 불가능하며 원가에서 변동비의 비중이 높고, 비숙련 노동력으로 충분한 경우에 사용하는 전략이다.

이러한 전략은 흔히 건설현장에서 흔히 볼 수 있다. 일용직 종사자들은 매일 아침에 당일의 일거리를 받게 되고, 만일 일거리가 없다면 전혀 수입이 없이 수요에 의존해서 서비스를 공급한다고 하겠다.

나) 가용능력 고정전략

문제가 가장 적게 발생할 수준으로 가용능력을 유지하는 방법이다. 이는 가용능력 변동전략과는 반대로 수요가 안정적이고, 예측가능하며 서비스의 질을 낮게 제공하게 되면 사업에 심각한 영향을 미치므로 숙련된 고급노동력이 필요하거나 고가의 장비나 전문적인 장비가 필요한 서비스의 경우에 사용하는 전략이다. 일반적으로 서비스는 연속적인 과정을 통하여 제공되는데 서비스 질을 좌우하는 장비의 용량이 제한되어 있다면 전체적인 과정의 흐름에서 병목현상을 일으킬 수 있다.

특히 병원과 전문 수리점의 경우에는 특정한 장비가 수요를 결정하는데 중요한 역할을 하는 것을 흔히 볼 수 있다.

이 경우 서비스 전체의 최대수요수준은 각 장비의 최대이용가능성에 의해서 결정된다. 이러한 장비의 제한과 관련된 것이 인력의 제한이다. 비록 시설과 장비가 충분하다고 할지라도 서비스 제공인력이 부족하게 되면 일정시간 동안에 많은 수의 고객을 수용할 수 없게 된다. 따라서 시설과 장비 그리고 인력의 가용능력이 균형잡히도록 하는 것이 효율적인 서비스 관리에 필요한 것이다.

다) 예약 시스템

예약시스템을 이용하여 수요를 다양한 시간에 분산시킬 수 있다.

예약을 이용하여 수요를 예측할 수 있고 사전에 관리를 할 수 있다.

수요가 집중되는 시간에 고객의 예약이 많을 경우 예약직원의 권유로 예약일자를 조절할 수 있을 것이다.

그런데 이러한 예약시스템을 시행함에 있어서 예약을 해 놓고도 나타나지 않거나 예약시간 직전에 취소를 한다면 그기에 대응하는 적절한 조취를 취해야 할 것이다.

라) 대기 시스템

이미 수요가 발생하여 고객이 서비스를 기다리는 경우 고객이 기다리는 동아 지루해 하지 않도록 배려하는 시스템이 필요하다.

고객이 서비스를 기다리지 못하고 중간에 나간다면 이것은 서비스업체 측의 크다란 손실을 의미한다. 그러므로 서비스가 제공될 때까지 고객이 기다리도록 하는 효과적인 방법이 요구된다.

- 서비스를 언제 받을지 무턱대고 기다리는 것보다 대기자 수와 시간, 그리고 대기 원인을 알려주면 훨씬 지루함을 덜 느끼게 된다.
- 대기시간 중 흥미 있는 것들을 제공 해 준다. 책이나 음악 및 TV시청 등을 제공하여 기다리는 지루함을 잊게 해 준다.
- 직원들이 바쁘게 일하는 모습이 보여 지게 한다.
- 자기보다 늦게 온 고객이 먼저 서비스를 받는 것은 고객에게 참기 어려운 일이기 때문에 대기의 정당성을 확인시킨다.

마) 가격전략

가격전략은 수요와 가장 직접적인 연관성이 있는 마케팅 믹스이다. 일반적으로 많은 경우에 시기에 따라 가격차별화를 하여 효과있게 수요조절이 가능하다.

즉 성수기에는 가능한 수요를 비수기로 유도하기 위해 고가정책을 사용하고, 비수기에는 수요를 증대시키기 위해서 가격할인정책을 사용하게 된다. 가격차별화는 계절에 따라 시행할 뿐만 아니라 주별, 시간대별로 이루어지기도 한다.

바) 상품전략

수요가 갑자기 감소되었을 때 고객을 창출하는 방법 중 하나는 기존의 시설을 이용하여 새로운 상품 서비스를 개발하는 것이다.

여름철 매출의 절반에도 미치지 못하는 겨울철 골프장들은 겨울철에 눈썰매장으로 개조하여 영업을 한다거나 호텔의 윈터 패키지나 서머 패키지 등을 들 수 있겠다.

사) 커뮤니케이션 전략

고객들과의 지속적인 커뮤니케이션을 유지하고 상품이나 가격과 같은 정보를 제공함으로서 다른 마케팅 믹스전략과 함께 사용하는 것이 효과적이다. 호텔의 경우 외부 커뮤니케이션인 광고 홍보 예약 판촉 등을 통해 언제 수요가 집중되고 언제 한가한 시간인지 인지시킬 수 있다. 이러한 커뮤니케이션을 통하여 잠재 고객들의 수요가 집중되는 시기를 미리 알게 되면 빠르고 좋은 서비스를 받기 위해 혼잡한 시기를 피할 것이다.

아) 시간과 장소의 조절전략

수요를 조절하는 방법에는 서비스의 제공시간과 장소를 적절하게 조절하는 전략이 있다.

　서비스의 제공시간 조절에는 수요가 집중될 때 서비스 제공시간을 연장함으로서 고객을 더 많은 시간대로 분산시키고, 수요가 적을 때는 서비스 제공시간을 단축시켜 서비스 인력과 에너지를 절약할 수 있다.

　서비스의 제공 장소를 조절하는 방법으로는 새로운 장소를 혼잡 없이 서비스 제공이 가능케 한다.

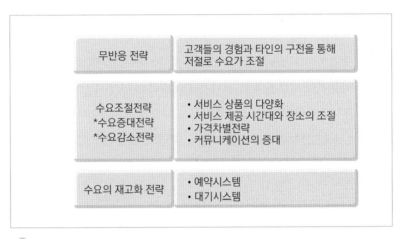

🔍 그림 7 - 2 _ 서비스 수요 관리

제3절 서비스의 공급관리

① 서비스의 공급관리 방안

서비스의 가동영역은 시설 기계 장비 그리고 인력으로 구성되어 있다. 서비스는 연속적인 과정을 통해서 제공되는데, 전체 서비스 전달과정의 흐름에서 병목현상이 발생하는 지점이 있으면 그 곳에 추가적인 서비스 공급체계를 투입 조정하여 서비스의 흐름을 원활하게 해야 한다.

서비스 기업이 가용능력에 유연성을 부여하여 수요변화에 신축성있게 대처하는 방법을 보면 다음과 같다.

1) 서비스제공과정에 고객의 참여를 유도

수요가 일시에 몰려 서비스 공급인원이 부족할 경우에는 고객 스슷로 서비스의 생산과정에 참여케 유도할 수 있다. 예를 들면, 호텔 컨벤션 개최시 고객들이 한꺼번에 식음료를 이용할 것을 대비하여 뷔페 레스토랑으로 전환 한다거나 음료는 셀프서비스할 수 있도록 하는 것이다.

고객을 서비스 제공과정에 참여시키는 것은 서비스이 신속성뿐 아니라 인건비 절감이라는 효과도 거둘 수 있다. 그러나 고객의 서비스 참여 수준이 고객이 수용할 수 있는 선을 넘어 선다면 고객은 서비스의 품질을 부정적으로 평가하게 되므로 잘 파악하여 결정하여야 한다.

2) 고정 고객화

신규 고객을 단골 고객으로 만들어 반복 구매 재구매를 유도한다면, 반복되는 등록절차나 이용절차를 대폭 간소화 할 수 있다. 호텔 멤버십제도나 우수고객 카드제 등을 도입하여 대상고객들에게 복잡한 절차 없이 신속한 서비스를 제공하는 체계를 갖추면 다른 고객들에게도 결과적으로 혜택이 돌아가게 된다.

3) 종사원의 다기능

호텔에는 다양한 업장과 부서가 있으며, 시기에 따라서 수요가 집중되는 장소가 변한다. 만약 이럴 때 여러 가지 일을 수행할 수 있는 다기능의 종사원이 있다면 업무가 집중되는 부분에 배치되어 수요에 적절히 대처할 수 있을 것이다. 그러므로 호텔종사원에게 다기능교육을 실시하여 수요에 신축성있게 대처하는 체제를 갖추는 것이 필요하다.

4) 시간제 고용직의 이용

서비스기업은 다분히 계절성을 띤다. 성수기에 필요한 인원을 임시고용직으로 충당하면 피크타임의 수요증가에 신축성있게 대응하고 고정인건비를 절감하는 효과도 거둘 수 있다. 파트타임 고용직 이용시에는 그들의 근무태도나 성과를 평가해 두었다가 나중에 정식직원으로 선발할 때 이를 인력관리 자료로 활용할 수도 있다.

5) 시설물의 효율적 이용

서비스 가용능력 구성요인 중 수요요구수준에 따라 가변능력이 떨어지는 것은 시설물 들이다. 이들 시설들은 일단 매입하게 되면 수요에 따라 임의로 증감할 수 없다. 따라서 여기에 융통성을 부여하여 시설을 임대차하는 방법이다.

즉 가용능력이 남으면 시설물을 임대하여 수익을 올리고 현재의 시설로 수요를 충족시킬 수 없다면 시설을 임차하여 대처하는 것이다.

6) 시설장비의 가변성

호텔의 연회장이나 회의실은 행사의 규모나 성격에 따라 유동적으로 변화시켜 수요에 따라 적절히 적응할 수 있도록 해야 한다. 공간을 수요에 맞춰 효율적으로 배치해야 피크타임시 고객유출을 최소화할 수 있다. 식당의 경우 보조의자 탁자를 준비하고 객실의 경우 간이침대를 준비하여 초과수요 및 고객의 요구에 대응한다.

7) 비수기 활용

호텔의 시설관리나 기계수리 및 직원교육 휴가 등은 비수기를 활용하여 실시한다. 비수기는 성수기를 대비한 준비 및 재충전기간으로 활용하고 성수기를 앞당기려는 노력을 기울일 수도 있다.

8) 기술 및 기계의 사용

서비스 수요가 집중될 때는 서비스를 생산 전달하는 인적자원을 기계로 대처하여 대량생상을 꾀해야 한다. 호텔커피숍 같은 경우 전광판을 설치하여 고객이 보고 방문자를 확인할 수 있고, 호텔을 퇴숙할 시에도 객실의 컴퓨터나 모니터를 이용하여 자신이 지불해야 할 금액을 확인하고 결제할 수 있도록 한다.

② 서비스의 공급관리 전략

1) 수요적응전략과 가용능력 균형전략

서비스의 공급관리 전략의 유형에는 수요적응전략과 가용능력 균형전략이 있다.

수요적응전략은 수요의 변동이 심하고 예측불가능하며 원가에서 변동비의 비중이 높고, 단순히 수요의 수준에 따라 그때그때 공급수준을 결정하는 방법으로 미숙련 노동력으로 충분한 경우에 사용하는 전략이다

가용능력 균형전략은 수요의 변동폭이 비교적 작고 예측이 어느 정도 가능하며 서비스 제공을 위해전문장비나 시설이 갖추어진 경우에 사용되는 전략이다.

이 전략은 낮은 질의 서비스를 제공하면 기업이미지에 심각한 영향을 미치므로 숙련되고 전문성이 있는 고급노동력을 사용하는 경우에 채택하는 것으로서 호텔기업이 주로 사용하는 공급관리전략이라고 할 수 있다.

서비스 기업의 공급능력은 호텔이나 병원과 같이 시설과 장비를 포함하는 물적 시설과 전화 기계 금전등록기와 같은 장비 및 장비를 다루는 인력으로 구성되며 이들 세요소의 제약을 크게 받는다.

2) 서비스의 공급관리방법

서비스공급을 관리한다는 것은 변동적인 수요에 대응하여 기업의 서비스 공급능력에 따른 변화를 수반하게 된다. 수요가 많을 때는 증가된 수요에 맞추어 공급수준을 높이는 방법을 강구하고 수요가 적을 때에는 비용이나 낭비적인 요소를 줄이도록 공급수준을 낮추어야 한다.

경영자가 서비스공급관리를 위해서 택할 수 있는 방법은 임시종업원을 고용하는 경우나 가용능력을 일시적으로 확장하는 방법 그리고 피크타임의 효율적 운영방법 및 종업원의 다기능화 등이 있다.

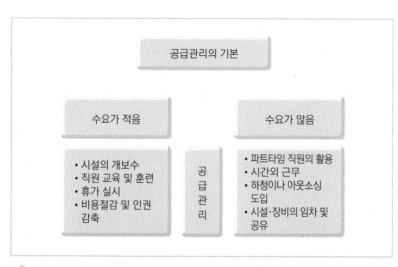

🔍 그림 7 - 3 _ 서비스 공급관리

고객만족을 위한
서비스 경영론
SERVICE

MANAGEMENT

제**8**장

서비스 마케팅

서비스 마케팅

제**1**절 마케팅의 개념

① 서비스 마케팅의 개념

마케팅은 무엇인가?

마케팅은 여러 가지로 정의할 수 있다. 미국 마케팅 협회(AMA: Ame-rican Marketing Association)는 마케팅을 '생산자로부터 소비자에게로의 제품과 서비스의 흐름 관리하는 상업활동의 실행'이라고 정의한다. 마케팅은 또한 회사가 판매를 하기 위해 기울이는 모든 노력의 통합되고 통제된 관리라고 정의되어 있다. 마케팅은 복합적인 일련의 활동을 수반한다. 마케팅을 적절하게 정의하기 위해서는 마케팅에 포함되는 활동을 조사해야 한다. 이러한 활동에는

① 고객의 요구와 필요에 대한 완전한 이해.

② 이러한 요구와 필요를 만족시키기 위한 제품과 서비스의 개발.

③ 소기의 고객에게 이러한 제품과 서비스의 판매촉진, 그리고 판매를 위한 광고와 판매촉진 활동.

④ 만족할 만한 정도의 수입창출이 포함된다.

마케팅의 첫 번째 활동은 고객을 이해하는 것이다. 고객의 요구와 필요를 완전히 이해해야만 한다. 베스트셀러 'In Search Excellence'에서 피터(Peter)와 워터맨(Waterman)은 정말로 훌륭한 회사들은 실제로 그들의 고객을 완전히 이해했다는 사실을 지적했다. 파터와 워터맨은 그것을 '고객에의 접근'이라고 불렀다. 훌륭한 회사는 그들의 손님에게서 듣고 배워 고객에게 서비스하는 방법을 향상시킨다. 호텔과 레스토랑의 손님들은 기회가 있을 때 좋은 점과 운영상 향상시킬 수 있는 면을 매니저에게 듣고 배워 그 의견에 따라 행동하는 것이 중요하다. 실제로 서비스와 시설에 대한 많은 새로운 아이디어가 고객의 의견으로부터 비롯된다.

마케팅의 두 번째 활동은 고객에게 제공된 상품과 서비스(제품 - 서비스 믹스)의 개발이다. 매년 새로운 타입의 제품 - 서비스 믹스가 개발되어 경쟁시장에 공개된다. 매리엇(Msrriot)의 courtyard, Holiday Corpo-ration의 Hamption Inns 그리고 라마다 르네상스같이 숙박시설 선택의 폭을 넓히기 위한 다양한 타입의 개발은 잠재고객에게 제공될 선택개발의 예이다. 서비스업의 음식서비스 분야에서도 이와 유사한 개발이 일어났다. 우리나라의 대기업에서도 햄버거 산업분야에 뛰어들었고 패밀리 레스토랑식 식사 분야에서는 Bennigan's, Outback steakhouse, TGI Friday's 같은 회사들이 큰 영향을 끼쳤다.

마케팅의 세 번째 활동은 개발된 제품 - 서비스 믹스의 판매촉진, 광고 그리고 판매활동을 포함한다. 성공하기 위해선 굉장한 창의성과 혁신이 필요하다. 광고매체는 온갖 종류의 광고로 가득 차 있으므로 성공의 열쇠는 자신의 메시지로 고객에게 접근하여 효과를 높이는 것이다. 회사가 바라는 효과는 제품 - 서비스 믹스의 구매이다. 판촉활동은 사업의 안팎에서 많은 형태를 취할 수 있다. 판매촉진을 위해 흔히 사용되는 한 가지 방법은 업계의 음식 분야에서 일어난다. 이 분야의 체인들은 음식에 대한 할인이나 유리컵, 쿠폰, 리베이트 같은 경품이 주를 이루는 판매촉진 활동을 벌인다. 이러한 마케팅 활동의 최종 국면은 인적 판매이다. 서비스업은 인간 사업이다. 호텔 객실과 식사의 구매는 고객과 서비스업 종사원 사이의 직접적인 접촉을 수반한다. 이러한 각각의 접촉은 인적 판매의 기회를 제공한다.

마케팅 정의의 네 번째 활동은 만족할 만한 정도의 수입이 창출되어야 한다는 것을 포함한다. 이것이 사업 존재의 중심 이유이다. 비영리사업을 포함한 모든 사업은 판매와 이윤에 그 목표를 두는데 바로 성공적인 사업을 위해 달성해야 하는 목표이다. 만약 경영자가 마케팅 정의의 3요소를 성공적으로 달성한다면 그 결과로 만족할 만한 정도의 수입이 생길 것이다. 마케팅은 경영의 복잡한 하나의 기능이다. 운영, 회계, 재정, 인적 자원, 연구개발과 함께 마케팅은 매니저들이 책임져야 하는 6가지 주요 결과를 포함한다.

② 서비스 마케팅의 본질

제조업을 중심으로 성장 발전해 온 현대 마케팅의 컨셉트나 실천은 점차 서비스업 분야로 옮겨가고 있으나, 서비스 산업에서의 마케팅의 역할은 아직 제한된 수준에 머물고 있는 실정이다. 날로 격심해지는 서비스 기업들 간의 경쟁양상과 서비스 이용고객들의 보다 다양하고 구체화된 욕구는 단순히 판매지향적 또는 기술지향적인 서비스가 아니라 고객지향적인 서비스를 제공하는 서비스 마케팅의 당위적 필요성을 인식하기에 이르렀다.

경제사회의 발전과 더불어 마케팅의 적용범위나 영역은 계속 확대 발전되어 왔다. 미국마케팅학회(AMA, 1985)는 현대적 마케팅의 개념을 '개인과 조직의 목적을 충족시켜 주는 교환을 창출하기 위하여 아이디어나 제품 및 서비스의 고안, 가격결정, 촉진 및 유통을 계획하고 실행하는 과정'이라고 정의하였다. 이것은 마케팅이 교환과정을 통해 개인과 영리 또는 비영리 조직의 목적을 달성하는 과정을 뜻하며, 제품이나 서비스뿐만 아니라 아이디어까지도 마케팅의 대상으로 포괄하는 확장적 마케팅 개념이라고 할 수 있다. 이에 대해 한국마케팅학회는 2002년 최근의 발전적인 마케팅 패러다임을 반영하여 마케팅을 '조직이나 개인의 목적을 달성시키는 교환을 창출하고 유지할 수 있도록 시장을 정의하고 관리하는 과정'이라고 정의하였다.

서비스 마케팅은 기본적으로 서비스를 대상으로 한 마케팅 활동이라고 할 수 있다. 본서에서는 현대적 마케팅의 제 정의에 기초하여 서비스 마케팅을 다음과 같이 정의하고자 한다.

서비스 마케팅은 일관되고 신뢰성 있는 서비스 제공을 통하여 시장에서 개인과 조직의 목적을 충족시켜 주는 교환을 창출하고 유지할 수 있도록 서비스 마케팅믹스를 계획하고 실행하는 과정이다.

위의 정의가 함축하고 있는 의미를 구체적으로 살펴보면 다음과 같다.

첫째, 서비스 마케팅은 일관되고 신뢰성 있는 서비스 제공물(offerings)을 대상으로 하는 마케팅이다.

둘째, 서비스 마케팅의 주체는 영리·비영리조직을 포함하는 조직이나 개인이 될 수 있으며, 서비스 마케팅은 조직의 목적과 개인의 목적을 동시에 충족시키는 것을 추구한다.

셋째, 조직이나 개인은 자신의 제공물과 그 반대급부로 얻고자 하는 것과의 교환(交換 exchange)에 의해 자신의 목적을 달성할 수 있다.

넷째, 교환을 창출하고 유지한다는 것은 마케터가 신규고객을 창출하고 기존고객을 유지·강화하는 활동을 포함하는 것이다. 이것은 최근에 중요시되고 있는 관계마케팅 내지 고객관계관리(CRM)의 중요성을 반영하고 있는 것이다.

다섯째, 서비스 마케팅관리의 핵심은 서비스 마케팅믹스, 즉 서비스 상품과 가격, 유통, 촉진, 프로세스, 물적 유통, 참여자 등의 7P's를 계획하고 실행하는 일련의 과정을 말한다.

여섯째, 서비스 마케팅은 시장을 통해 이루어지는 활동이다. 마케팅에서 시장은 '교환과정에 참여하는 잠재고객들의 집합'을 의미한다. 시장은 현존하는 시장과 앞으로 창출될 수 있는 시장을 모두 포함하며, 마케터는 이러한 시장의 요구에 적응할 뿐만 아니라 자사에 유리한 방향으로 시장을 선도해 나감으로써 시장에서의 불확실성을 줄이고 경쟁력을 확보해 나가야 한다. 따라서 마케터는 마케팅환경의 변화에 대응하여 시장을 정의하고 적절하게 관리해야 한다.

예컨대, 서비스 마케팅은 서비스 제공을 통하여 교환을 창출하고 유지할 수 있도록 시장을 정의하고 관리하는 일련의 과정이라 할 수 있다.

고객의 욕구충족을 통한 조직의 목표달성을 추구하는 마케팅 컨셉트는 제조업이나 서비스업에 관계없이 오늘날 마케터가 지향하는 마케팅의 기본이념이 된다. 이처럼 제품 마케팅이나 서비스 마케팅은 거시적인 관점에서는 그 본질상 같다고 볼 수 있다. 그러나 무형성, 생산과 소비의 비분리성, 이질성, 소멸성 등으로 특징되는 서비스의 고유의 특성은 물리적 제품과 구별되는 별도의 서비스 마케팅을 전개하기 위한 충분한 근거가 된다.

자이담(Zeithaml) 등은 여러 학자들에 의해 제시된 연구문헌들을 기초로 하여 서비스 고유의 특성과 마케팅 문제 및 마케팅전략을 〈표 8 - 1〉과 같이 제시하고 있다.

🌐 표 8 - 1_ 서비스의 특성과 마케팅 문제 및 마케팅전략

서비스의 특성	마케팅 문제	마케팅 전략
무형성 (intangibility)	1. 저장불능 2. 특허로 보호불능 3. 진열이나 커뮤니케이션의 어려움 4. 가격설정 곤란 5. 지각된 위험이 높음	1. 유형적 단서 강조 2. 개인적 정보원 이용 3. 구전 커뮤니케이션 자극 4. 강한 기업이미지 창조 5. 가격설정을 위해 원가회계
비분리성 (동시성) (inseparability)	1. 고객의 생산참여 2. 다른 고객의 생산참여 3. 집중적 대량생산 불능	1. 고객접촉요원의 선발과 훈련 2. 소비자 관리 3. 많은 입지 이용 4. 내부마케팅의 강화
이질성 (heterogeneity)	표준화와 품질관리의 어려움	1. 서비스의 산업화 전략 2. 서비스의 개별화 전략
소멸성 (perishability)	1. 재고화 불능 2. 수요의 변동성	1. 변동적 수요대응전략 2. 수요와 공급의 조화

③ 서비스 마케팅과 재화 마케팅의 차이

일반적으로 서비스는 시장에서 유사한 편익을 제공하는 재화 부문과 경쟁관계에 있다. 탁아 서비스는 설비유지 서비스와 같이 어떤 서비스를 구매한다는 것은 자가 서비스에 대한 대안으로 볼 수 있다. 임대서비스를 이

용하는 상황 역시 자기 소유물을 이용하는 것에 대한 대안이라고 볼 수 있다. 그러나 서비스와 제품이 경쟁관계에 있다고 해서 마케팅 과업이 같다는 것을 의미하는 것은 아니다.

서비스 부문의 마케팅관리 과업은 제조부문과 다음과 같은 두 가지 차원에서 구별될 수 있다.

1) 일반적 차이

(1) 제품 성격의 차이

일반적으로 재화를 '사물(object), 장치(device), 물건(thing)'이라고 정의한다면 서비스는 '행위(deed), 성과(performance), 노력(effort)'이라고 정의할 수 있다. 어떤 행위나 성과를 마케팅 하는 것은 물리적인 대상물 그 자체를 마케팅하는 것과는 다르다. 서비스는 흔히 비행기 탑승이나 레스토랑에서의 식사와 같은 유형적 행위를 수반하지만 서비스 행위나 성과 그 자체는 무형적이다. 서비스는 시간 제약적이고 무형적이고 경험적인 특성을 갖고 있다.

(2) 생산에서의 고객관여

서비스의 수행은 물리적 시설과 정신적, 육체적 노동의 결합으로 이루어진다. 고객은 셀프서비스(패스트푸드점, 구내식당 등)나 서비스 제공자에게 협력(병원, 호텔 등)을 함으로써 서비스 산출과정에 참여하게 된다.

(3) 서비스 상품의 일부로서의 사람(people)

서비스를 이용할 때(특히 고 접촉 서비스의 경우), 고객들은 서비스 종업원뿐만 아니라 다른 고객들과도 접촉하게 된다. 서비스 종업원의 태도나 다른 고객들의 행동은 서비스의 품질을 결정하는 중요한 요소가 된다. 따라서 서비스 참여자는 서비스 상품의 일부가 되는 것이다.

(4) 품질관리의 문제

물리적인 제품은 일정한 표준에 기초하여 품질관리가 사전에 이루어지지만 서비스는 생산과 동시에 소비가 이루어지기 때문에 품질관리가 어렵다. 또 서비스 제공자나 고객에 따라 서비스의 품질은 달라진다.

(5) 재고불능

서비스는 행위나 수행으로 개념화되는 것이므로 소멸성의 특성을 가지며 재고로 남겨둘 수 없다. 물론 필요한 시설이나 장비, 인력은 미리 준비할 수 있으나 이는 생산역량을 나타내고 있을 뿐이며 서비스 그 자체는 아니다. 따라서 서비스 수요와 공급역량을 접합 내지 조화시키는 일이 중요하다.

(6) 시간요인의 중요성

서비스는 대개 실시간으로 제공된다. 병원이나 미장원, 레스토랑 등 서비스 기업으로부터 고객이 서비스를 제공받기 위해서는 현장에서 차례를 기다리며 대기해야 한다. 이때 고객이 수용할 수 있는 대기시간에는 한계가 있으므로 가능한 한 신속하게 서비스가 제공될 수 있도록 해야 한다.

(7) 상이한 유통경로

제조업에서는 공장에서 고객에 이르기까지 제품 이동을 위해 물리적 유통경로를 필요로 하지만, 서비스 기업들은 전지유통경로나 에이전트, 프랜차이징 등의 중간상을 이용하거나 서비스 공장과 소매점포, 소비시점을 하나로 결합시켜 서비스를 유통시킨다.

2) 상황적 차이

서비스업 부문의 마케팅 관리자들은 업무환경에 있어서 제조업 부문과 다음과 같은 차이가 있음을 인식하게 된다.

(1) 마케팅에 대한 좁은 정의

많은 서비스 기업의 경영자들은 마케팅을 영업 중심의 광고나 공중관계 또는 판매나 시장조사 정도의 제한된 개념으로 인식하고 있다. 최근에 들어 이러한 상황은 많이 바뀌어 가고 있지만 아직도 서비스 기업의 많은 경영자들은 고객지향적인 마인드를 갖지 못하고 있다.

(2) 마케팅의 중요성에 대한 인식 부족

영업관리 중심의 경영활동이 전개됨에 따라 서비스 기업 내에서 마케팅 기술과 마케팅의 중요도에 대한 인식이 부족하다. 따라서 마케팅관리자의 기능이나 역할이 제한되고, 다른 관리자들에 비해 비중이 낮게 평가된다.

(3) 상이한 조직구조

제조기업과 달리 서비스 기업은 대개 서비스의 마케팅과 운영부문의 통합된 조직구조를 가지고 있으며, 이렇게 하여 높은 서비스 품질과 고객 만족을 제공할 수 있다고 본다.

(4) 경쟁지에 대한 자료 부족

서비스 기업은 제조기업에 비해 경쟁자의 성과에 대한 자료가 부족하다. 이는 서비스 기업들이 자사의 자료를 공표하지 않거나 잘못된 자료를 제공하기 때문이며, 서비스 마케터나 광고행사들이 마케팅성과를 측정하고 모니터하는 데 어려움을 준다.

(5) 가격결정을 위한 비용산출의 어려움

서비스 기업은 제조기업과 달리 고정비와 변동비를 산출하기 어렵다. 특히 한 기업이 여러 가지 서비스를 동시에 제공하는 경우에는 더욱 그렇다. 또 서비스 수요의 높은 파동성도 비용산출을 어렵게 한다. 서비스 단위당 평균비용을 산출하지 못하면 가격결정이 어렵게 된다.

4) 전통적 마케팅과 서비스 마케팅의 차이

서비스 기업은 서비스가 갖는 고유의 특성에 따라 소비재 기업과 상이한 마케팅 상황과 고객관계를 유발하게 해준다. 그렌루스(Gronroos)는 서비스 마케팅과 전통적 소비재 마케팅의 기본적인 차이를 생산·소비·마케팅 간의 관계를 중심으로 〈그림 8 - 1〉과 같이 설명하고 있다.

그림 좌측 부분의 소비재 기업의 경우는 생산과 소비가 분리되어 있어 이 둘의 교량역할을 하는 전통적 마케팅 기능이 필요함을 보여 준다. 또 그림의 우측 부분의 서비스 기업의 경우는 생산 - 소비의 동시성에 기인하여 광고, 판매촉진 등의 전통적 마케팅기능과 함께 판매자와 구매자 간의 상호작용 마케팅 기능이 필요함을 보여주고 있다. 전통적 마케팅기능은 주로 마케팅부서의 마케팅 전문가가 담당하지만 생산과 소비 간의 접촉영역에서 수행되는 상호작용 마케팅은 非마케팅 전문가들이 담당하게 된다. 결과적으로 서비스 기업에서는 흔히 마케팅 전문가와 비마케팅 전문가를 포함하는 全종업원에 의해 마케팅 활동이 수행된다.

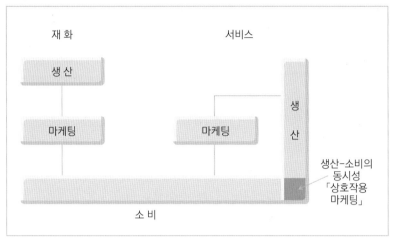

자료: C. Gronroos(1982), "An Applied Service Marketing theory"European Journal of marketing. Vol 16
No7 pp31 - 42

그림 8 - 1_ 서비스 마케팅과 전통적 마케팅의 차이

　전통적 마케팅에서는 생산과 소비가 분리되어 있어 이를 매개하기 위한
마케팅활동이 요구된다. 즉 생산된 제품은 마케팅의 마케팅믹스 활동을
통해 소비자에게 판매되며, 제품에 대한 소비자의 의견이나 정보는 마케
팅조사를 통해 생산에 반영된다. 그러나 서비스 마케팅에서는 생산과 소
비가 동시에 이루어지기 때문에 소비자가 서비스의 생산과정에 직접 들어
가 일정한 역할을 수행하며 서비스 제공자와 소비자 간에 상호작용이 발
생한다. 또 서비스는 무형적이고 평가하기가 어렵기 때문에 소비자는 서
비스의 생산 - 소비과정에서 무엇이 일어나는가에 영향을 받을 뿐만 아니
라 자신의 행동에 의해 생산과정 그 자체에 영향을 미칠 수 있다. 따라서
서비스 기업은 판매자와 구매자 간의 상호적용과 접점을 관리하는 활동이
무엇보다도 중요하다. 〈표 8 - 2〉에는 서비스 마케팅과 전통적인 제품 마
케팅을 비교·설명해 주고 있다.

표 8 - 2 _ 서비스 마케팅과 전통적 마케팅의 비교

구 분	공 통 점	생산 - 소비의 관계	마케팅 기능	조 직
서비스 마케팅	시발점: 시장 초 점: 고객	생산 - 소비의 동시성	상호작용 마케팅과 전통적 마케팅	솔종업원의 참여
전통적 마케팅		생산 - 소비의 분리	생산과 소비의 매매 기능	마케팅부서 (마케팅전문가)

　그론루스(Gronroos)는 서비스 기업이 고객지향적인 서비스를 개발하고 상호작용적 마케팅 기능과 관련 제 자원을 성공적으로 개발하기 위해서는 서비스 컨셉트, 서비스의 도달가능성, 종업원 - 고객 간의 상호작용적 커뮤니케이션, 부차적 서비스, 서비스에 대한 고객의 영향 등 다섯 가지의 상호작용적 마케팅 변수가 매우 중요하며, 이 변수들은 서비스 기업의 중요한 경쟁수단이 된다고 역설했다.

제2절 서비스 마케팅시스템

　서비스업은 투입물이 처리되어 서비스 상품 요소가 만들어지는 운영시스템(operation system)과 이들 요소를 결합하여 고객에게 전달하는 제공시스템(delivery system)으로 구성되는 하나의 시스템으로 볼 수 있다. 서비스 운영시스템은 고객들에게 보이지 않는 비가시적 또는 후방 부분(기술적 핵심)과 고객들에게 노출되는 가시적 또는 전방 부분(물리적 환경, 종업원)으로 구분된다. 고객들은 후방부분에 대해서 잘 모르고 또 별로 관심이 없지만 이 부분의 업무가 제대로 수행되지 않으면 서비스의 품질이 크게 떨어지게 된다. 예컨대, 식당의 주방은 후방 부분에 속하지만 주방에서 제대로 조리를 하지 않은 채 음식을 공급하면 고객들은 매우 실망하게 된다. 또 서비스 제공시스

템은 서비스 상품을 고객에게 제공하는 장소나 시간, 방법에 관련된 것으로
서 운영시스템의 물리적 시설과 설비, 종업원 및 다른 고객들까지 포함된다.

　　서비스 마케팅시스템에는 서비스 운영시스템과 제공시스템 외에 기타
접촉 요소로서 광고나 인적판매, 시장조사, 청구서, 종업원과의 접촉, 장
비·시설에의 노출, 구전 등이 서비스에 대한 고객의 지각에 영향을 미친다.

(a) 고접촉 서비스

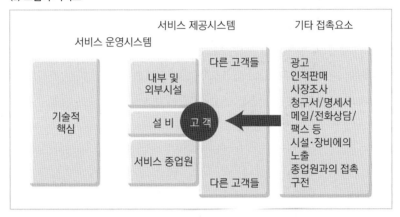

(b) 저접촉 서비스

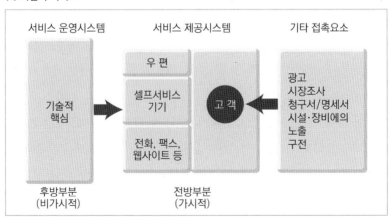

자료: Lovelock, Christopher(2001), Service Marketing, 4th ed. Prentice - Hall, p.66.

🔍 그림 8 - 2 _ 서비스 마케팅시스템

서비스 마케팅시스템의 구성요소와 이들 간의 관계는 〈그림 8 - 2〉와 같이 나타낼 수 있다. 〈그림 8 - 2〉에서 ⓐ는 서비스 제공자와 고객 간에 대면접촉을 통해 서비스가 제공되는 고객접촉 서비스의 마케팅시스템을 나타내며, ⓑ는 서비스 제공자와 고객 간에 접촉빈도가 낮고 우편이나 전화, 셀프서비스 장비를 이용하여 서비스가 제공되는 저접촉 서비스의 마케팅시스템을 나타낸다. 저접촉 서비스의 마케팅시스템에서는 전방의 서비스 제공시스템과 후방의 서비스 운영시스템이 분리되어 기능하고 있음을 알 수 있다. 서비스 마케팅시스템의 구조와 범위는 서비스 조직에 따라 다르다. 〈표 8 - 3〉에는 서비스 마케팅시스템에서 서비스 제공과 관련하여 고객들에게 노출되는 유형적 커뮤니케이션 요소들을 제시해 주고 있다.

🌐 표 8 - 3 _ 서비스 마케팅시스템의 구성요소

서비스 종업원	서비스 시설 및 장비	비인적 커뮤니케이션	다른 사람들
• 판매요원 • 고객서비스요원 • 회계 및 청구서 발행 직원 • 고객들과 직접적인 서비스를 제공하지 않는 직원 • 서비스 대행 또는 위탁 중간상(대리상등)	• 건물외주, 주차장, 조경 등 • 건물내부 및 장식 • 차량 • 고객용 셀프서비스 기구 • 기타 장비	• 공시문서 • 브로셔/카탈로그/안내매뉴얼 • 광고 • 사인 • 대중매체를 통한 뉴스나 기사	• 서비스 제공 중에 마주치는 다른 고객들 • 친구, 친지, 주위사람들로부터의 구전내용

① 마케팅 계획

기업환경의 변화에 능동적으로 대처하고 기업의 유지 발전을 도모하는 경영전략에 있어서 마케팅전략은 매우 중요한 기능을 수행한다. 기업은

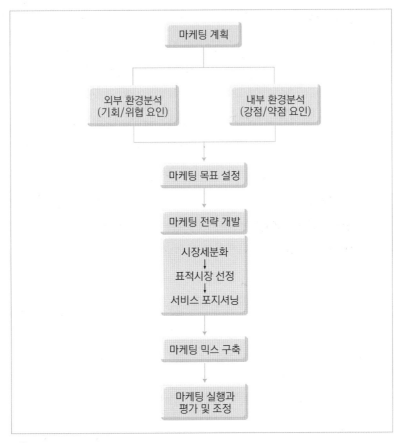

마케팅 계획

외부 환경분석
(기회/위협 요인)

내부 환경분석
(강점/약점 요인)

마케팅 목표 설정

마케팅 전략 개발

시장세분화
↓
표적시장 선정
↓
서비스 포지셔닝

마케팅 믹스 구축

마케팅 실행과
평가 및 조정

그림 8 - 3 _ 마케팅 전략계획의 수립과정

전략적 결정(strategic decision)을 행함에 있어 끊임없이 기업의 목적과 사명을 이해하고 기업의 존속과 성장을 위하여 외부환경의 동향에 적응할 수 있는 마케팅전략을 개발하고 경쟁시장에서 경쟁우위를 획득하고 유지할 수 있는 마케팅 제 수단을 동원해야 한다.

마케팅전략은 기업경영의 전략적 사고를 고객중심적 경영이념과 결합시킨 것으로서 마케팅목표를 달성하기 위하여 마케팅 제 수단을 결정하여 마케팅믹스를 함으로써 경쟁에서 이길 수 있는 방책을 구하는 일린의 마케팅목표를 달성하기 위하여 마케팅 제 수단을 결정하고 마케팅믹스를 하며 마케팅활동을 추진하는 것을 말한다.

〈그림 8 - 3〉은 기업의 제품수준에서 마케팅전략을 수립하고 실행하는 일련의 과정을 보여주고 있다. 먼저 마케팅관리자는 해당 제품/시장에 대한 마케팅계획을 실시한다. 외부환경분석을 통해 시장의 마케팅 기회와 위협요인을 분석하고, 점과 약점요인을 분석한다. 이러한 상황분석 결과를 토대로 하여 해당 제품시장에서 성취해야 할 마케팅목표를 설정한다. 일반적으로 마케팅목표는 매출수익과 이익으로 표현된다. 다음으로 마케팅목표를 달성하기 위한 마케팅전략 대안으로서 시장 세분화와 표적시장 선정 및 서비스 포지셔닝이 결정된다. 그다음 단계는 마케팅전략을 구체적으로 실행하기 위한 마케팅 프로그램이 되는 마케팅믹스가 구축된다. 마지막으로 마케팅 프로그램을 실행하고 평가하여 그 결과가 다시 피드백되는 마케팅조정 과정을 거친다.

② 마케팅 전략

기업이 경쟁시장에서 잠재고객들을 향해 취할 수 있는 마케팅 방안으로는 크게 두 가지로 구분할 수 있다. 그 하나는 전체 시장의 욕구를 동질적으로 보고 규모의 경제에 기초를 둔 대량마케팅(mass marketing)을 지향하는 것이고, 다른 하나는 전체 시장의 욕구를 이질적으로 보고 고객집단별 시장세분화에 기초하여 선정된 표적시장을 대상으로 하는 표적마케팅(target marketing)을 지향하는 방법이다. 치열한 경쟁 속에서 고객의 욕구충족과 소비자만족을 이향하는 현대 마케팅전략의 초점은 바로 후자의 표적마케팅으로 모아진다. 따라서 오늘날의 마케팅활동은 불특정 다수의 소비자를 대상으로 마케팅활동을 전개하는 것이 아니라 전략적인 결정을 통해 특정 고객집단을 대상으로 한 표적마케팅을 전개하지 않으면 안 된다.

일반적으로 기업경영에서 요구되는 전략적 사고란 기업이 장기적인 목표를 달성할 수 있도록 환경변화에 적응해 나가는 동시에 지속적 경쟁우위(SCA: sustainable competitive advantage)를 확보하기 위하여 효율적으로 자원배분을 하는 사고라고 정의할 수 있다. 결국 마케팅전략은 고객중심적 경영이념과 전략적 사고를 접합시킨 것으로서 경쟁시장에서 이길 수 있는 방책을 강구하는 일이라고 규정할 수 있다. 이렇게 볼 때, 마케팅전략의 수립에 직접적으로 관련되는 세 당사자는 고객(Customer), 자사(Company), 경쟁사(Competitor)의 3자라고 볼 수 있고, 이들 3자의 머리글을 따서 '마케팅전략의 3C'라고 부른다.

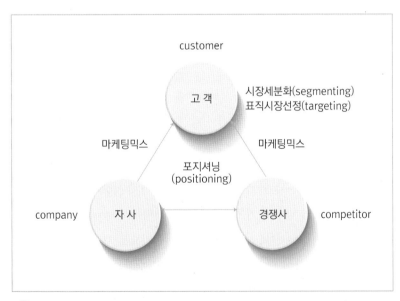

🔍 그림 8 - 4 _ 마케팅전략의 3C와 STP

〈그림8 - 4〉에는 기업이 고객을 중심으로 경쟁사에 대응하여 전개하는 표적마케팅의 개념을 보여주고 있다.

마케터가 잠재고객의 다양한 욕구를 이해하고 분석하기 위해서는 먼저 이질적인 전체 시장을 동질적인 몇 개의 세분시장으로 나누는 시장세분화(market segmentation)를 해야 한다. 시장세분화를 통해서 기업이 지향하는 표적시장(target market)이 설정되면, 그다음에는 표적고객들에게 회사가 원하는 특성을 갖는 서비스 상품으로 각인시키는 서비스 포지셔닝(positioning)의 과제에 직면하게 된다. 마케터는 경쟁사와 차별화된 고유의 독특한 포지셔닝에 따라 그에 대응한 마케팅믹스를 결정함으로써 마케팅전략이 구체화된다. 따라서 전략적인 표적마케팅의 핵심은 시장세분화(Segmenting), 표적시장의 선정(Targeting), 서비스 포지셔닝(Positioning)의 3단계로 집약되며, 이들 3자의 머리글을 따서 'STP 마케팅' 또는 '마케팅전략의 SPT'라고 한다.

마케팅전략을 개발하는 3단계 과정인 STP분석은 물리적인 제품에서뿐만 아니라 서비스 마케팅전략에서도 그대로 적용될 수 있다.

③ 서비스 마케팅의 삼각형

서비스 마케팅의 삼각형은 서비스 기업이 성공하기 위해 수행해야 할 세 가지 유형의 마케팅을 일컫는 것으로서 서비스 기업이 고객들을 향해 약속을 하고 이를 지키는 것과 관련된 마케팅활동을 말한다.

〈그림8 - 5〉에서 삼각형의 오른쪽은 기업이 고객의 기대를 설정하고 고객에게 제공할 것을 약속하는 것과 관련된 외부마케팅(extrmal ma-rketing)을 의미한다. 서비스가 제공되기 전에 고객과 커뮤니케이션하는 것은 모두 외부마케팅 활동으로 간주할 수 있다. 서비스 기업에는 광고나 판매촉진,

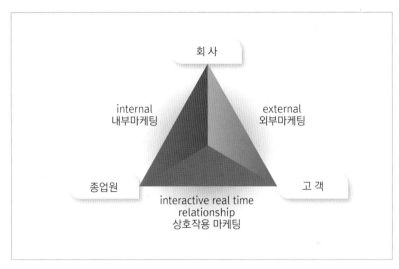

회사

internal
내부마케팅

external
외부마케팅

종업원

고 객

interactive real time
relationship
상호작용 마케팅

🔍 그림 8 - 5 _ 서비스 마케팅의 삼각형

판매, 홍보 등의 전통적인 커뮤니케이션하는 많은 요소들이 있다.

〈그림8 - 5〉에서 삼각형의 오른쪽은 기업이 고객의 기대를 설정하고 고객에게 제공할 것을 약속하는 것과 관련된 외부마케팅(extrmal ma-rketing)을 의미한다. 서비스가 제공되기 전에 고객과 커뮤니케이션하는 것은 모두 외부마케팅 활동으로 간주할 수 있다. 서비스 기업에는 광고나 판매촉진, 판매, 홍보 등의 전통적인 커뮤니케이션하는 많은 요소들이 있다.

삼각형의 아래쪽은 서비스를 제공하는 종업원과 고객 간의 상호작용 마케팅(interactive marketing) 또는 접점 마케팅(realtime marketing)이다. 서비스 기업의 종업원들은 고객과 직접 접촉하여 상호작용하는 과정을 통해 서비스를 제공한다. 이때 외부마케팅을 통해 고객들에게 약속된 서비스와 상호작용 마케팅을 통해 실제로 제공된 서비스를 연계하여 일치시키는 일은 매우 중요하다. 고객들에게 약속한 서비스가 지켜지지 않으면 외부마케팅은 무의미하게 되고 만다.

삼각형의 왼쪽은 종업원이 고객들에게 했던 약속을 지킬 수 있게 해주는 내부마케팅(internal marketing)이다. 즉 내부마케팅은 기업이 고객과의 약속을 지킬 수 있도록 종업원을 교육하고, 동기부여하며, 보상하는 일련의 활동을 말한다. 만일 종업원들이 고객과의 약속을 이행할 의지나 능력이 없다면 그 기업은 약속을 지킬 수 없게 되고, 결국 서비스 마케팅의 삼각형은 무너지게 될 것이다. 내부마케팅은 종업원 만족과 고객만족이 서로 밀접하게 연결되어 있다는 가정에 기초하고 있다.

서비스 마케팅의 삼각형의 3면이 모두 서비스 마케팅에 있어서 매우 중요하며, 이들 3면 중 어느 한 부분이라고 소홀하거나 미흡하다면 성공적인 서비스 마케팅을 수행할 수 없다는 것을 의미한다. 따라서 외부마케팅과 내부마케팅 및 상호작용 마케팅 간에 균형을 유지하는 일은 서비스 마케팅의 성패를 좌우하는 매우 중요한 일이라고 할 수 있다.

제3절 서비스 마케팅믹스

서비스 마케팅이란 자동차·비누 등과 같은 물건이라기보다는 여행업, 연예(entertainment), 항공 운송 등과 같은 활동(activities)과 과정(pro-cess)에 대한 마케팅을 가르치는 말이다. 이러한 서비스 마케팅은 일반적인 제품 마케팅(product marketing)과 구분되는 개념으로 서비스 마케팅이란 소비자를 위하여 일반 제품을 생산하여 판매를 위주로 하는 제조 기업(제조업)들을 위한 마케팅을 의미하는 것이 아니라 서비스 기업들을 위한 마케팅을 의미하는 것이다. 마케팅 전략은 고객지향적인 기업 경영에 입각하여 목표 시장에 대한 가장 효율적이고 최적한 마케팅 수단의 배합과 그 적용을 뜻한다. 이러한 관점에 입각할 때 마케팅 전략이 지니는 근대적인 의의란 가장 중요한 환경 요인으로 지적되고 있는 고객의 욕구에 적응하기 위한 마케팅 제 방책의 수립과 구사를 말하며, 고객이라는 마케팅 환경에 장기적으로 적응하기 위한 일련의 기업 정책을 말한다.

따라서 마케팅 전략의 궁극 목적은 주요 마케팅 환경으로서의 고객에 적응하는 것으로 고객이 원하는 상품 내지 서비스의 판매에 전력투구하는 일이며, 소위 마케팅믹스 전략의 전개를 의미한다.

마케팅믹스 전략 요소의 전통적 개념과 수정·확대요소를 수분하여 간략히 설명해 보면 다음과 같다.

우선 전통적인 마케팅믹스 요소는 맥카시(Mccarthy) 코틀러(P. Kotler)가 제기한 4P, 즉 상품(product), 가격(price), 유통(place), 촉진(promotion)을 의미하게 되는데, 이를 세부적으로 설명하면 〈표 6 - 4〉와 같다.

① **제품**: 제품과 서비스의 독특한 결합
② **장소**: 배분통로를 포함한 제품과 서비스가 판매되는 방법
③ **판매촉진**: 실수요자와의 의사전달에 사용하는 방법
④ **가격**: 가격정책은 소비자에게 제품을 구매하도록 권하며 그 결과 기업에 수익성을 가져다준다.

이 마케팅 믹스는 수년 동안 널리 적용되었다. 더 최신의 관점은 호텔, 레스토랑 같은 서비스업의 마케팅은 이와 다르다고 보기 때문에 최신의 마케팅 믹스를 필요로 한다.

그리고 레나간(Renaghan)은 3요소로 이루어진 서비스 마케팅 믹스를 제시하였다.

① 제품 - 서비스 믹스

서비스업의 운영에서 제공되는 도든 제품과 서비스의 결합, 유형, 무형적 요소를 모두 포함

② 표현 믹스

소비자에게 인식되는 제품 - 서비스 믹스의 유형성을 증가시키기 위해 마케팅 매니저가 사용하는 요소를 포함한다. 이 믹스는 위치, 분위기, 장식, 요금, 인사(직원) 등의 요소를 포함한다.

③ 전달 믹스

이 믹스는 서비스 회사와 잠재 고객 사이에 일어나는 모든 건달체계를 포함한다. 광고와 시장조사에 관한 요소도 포함된다. 이것은 잠재고객과의 상호 전달 연결장치라는 것을 이해하는 것이 중요하다.

이에 대해 붐스(B. H. Booms)와 비트너(M. J. Bitner)는 마케팅믹스전략의 수정·확대를 제시하고, 특히 서비스 산업에서는 기존의 4P믹스 이외에 3P, 즉 참여자(Participants), 물리적 과업 환경(physical evidence), 서비스 생산 과정(process of service assembly)을 마케팅믹스 요인으로 제기하고 있다. 이에 따라 대표적인 서비스 사업인 외식 산업은 전통적 마케팅믹스와 3P요소를 추가한 7P전략을 구사해야 한다〈표 8 - 5〉. 왜냐하면 서비스 상품은 제조 상품과는 달리 생산과 판매가 동시에 이루어지고 고객의 주문에 의해서 생산되기 때문에 수요 예측이 곤란하며, 저장이 힘든 특성을 갖고 있어 마케팅 전략 접근 시 새로운 대안이 요구되고 있기 때문이다.

마케팅 믹스란 목표 시장에 효과적으로 도달하기 위하여 관리하여야 할 통제 가능한 마케팅 요소들을 통일적이며 합리적으로 배합하여 최적 결합을 결정하는 마케팅 활동이다. 이러한 통제 가능한 요소는 4P, 즉 가격

(price), 제품(product), 촉진(promotion), 유통(place)으로 이루어진다. 그러나 서비스 마케팅에서 서비스 제품의 본질적인 특성상 제품 마케팅의 4P요소 이외에 3P, 즉 서비스 참여자, 생산 과정, 물리적 작업환경을 추가해야 한다는 주장이 나온 지 오래되었으며 이 같은 3P는 현재 서비스 마케팅의 기본 요소로 간주되고 있다. 따라서 서비스 마케팅 전략을 효과적으로 조정·통제할 수 있는 기능을 발휘하여야 한다. 이처럼 서비스 마케팅 전략에 있어 3P요소가 추가되는 이유는 서비스는 일반 상품과 특성을 달리하고 있기 때문에 기존 마케팅 전략과는 다른 차원에서 접근해야 하기 때문이다. 고객의 존재를 전제로 하며, 무형적이고 보관이 불가능한 즉시성을 갖고 있다. 즉 서비스는 생산과 판매가 동시에 이루지기 때문에 이질적이고 현장을 떠나서는 가치를 상실하는 소멸성을 갖고 있으며, 분리가 불가능한 본질적인 특성을 갖고 있다.

1) 서비스 참여자 전략

서비스 참여자란 서비스가 유통되는 과정에 참가하여 특정한 역할을 하는 사람을 말한다. 따라서 여기서 말하는 참여자란 모든 종사원뿐만 아니라 고객을 의미하게 된다. 앞에서 살펴본 바와 같이 서비스는 본질적으로 생산과 소비가 동시에 이루어지는 불가분성의 특성을 갖게 되므로 서비스 창출자와 소비자 모두가 생산에 참여하여 상호작용에 의하여 서비스의 유통이 이루어진다. 서비스 산업에서는 모든 종사원이 마케팅 업무를 맡게 된다.

레스토랑의 경우 손님을 안내하는 직원에서부터 주방에서 요리하는 주방장에 이르기까지 모두가 마케팅 요원인 것이다. 업소를 방문하는 고객은 이들의 행동을 서비스 행위로 받아들여 서비스의 질을 평가하게 되는 것이다.

2) 서비스 환경전략

환경이란 서비스가 이루어지는 장소와 서비스 커뮤니케이션 및 서비스 상품의 창출을 위해 존재하는 모든 유형물로서 이는 서비스 상품이 생산되고 판매되는 장소의 환경을 말한다.

따라서 환경은 서비스 마케팅믹스상 중요한 요소가 된다. 실례로 레스토랑은 식음료만이 판매대상이 되지는 않는다.

서비스 생산에는 반드시 필요한 장비나 기구·설비·시설 등 유형물이 있게 마련이며, 소비자들은 이러한 과업 환경을 보거나 이용하여 서비스를 구매하기 때문이다. 이는 곧 서비스의 구매동기가 되며, 서비스 질의 평가 기준이 된다. 레스토랑의 과업 환경은 건물, 실내장식, 주방 설비, 조명, 테이블, 액세서리 등 유형적 근거가 되는 환경을 의미하는데, 이는 서비스의 개념 정립에 매우 중요한 역할을 한다.

따라서 한식, 양식, 분식, 혹은 취급하는 메뉴나 이용 고객에 따라서 과업 환경은 서비스의 성격에 맞게 설계·배치되어야 한다. 서비스 내용을 부각시킬 수 있는 과업 환경 차별화 전략은 마케팅 믹스의 한 수단으로써 중요시되고 있다.

표 8 - 4 _ 전통적인 마케팅 믹스

제 품	가 격	유 통	촉 진
품 질	가격수준	유통경로	광 고
특정과 선택	할인과 공제	유통범위	인적판매
상 품 명	지불조건	점포입지	판매촉진
포 장		판매영역	홍 보
제 품 계 열		재고수준 및 입지	
보 증		운송수단	
서비스 수준			
기타 서비스			

3) 서비스 상품의 과정전략

서비스 상품의 과정이란 고객이 서비스 창출 활동에 참여하여 서비스를 전달받는 과정에 관련된 것으로서 서비스의 질과 고객의 욕구 충족, 만족 수준에 영향을 미친다. 레스토랑에서의 실례를 들면, 안내를 받아 좌석에 앉는 일에서부터 음식이 준비되어 값을 지불하고 업소를 떠날 때까지의 종사원의 유형·무형의 서비스가 고객의 욕구 충족에 기여하게 된다. 따라서 소비자의 욕구 충족에 바탕을 둔 서비스를 설계하기 위해서는 서비스의 생산 과정과 전달 방법의 설계를 잘 해야 한다.

서비스의 흐름이 원활히 이루어지도록 하기 위해서는 종사에서부터 체계적인 업무 분석, 전체적인 서비스의 생산 과정에 대한 통제가 필요하다. 생산과정을 통한 서비스 질의 흐름이 곧 고객 만족으로 이어지고, 이것이 곧 서비스 질의 평가 기준이 된다. 따라서 마케팅믹스상 생산과정은 마지막 단계로써 생산자에서 소비자의 손으로 인도되는 중요한 과정이라 할 수 있다.

🌐 표 8 - 5 _ 수정·확장된 서비스 마케팅 믹스

제 품 (product)	가 격 (price)	유 통 (place)	촉 진 (promotion)	참여자 (pople)	물리적 증거 (physical ecideuce)	서비스 조직과정 (process)
품 질	수 준	입 지	광 고	종사자 훈련	환 경:	정 책
상품명	할인 및 공재	접근성	인적판매	분 별 력	비 품	절 차
서비스계열	지불조건	유통경로	판매촉진	업무수행	색 상	제도적 장치
보 증	고객의 인지가치	유통범위	종사자	보 장	소음도	고객개입
능 력	품질·가격		물리적 환경	용 모	촉진재	고개의 지시
촉진재	상호작용		촉진재	대인적 행동	유형적 단서	활동의 흐름
유형적 단서	차 별 화		유형적 단서	태 도		
가 격			서비스인도	고 객		
종사자			과정	행동개입		
물리적 환경				정도		
서비스인도				고객 간의		
과정				접촉도		

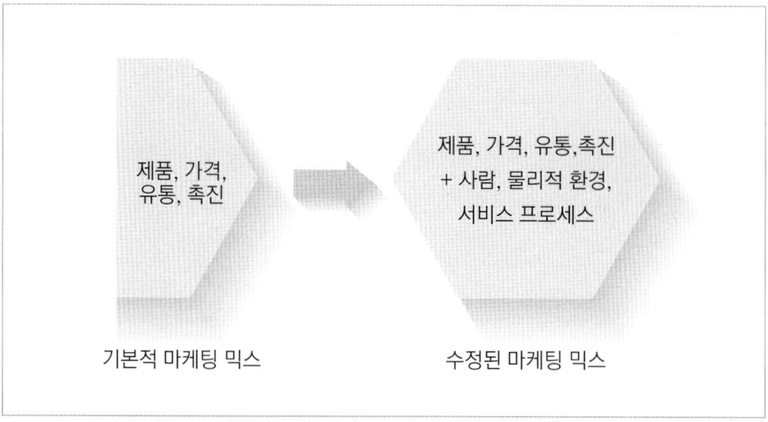

🔍 그림 8 - 6 _ 수정된 서비스 마케팅 믹스

고객만족을 위한

서비스 경영론

SERVICE

MANAGEMENT

제 **9** 장

내부마케팅
(Internal Marketing)

제**9**장

내부마케팅(Internal Marketing)

제**1**절 내부마케팅(Internal Marketing)의 개념

1 내부마케팅의 정의

내부마케팅은 종업원을 대상으로 한 내부지향적 마케팅활동이다. 종래의 마케팅은 경영자나 마케팅관리자들의 외부시장에 대한 제 활동으로 나타났으면, 마케팅조사를 비롯하여 마케팅믹스에 의한 포지셔닝전략은 모두 외부고객에 초점을 맞추어 왔다. 마케팅의 중심적 개념인 고객지향은 실로 사외고객지향이었다. 이에 비하여 내부지향적 내부마케팅에서 중심적 개념인 고객지향은 기업 내부의 고객을 대상으로 하고 있고 그들 내부고객(특히 서비스기업의 현장종업원)을 동기부여하기 위하여 계획·실시된다.

전통적으로 서비스업은 노동집약적이었으나 최근에는 자본집약적이며 장미집약적인 서비스업도 많아지고 있다. 대부분의 서비스의 창출과 배달은 제품에 의해서가 아니라 인간의 활동에 의해서 이루어진다. Bessom과

Jackson(1975)은 고객은 서비스를 제공하는 자의 이미지나 인상 때문에 공급자를 선택하는 경우가 많다고 했다. 이것은 바로 고객의 만족·불만족이 서비스의 제공자와 서비스를 구매하는 고객 간의 관계에 의한 결과에 좌우되기 때문이다.

서비스업에서 경영자는 종업원의 태도가 고객에게 긍정적으로 취해지기를 기대한다면 고객과 종업원에게 긍정적인 면을 갖고 있어야 한다. 그리고 종업원은 마치 고객이 어떤 호텔을 선택하고 바꾸는 것을 결정하는 것처럼 고용주를 선택한다. 이와 같이 서비스기업에 있어서 인간(종업원)의 중요성은 고객에게 서비스를 팔기 전에 먼저 종업원에게 직무를 팔지 않으면 안 된다는 Sasser와 Arbeit(1976)의 언급에서 잘 나타나 있다. 이들의 주장은 서비스기업에서 가장 중요한 생산자원은 바로 노동력이며 직무를 제일의 제품으로 보고 종업원을 가장 중요한 고객으로 봐야 한다는 것을 시사하고 있다.

내부마케팅에 대한 최초의 개념정의를 한 Berry(1977)는 외부고객에게 서비스를 제공하는 종업원에게 마케팅철학과 기법을 적용할 필요성이 있음을 강조하면서 내부마케팅은 내부고객(internal customer)으로서 종업원을 내부제품(internal product)으로써 직무를 생각하여 조직의 목표를 달성하는 노력을 하는 한편 내부고객의 필요와 욕구를 충족시키는 내부제품을 제공하는 노력을 하는 것이라 정의했다. George(1977)는 서비스기업의 첫 번째 시장은 종업원들에게 서비스가 제공하는 편익을 알리고 설득하고 교육시켜 내부시장의 욕구를 먼저 충족시키는 활동이라 했다.

또한 Grönroos(1981)는 전통적인 마케팅활동은 내부마케팅을 적용하는 데 있어 협의의 개념이기 때문에 내부마케팅의 범위확대를 주장했으며 유효한 내부마케팅을 위해서는 고객지향적 세일즈마인드를 가진 종업원이 필요하다고 강조했다. 즉 내부마케팅은 기업의 마케팅부서뿐만이 아니라 모든 부서의 업무 기능이 고객지향의 통합적인 업무수행의 활동이 되어야 한다는 것이다. 내부마케팅은 내부고객인 종업원의 태도를 향상시킴으로 해서 종업원의 욕구 충족을 통한 서비스의 높은 수준으로 유지하여 기업의 목표를 달성하고자 하는 것이다.

내부마케팅의 개념정의는 〈표 9 - 1〉과 같다.

● 표 9 - 1_ 내부마케팅의 개념정의

연구자	년도	개념 정의
Sasser & Arbeit	1976	제품/서비스를 고객에게 팔기 전에 먼저 종업원에게 파는 활동
Berry	1981	내부고객으로서 종업원을, 내부제품으로써 직무를 생각하여 조직의 목표를 달성하려는 노력을 하는 한편 내부고객의 필요와 욕구를 충족시키는 내부제품을 제공하려는 노력을 하는 것
Grönroos	1981	고객지향적 성과를 달성하지 위하여 내부시장으로서의 종업원을 적극적인 마케팅지향적 접근방법에 의하여 실현하는 수단의 집합
Normann	1984	서비스제공에 있어 품질 유지, 높은 생산성으로 비용절감, 동기화된 종업원을 통해 고객에 대한 중요한 이미지 표현 등을 달성하지 위한 수단
George	1990	서비스 기업의 첫 번째 시장은 종업원이라는 관점에서 고객에게 서비스를 알리고 설득하기 전에 먼저 종업원에게 서비스가 제공하려는 편익을 알리고 설득하고 교육시켜 내부시장의 욕구를 먼저 충족시키는 활동
Wasmer & Brunner	1991	서비스 품질에 대하여 종업원의 긍정적인 태도를 촉진하고 고객서비스의 가치에 대하여 종업원의 의식을 제고하는 활동
Bak, Vogt, George & Greentree	1994	외부시장에서 목표를 달성하기 위해서는 조직과 종업원 사이의 내부교환이 효과적으로 운영되도록 하는 활동
Rust, Zahorik, Keiningham	1996	내부마케팅은 훈련, 경영자의 계속적 유대, 내부의사 소통, 마케팅조사, 기타 인적 자원 활동으로 구성되어 있다.
P. Kotler J. Bowen J. Makens	1996	내부마케팅은 조직문화의 확립, 인적 자원 관리의 마케팅 접근방법 개발, 종업원에 대한 마케팅정보의 전달 그리고 보상과 표창에 대한 실행 과정이다.

자료: 이희천(1997) "호텔기업의 내부마케팅이 종업원태도와 서비스 품질 및 고객 반응에 미치는 영향에 관한 실증연구"경성대학교 대학원 박사논문. 12쪽

② 종업원의 중요성

1) 종업원의 중요성

서비스 기업의 종업원은 고객접점에서 고객과 직접 접촉하는 접객요원 (contact personnel)과 고객과 직접 접촉하지 않는 지원요원(support personnel)으로 구분할 수 있으며, 이 중 내부마케팅에서는 서비스 현장의 접객요원의 역할을 특히 중요시한다. 접객요원의 중요성은 은행에 일을 보러 간 고객이 창구 직원의 접객태도나 매너를 통해 그 은행의 서비스를 평가하는 예로도 알 수 있다.

서비스 기업에서 접점종업원은 곧 서비스이며, 이들이 마케팅활동을 수행하는 마케터이다. 이·미용업이나 컨설팅, 변호사, 교육 서비스와 같은 인적 서비스에서 서비스 제공물은 바로 종업원이 된다. 또 고객의 눈으로 볼때, 종업원 곧 서비스이자 서비스 기업 그 자체로 인식된다. 예컨대, 환자 입장에서는 병원에서 마주치는 모든 직원이 병원을 대표하며, 이들의 말과 행동이 병원 서비스를 나타내고 환자의 병원 서비스 지각에 영향을 미친다. 따라서 서비스의 질을 높이고 고객만족을 얻기 위해서는 종업원에 대한 투자와 관리가 무엇보다 중요하다. 그리고 휴식 중에 있거나 비번인 종업원이라 할지라도 고객과 대면하는 상황에서는 회사를 대표하고 고객의 서비스 지각에 영향을 미칠 수 있으므로 이들에 대한 관리가 필요하다.

또한 서비스 종업원의 행동은 서비스의 품질에 직접적으로 영향을 미친다. 서비스의 품질차원이 되는 신뢰성과 반응성, 확신성, 공감성은 전적으로 접점종업원에 의해 결정되며, 종업원의 외모나 복장, 매너, 시설, 설비, 인테리어, 사인 등을 포함하는 유형성도 상당 부분 접점종업원에 의해 결정되기 때문이다.

또한 서비스 접점종업원은 조직의 경계지점에서 일을 하기 때문에 '경계연결자(boundary spanner)'라고 한다. 택배회사의 배달원이나 전화교환원, 도서관의 안내데스크 직원, 교수나 의사, 변호사 등은 모두 조직의 경계연결자들로서 고객관리의 중요한 역할을 한다. 경계연결직의 종업원들은 다른 부문의 종업원들보다 업무 스트레스를 많이 받는다. 이들은 고객접점에서 양질의 서비스 제공을 위해 많은 정서노동과 기술을 필요로 하며, 개인 간 또는 조직 간의 갈등을 조정하는 능력을 필요로 한다. 따라서 직무 수행과정에서 서비스 품질과 생산성 간의 상쇄효과(trade - offs)를 낳기도 한다.

2) 종업원만족과 고객만족

종업원만족은 고객만족의 선행조건이 된다. 종업원이 회사에 만족하게 되면 애사심이 생기고 보다 오래 근무하길 원하기 때문에 이직률이 낮아지고 고객들에게 양질의 서비스를 제공하게 된다. 이는 고객만족을 낳고 고객만족은 낮은 고객이 탈률과 고객유지 중대를 가져오며, 결과적으로 기업의 이익증대와 종업원에 대한 보상 등으로 종업원만족으로 이어지는 순환과정을 거치게 된다. 〈그림 9 - 1〉은 종업원과 고객만족의 관계를 보여주고 있다.

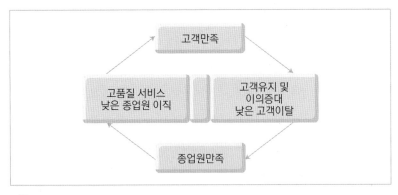

🔍 그림 9 - 1 _ 종업원과 고객만족의 관계

내부마케팅의 목적은 현장 종업원을 동기부여하고 고객지향적인 접객요원으로 개발하는 데 있다. 다시 말해 종업원들이 고객지향적이고 서비스 마인드를 갖출 수 있도록 동기부여하고 유능한 종업원을 유지 개발함으로써 종업원만족을 통한 성공적인 직무 수행을 하게 하는 데 있다. 이러한 목적을 달성하기 위해서는 접점종업원들 간의 협조적인 분위기를 유지하고, 서비스 관련 지식과 기술 및 내부지원체제를 갖추어야 한다.

따라서 내부마케팅은 서비스기업의 인적 자원을 관리하는 것이며, 종업원들이 자신의 소속 부서와 관계없이 고객지향적인 서비스 마인드를 갖춘 마케팅요원이 될 수 있도록 동기 부여하는 활동이라고 할 수 있다.

이러한 관점에서 내부 마케팅의 역할은 다음과 같이 세 가지로 정리할 수 있다.

(1) 조직 내 서비스문화의 창조와 유지

종업원들이 서비스 마인드를 가지고 고객지향적인 행동을 하게 하고 다른 종업원들이 이를 지원하려면 먼저 조직 내 서비스문화의 권한이나 가치관, 규범이 모두 고객만족을 목적으로 하여 이루어지고 시행된다. 고객지향적인 서비스문화를 창출하는 데는 내부마케팅이 유용한 도구가 된다.

(2) 서비스 품질의 향상과 유지

기업이 고품질의 서비스를 제공하기 위해서는 종업원의 태도와 역할이 매우 중요하다. 위의 〈그림 9 - 1〉에서 살펴본 바와 같이 종업원만족은 양질의 서비스를 제공하게 하고, 이로써 고객만족과 기업의 이익 증가 결과를 낳게 된다. 서비스 종업원이 우수한 능력을 발휘하게 하려면 종업원만족을 목표로 동기부여를 하고 체계적인 교육훈련과 인적·물적 내부서비스 지원체제가 갖추어져야 한다. 조직의 모든 구성원이 서비스 종업원을 중심으로 유기적인 협력체계를 구축하고 공동운명체 의식을 가져야 한다.

(3) 조직의 통합

효과적인 내부마케팅의 실천을 위해서는 무엇보다도 최고경영자의 지원과 내부활동의 통합이 필요하다. 실제로 기업 최고의 목적은 제1선에서 고객과 접촉하는 종업원들을 지원하여 그들이 창조력과 열의를 가지고 일할 수 있게 하는 것이다. 중간관리자는 협조성과 열의를 가지고 쌍방의 의사소통이 잘 되도록 하고 필요한 것을 지원하는 책임이 있다. 제품에서는 마케팅전략과 전술이 전문스탭에 의해 수립되지만, 서비스에서는 전략은 전문스탭이 수립하더라도 전술적인 것은 서비스 종업원에게 위임된다. 서비스에서는 고객만족을 지향하는 현장 중심의 서비스조직, 즉 역피라미드 조직의 발상이 필요하다. 역피라미드형 조직구조에서는 일선 종업원에게 많은 권한을 부여하여 고객의 요구나 불만요인에 대하여 신속하게 처리할 수 있는 커뮤니케이션 통로가 필요하다.

내부마케팅은 욕구를 만족시키는 직무제품을 통해 우수한 종업원을 모집하고 개발하며 동기를 부여하고 유지시키는 것이다. 즉 내부마케팅은 종업원의 고객으로 대우함을 철학으로 삼고 있다.

기업의 내부마케팅을 위한 실행요소는 다음과 같이 제시될 수 있다.

ⅰ) 적성에 맞고 재능을 갖춘 종업원을 채용하는 것이다. 서비스를 실행하는 최고의 사람을 고용하는 것은 서비스 마케팅의 핵심요인으로 제공하는 서비스에 적합한 재능이나 적성을 갖춘 종업원을 선발 및 모집하는 것이 무엇보다도 중요하다.(모집 선발)

ⅱ) 내부마케팅 실행에서 종업원들이 그들의 직장에 목적과 의미를 부여할 수 있도록 비전을 제공해 준다.

ⅲ) 서비스 역할을 훌륭하게 수행하는 데 필요한 기술과 실력을 갖추도록 교육한다.

ⅳ) 팀플레이를 훈련시키고 성공의 결과를 함께 누릴 수 있도록 이익을 구체적으로 분배한다.

ⅴ) 표준화된 작업매뉴얼을 효과적으로 수행하기 위해 일정한 지유재량권을 부여해 준다.

ⅵ) 평가에 따른 적절한 보상이 주어지도록 함으로써 긍정적인 작업능력을 강화시켜 나간다.

ⅶ) 고객의 요구를 이해하고 만족시키기 위해 먼저 직무제품을 판매하는 종업원을 내부고객으로 대하고 제품디자인 결정의 기초로 활용한다.

그러므로 내부마케팅은 고객을 대하는 종업원 등의 교육수준에 따라 직무의 동기수준과 직무만족여부, 이직률 등에 영향을 미치고 결과적으로 고객들의 만족과 불만족수준을 결정하게 된다. 그리고 마케팅 담당자는 종업원시장을 세분화하기 위하여 세분시장을 선정하고 그 시장을 유인하기 위한 마케팅믹스를 개발하면서 가장 우수한 마케팅 조사기술을 사용할 수 있다. Kotler(1996) 등은 종업원을 대상으로 한 마케팅믹스로 직무, 급료, 복지, 위치, 교통, 주차, 업무시간, 무형의 보상 등을 제시하고 있다. 일부 서비스 기업들은 모든 후론트 리인에서 근무하는 직원들의 마케팅역할의 인식과 서비스 대인접촉의 이해를 반영하는 훈련을 통하여 침체현상을 피해왔다. 즉 서비스 대인 접촉의 효과적 경영은 불만족스러운 서비스 또는 고도로 만족스러운 서비스를 제공하는 종업원의 행동을 이해하고 적절한 교육과 보상을 통해 동기를 부여하여 내부고객인 종업원들의 만족시켜 외부고객의 욕구를 만족시키는 능력을 향상시켜야 한다.

이와 같이 고객만족이라는 서비스조직의 경영목표를 달성하기 위해서는 내부마케팅활동이 선행되어야 하며, 그 실행요소로는 선발, 교육훈련, 보상, 동기 부여 등의 요인이 필요하다.

그런데 본서에서는 내부마케팅의 실행요소 중에서 커뮤니케이션과 복지후생 및 교육훈련을 중심으로 고찰하고자 한다. 이들 요인은 내부마케팅의 주요수단으로 제시되고 있으며, 기업의 주어진 경영여건하에서 용이하게 실행할 수 있고 그 실행성과도 높게 아타나기 때문이다.

(1) 커뮤니케이션

커뮤니케이션은 최근의 경영학 분야에서 많은 관심을 끌면서 가장 빈번하게 논의되고 있지만, 아직은 명확히 이해되고 있지 못하다. 사실 커뮤니케이션 현상은 매우 복잡하고 그 뜻도 매우 다양하며 학자에 따라 여러 가지로 정의되고 있는데, 이들을 종합·분석하여 보면 크게 세 가지로 구분해 볼 수 있다.

첫째로 구조적 관점으로 '메시지를 보내고 받는 과정'으로 정의할 수 있다. 견해에 의하면 커뮤니케이션을 정보나 메시지의 유통과정에 비중을 두게 되어 정보의 의미나 그것이 유발하는 결과가 무시되고 있다. 그러므로 여기서는 기술적 문제가 주요한 과제가 되고 있다.

둘째로 기능적 관점으로 '어떤 자극에 대한 유기체의 분별적 반응'으로 정의된다. 이러한 관점에서 커뮤니케이션은 기호(symbol)의 전달을 통하여 본래의 의미가 의도대로 전달되도록 하는 의미적 문제(semantic problem)가 제기된다. 그러므로 여기서는 커뮤니케이션을 기호화하여 해독하는 과정이 중요하다.

셋째로 의도적 관점으로 '커뮤니케이션 행위자(source)가 수용자(receiver)에게 메시지를 보내는 행위'로 정의하고 있다. 여기서는 의도한 대로 유발된 의미가 수신자의 행동에 영향을 미치게 하는 효과성 문제(effectiveness problem)가 제기된다.

이상의 관점들을 종합해 보면 커뮤니케이션이란 '유기체(사람, 동물)가 기호(symbol)를 통하여 서로 정보나 메시지를 전달하고 수신하여 서로 공통된 의미를 수집하고 나아가서는 서로의 행동에 영향을 미치는 과정 및 행동'이라고 정의할 수 있다.

이러한 커뮤니케이션이 경영조직 내에서 발휘하는 주요기능은 다음과 같다.

첫째, 구성원들의 감정(emotion)을 표현하고 사회적 욕구를 충족시키는 주요수단이다. 구성원들은 자신의 집단 내에서 커뮤니케이션을 통하여 관리자 또는 동료들과 고충이나 만족감을 표현한다. 즉 커뮤니케이션을 통하여 자신의 감정을 표출하고 다른 사람들과 교류를 넓혀 나간다.

둘째, 구성원들의 동기유발을 촉진시킨다. 구성원들에게 명령하고 성과에 대하여 보상·평가하며 직무를 설정하고 교육·훈련을 실시하는 것과 같은 리더십 행동들은 커뮤니케이션을 필요로 한다.

셋째, 의사결정을 하는 데 주요한 정보기능을 담당한다. 이러한 경우 커뮤니케이션은 기술적 수단을 이용한다. 그러므로 이 분야에 대한 실증적 연구는 정보 처리 활동과 커뮤니케이션 채널이 개인, 집단 그리고 조직의 의사결정에 필요한 정보를 정확히 전달하기 위한 개선방안들이 실천되어 왔다.

넷째, 조직 구성원의 행동을 통제하는 기능을 발휘한다. 그 예로 조직은 공식적인 커뮤니케이션 경로를 조직도로 하여 이를 통해 구성원들의 행동을 통제한다. 한편 구성원들은 자신이 속한 비공식 집단 내의 커뮤니케이션에 의한 집단의 규범으로 행동이 통제되기도 한다.

이상에서와 같이 커뮤니케이션은 조직의 유효성을 제고시키고 또한 조직구성원이 자신의 감정을 표출시키는 중요한 역할을 담당한다. 특히 서비스조직에 있어서는 그 창출물인 서비스가 인간과 인간의 관계에서 발생하므로 서비스 창출과정에서 종업원 간 인간관계와 서비스 제공과정에서의 종업원과 고객 사이의 대면적 상호작용에서 커뮤니케이션이 중심적 역할을 담당하고 있다.

(2) 복지후생

복지후생이란 기업이 종업원의 생활안정과 생활수준의 향상 및 건강유지 등을 명목으로 제공하고 임금 이외의 부가적인 제반 급부를 말한다. 이것은 기업이 자체의 부담과 책임하에서 마련하는 급여로서, 임금 이외의 수단에 의하여 종업원의 노동력을 확보·유지·발전시켜, 종업원이 가진 능력을 최고도로 발휘케 함으로써 생산성 향상을 도모하고 조직을 번영토록 함과 동시에 종업원의 경제적·문화적 생활향상을 도모하는 목적을 가지고 있다.

간접적인 모수형태를 띄고 있는 복지후생은 조직구성원 모두가 혜택을 받을 수 있게 함으로써 경영조직체를 하나의 협동공동체로 만드는 기능을 담당한다. 또한 복지후생은 종업원들의 필요한 욕구를 충족시키기 위하여 종업원들의 참여에 의하여 설계되어야 하므로, 복지후생제도의 운영을 통하여 종업원들의 참여의식을 높이고 소속감과 조직에 대한 충성심 및 일체감을 조성하여 고용의 안정성을 담당한다. 그리고 복지후생은 직접적인 임금보상 이외에 간접적인 제급부의 형태로 종업원들에게 지원되므로 노사 간에 협조적인 풍토를 형성시켜 노사협조의 기반을 구축하는 기능을 한다. 더욱이 복지후생은 국가의사회복지제도의 불충분한 점을 보완하는 사회복지적 지능도 담당한다.

그런데 복지후생은 종업원의 다양한 복리욕구를 충족시키기 위한 기업의 이른바 보조적·조정적 수단이므로, 구체적인 내용은 그 성격과 형태에 따라 매우 다양하고 복잡하다. 현재 일반적으로 기업조직에서 실시하고 있는 복지후생의 구체적인 형태는 다음과 같다.

  ⅰ) 법정복리후생: 의료보험, 연금보험, 재해보험, 실업보험
  ⅱ) 법정 외 복지후생
    a) 생활시설: 선택, 기숙사, 전셋집 알선, 식당, 생활상담소 등
    b) 경제시설: 소비조합, 생필품 할부 및 할인판매, 주택대금, 경조사금, 자녀육영대금, 불행구제대금, 경조관계급부금, 재해위로금, 예, 저금제도, 통근시설 등
    c) 보건위생시설: 의무실, 병원, 요양소, 해변휴양소, 목욕탕, 이발소, 미용실 등
    d)문화·체육·오락시설: 도서관, 강연회, 체육관, 운동장, 기타 체육

시설, 오락실, 각종 취미활동지원, 야유회 등

(3) 교육훈련

교육훈련이란 기업목적을 달성하기 위하여 종업원의 지식과 기능을 향상시키고, 기업환경에 적용하는 태도를 길러 맡은 바 직무를 효과적으로 수행할 수 있도록 지원하기 위하여 계획된 조직적인 활동이라고 정의할 수 있다.

기업에서 교육훈련을 실시하는 궁극적인 목적은 전종업원의 지식·기능·태도를 향상시킴으로써 기업을 성장·발전시키는 데 있다. 이는 기업측면에서 종업원의 업무능력을 향상시키고, 이를 계속적으로 발휘할 수 있도록 양질의 인재를 육성하는 것이며, 종업원 측에서 보면 인간적인 완성을 위한 성장과 이에 따른 처우의 향상을 가져오는 것으로 볼 수 있다. 교육훈련의 효과를 보면 다음과 같다.

ⅰ) 친밀감과 안전감을 갖게 한다.

ⅱ) 작업의 결과 양이 표준수준으로 향상되어 임금증가를 도모할 수 있다.

ⅲ) 종업원의 기능을 증진시켜 승진에 대비한 능력향상을 도모할 수 있다.

ⅳ) 재해발생과 개계설비의 소모율을 감소시킬 수 있다.

ⅴ) 새로운 기술습득은 물론이고 신속성과 정확성을 기대할 수 있다.

ⅵ) 종업원의 불만과 결근 및 이직을 방지할 수 있다.

이와 같이 교육훈련은 종업원의 기능을 향상시키고 커뮤니케이션 활동을 촉진시켜 사기를 앙양시키며 적극적으로 동기를 부여하여 생산성의 향상과 불평행동·결근·이직 등의 감소를 가져온다.

서비스 기업이 고객지향적인 방법으로 양질의 서비스를 제공할 수 있도록 종업원을 동기부여하기 위해서는 다음과 같은 전략이 필요하다.

1) 적임자의 채용

① 경쟁자보다 우수한 인력을 확보하기 위해 노력하라.

② 서비스 역량(service competitencies)과 서비스 성향(service inclina-tion)을 갖춘 사람을 채용하라. 즉 직무 수행에 필요한 기술과 지식을 갖춘 사람을 채용하고, 서비스 업무 수행에 적합한 품성과 서비스 마인드를 갖춘 사람을 채용해야 한다.

③ 해당 산업과 지역에서 선호되는 기업 및 기업주가 되라.

2) 인력개발

고객지향적인 인력을 유지하고 양질의 서비스를 제공하기 위해서는 종업원들을 체계적으로 교육·훈련하고 이들의 능력을 개발해야 한다.

① 서비스 제공에 필요한 전문기술과 고객과의 상호작용기술을 지속적으로 훈련하라. 맥도널드의 햄버그대학이나 OJT교육은 대표적인 예에 속한다.

② 접점종업원에게 최대한 권한위임(empowerment)을 하라. 권한위임은 고객이 제기하는 문제를 현장에서 즉각적으로 해결할 수 있도록 접

점종업원들에게 의사결정권을 부여하고 의사결정을 위한 지식과 기술, 수단, 목표 등을 제공하는 것을 말한다.

③ 팀워크를 향상하라. 많은 서비스는 그 특성상 팀워크를 유지할 때 더 좋은 서비스를 제공하고 고객만족을 높일 수 있다. 또 서비스직은 대개 스트레스와 긴장이 심하기 때문에 팀워크로 이를 줄일 수 있다.

3) 내부 지원시스템의 구축

서비스 종업원이 효과적이고 효율적으로 직무를 수행하기 위해서는 고객지향적인 내부지원시스템이 필요하다. 의사가 양질의 진료를 하기 위해서는 환자의 정보를 신속하게 파악할 수 있는 정보시스템과 각종 현대적 의료·진단장비, 간호사와 직원스탭 등이 갖추어져야 하듯이 내부지원시스템의 도움이 없이는 서비스 종업원이 좋은 서비스를 제공할 수 없다.

① 내부 서비스 품질을 측정하고 보상하라. 내부 서비스 품질을 측정하게 되면 조직 내 부서 간, 구성원들 간에 협조적인 내부서비스 분위기를 만들어낼 수 있다.

② 서비스 종업원의 직무수행에 적절한 장비와 정보기술을 제공하라.

③ 서비스 지향적인 내부프로세스를 개발하라. 조직의 내부절차는 좋은 서비스 성과를 낼 수 있도록 구축되어야 하며, 고객가치와 고객만족을 염두에 두고 설계되어야 한다.

4) 우수직원의 유지

우수한 종업원들이 이직하게 되면 고객만족과 종업원 사기, 전반적인 서비스 품질에 나쁜 영향을 미친다. 내부마케팅의 전략 대안들이 모두 우수직원을 유지하는 데 도움이 되겠지만 특히 다음과 같은 방안을 필요로 한다.

① 종업원들에게 회사의 비전을 제시하고 이를 이해하고 공감하게 해야 한다. 서비스 접점종업원들도 자신의 일이 회사의 비전과 목표에 어떻게 부합하는지 이해할 필요가 있다.

② 종업원을 고객으로 대우하여 종업원만족을 확보하라. 종업원이 회사에서 소중한 존재로 존중받고 회사가 종업원의 욕구를 잘 충족시켜 준다면 그 회사에 오래 근무하려고 할 것이다. 회사는 내부마케팅조사를 실시하여 종업원의 만족도와 욕구를 주기적으로 측정하고 그 결과를 회사 운영에 반영해야 한다.

③ 우수직원에 대한 평가와 보상을 하라. 평가 및 보상시스템은 서비스의 우수성을 반영해야 하며, 회사의 비전과 서비스 성과를 판단하는 것이어야 한다.

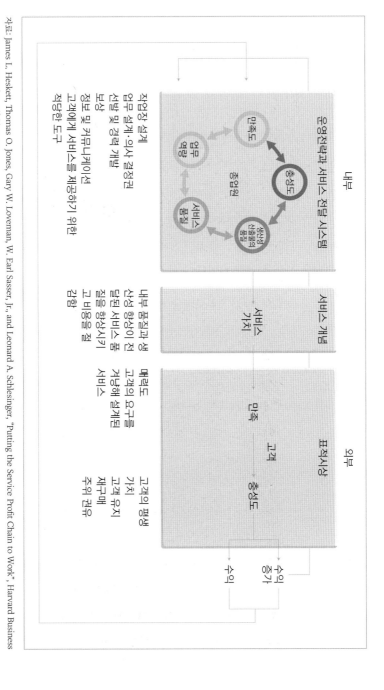

 그림 9 - 2_ 서비스수익체인

자료: James L. Hesket, Thomas O. Jones, Gary W. Loveman, W. Earl Sasser, Jr., and Leonard A. Schlesinger, "Putting the Service Profit Chain to Work", Harvard Business Review(1994년 3, 4월호), p.166

고객만족을 위한
서비스 경영론
SERVICE
MANAGEMENT

고객만족을 위한

서비스 경영론

SERVICE

MANAGEMENT

제 **10** 장

관계마케팅

제10장

관계마케팅

SERVICE
MANAGEMENT

제1절 관계마케팅의 개념과 목적

1) 관계마케팅의 개념

관계마케팅(relationship marketing)은 관계의 대상과 범위에 따라, 또 연구
대상 산업과 연구방법에 따라 다양하게 정의되고 있다. 관계마케팅에 관
한 다양한 정의들은 크게 미시적 관점과 거시적 관점에서의 정의로 구분
할 수 있다.

미시적 관점의 관계마케팅 정의는 기업과 고객의 상호관계 차원에서 정
의하는 것을 말하며, 일반적으로 협의의 관계마케팅 개념이라 할 수 있다.
서비스 산업을 대상으로 관계마케팅의 개념을 최초로 정의한 Berry(1983)
는 '관계마케팅이란 소비자와의 관계를 창출하고 유지, 강화하는 마케팅
활동'이라고 규정하였다. 또 Rapp & Collians(1990)는 '관계마케팅을 기업
과 고객 쌍방 간에 호혜적으로 지속적인 관계를 창출하고 유지하려는 마
케팅'이라고 정의했다.

거시적 관점의 관계마케팅 정의는 고객을 비롯하여 종업원, 공급자, 경쟁자, 정부 등 다양한 기업 파트너들과의 관계 차원에서 정의하거나 기업 파트너와의 안전적인 관계구조에 초점을 두고 정의하는 것을 의미한다. Gronroos(1990)는 관계마케팅을 기업의 이익을 확보하는 수준에서 관련 당사자의 목표가 충족될 수 있도록 고객 및 다른 파트너들과의 관계를 유지, 강화하는 것이라고 정의했다. Christopher 등(1991)은 관계마케팅을 고객뿐만 아니라 공급업자, 종업원, 소개자, 영향자 및 내부시장과의 관계를 창출하고 강화하는 고려하는 마케팅이라고 정의하였다. 또 Morgan & Hunt(1994)는 관계마케팅을 기업을 중심으로 공급자 파트너십(재화·서비스공급자), 측면적 파트너십(경쟁기업, 정부, 비영리조직), 구매자 파트너십(중간고객, 최종고객), 내부적 파트너십(사업부, 종업원, 기능부서) 등과 성공적인 관계적 교환을 수립, 창출, 유지하는 것이라고 정의하였다.

거시적 관점의 관계마케팅 정의의 공통적 기업의 다양한 파트너들과의 관계관리를 중요하시하며, 특히 경쟁기업에 대해서는 관계 파트너로서 경쟁(competition)과 협력(cooperation)을 동시에 추구하는 협쟁(協爭, coopetition)의 관계를 지향한다는 점이다.

본서에서는 지금까지 살펴본 내용을 토대로 관계마케팅을 다음과 같이 정의한다.

관계마케팅은 고객, 구매자, 공급자, 경쟁자 등의 기업 파트너들과 장기적인 유대관계를 창출하고, 유지, 강화함으로써 기업의 수익증대를 도모하는 마케팅 활동이다.

2) 관계마케팅의 목적

관계마케팅은 기본적으로 고객과의 지속적인 유대관계를 통해 고객충성도를 확보해 나가는 과정이라고 할 수 있다. 관계마케팅의 기본적인 목적은 기업에 이익이 되는 장기적 고객관계를 구축하고 유지하는 데 있다. 이를 위해서는 고객을 창출하고, 유지하고, 강화하는 노력이 필요하다.

(1) 신규고객의 창출

관계마케팅의 첫 번째 목적은 장기적 관계를 유지할 수 있을 만한 신규고객을 창출(attraction)하는 것이다. 기업은 신규고객을 유치할 때 고객의 기대나 욕구 선호를 기준하여 시장세분화를 하고, 이를 통해 지속적인 고객관계를 구축할 수 있는 최적의 표적시장(고객)을 파악할 수 있다. 관계마케팅을 잘 수행하는 기업은 기존고객들의 구전효과를 통해 신규고객의 유치가 쉬워진다. 신규고객을 추천하는 고객들에게 일정한 인센티브를 제공하는 MGM기법(Members get Members.)은 고객 유치에 큰 도움이 된다. SK텔레콤, KTF 등 국내 이동통신회사들이 신규고객을 추천하는 고객에게 무료통화시간을 제공하는 사례는 MGM마케팅의 대표적인 예가 된다.

(2) 기존고객의 유지

관계마케팅의 두 번째 목적은 기존고객을 유지(retention)하는 데 있다. 앞에서 살펴본 바와 같이 관계마케팅은 기본적으로 신규고객의 창출보다 기존고객의 유지 강화에 초점을 둔다. 일단 어떤 기업과 관계를 구축한 고객은 기업이 지속적으로 가치 있는 제품이나 서비스를 제공해 주는 한 계속 관계를 유지하려고 할 것이다. 기업이 변화하는 고객의 욕구를 잘 이해하고 이를 자사의 서비스에 반영해 나간다면 고객만족에 의한 반복구매를 통해 지속적인 고객관계가 유지될 수 있다. 고객에게 가치를 높여 줄 수 있는 서비스를 제공하는 일은 기존고객의 유지를 위해 매우 중요하다. 미국에서 가장 수익성이 높은 보험회사 중에 하나인 USAA사는 미군장교와 그 가족들을 표적시장으로 하여 걸프전에 파병된 경우에는 한 사람분의 보험료만 내도록 함으로써 USAA사가 기존고객들에게 얼마나 몰입하고 고객만족을 위해 노력하고 있는지를 보여주었다.

(3) 고객관계의 강화

관계마케팅의 세 번째 목적은 고객관계를 강화(enhancement)하는 것이다. 이는 고객이 시간이 지남에 따라 특정 기업의 제품이나 서비스를 계속 구입하게 되면 고객관계가 더욱 강화되고 충성스런 고객이 될 수 있다는 것이다. 충성스런 단골고객을 확보하는 것은 기업의 굳건한 기반이 되고 기업의 성장잠재력을 나타내 준다. USAA사의 군 장교 회원들 역시 나이가 들고 자녀들이 성장함에 따라 보험에 대한 욕구가 점점 증가하게 되고, 이들은 그만큼 USAA사의 충성고객이 되는 것이다. 고객관계가 강화될수록 기업의 고객점유율과 시장점유율 및 이익기반은 향상된다.

제2절 관계마케팅의 특성

관계마케팅에서 추구하는 기본적인 목표는 기업의 수익에 도움이 되는 고객들과 관계를 구축하고 유지하는 것이다. 이를 위해 기업은 고객을 유인하고, 유지, 강화한다고 할 수 있다. 또 고객과의 관계가 지속됨에 따라 그 고객은 기업에 대한 충성도를 갖게 되며, 구전을 통해 다른 새로운 고객을 유인할 수 있게 도와주기도 한다.

관계마케팅은 구매자와 판매자 간의 결혼과 같은 관계에 비유할 수 있다. 판매는 단지 구애를 완료하고 결혼을 하는 것에 불과하다. 얼마나 좋은 결혼생활이 되느냐 여부는 판매자가 구매자와의 관계유지를 위해 얼마나 노력하는가에 달려 있다. 남편과 아내의 동반자적 관계 속에서 좋은 결혼생활을 이루어 나가는 것은 구매자 - 판매자 간의 장기적 관계를 유해할 수 있다. 관계마케팅에서 다루어지는 관계는 '장기적 관계'를 기초로 하며, 장기적 관계관리를 통해 얻게 된 고객관계는 지속적 경쟁우위의 원천을 제공해 준다.

표 10 - 1 _ 관계마케팅과 거래마케팅의 비교

구 분	거래마케팅(전통적 마케팅)	관계마케팅(새로운 마케팅)
마케팅전략의 방향	신규고객의 창출	기존고객의 유지 관리
시간적 관점	단기적 관점	장기적 관점
초 점	제품판매 교환객체인 제품 단기적 교환	고객유지 교환주체인 거래 파트너 장기적 관계
목 표	거래성과	고객관계 형성, 유지, 강화
지배적 마케팅기능	전통적 마케팅 (마케팅믹스 관리)	상호작용 마케팅 (마케팅믹스에 의해 지원됨)
주요 성과지표	시장점유율(간접평가)	고객점유율(직접평가)
경제성	규모의 경제 추구	범위의 경제 추구
가격민감도	높 음	낮 음
경쟁자에 대한 인식	경쟁관계	경쟁과 협력관계
품질 차원	제품의 질(결과 질) 중지	상호작용 질(과정 질)중시
내부마케팅	중요하지 않음	매우 중요한 성공요인임
고객서비스	별로 강조하지 않음	매우 강조함
고객관여 정도	한정된 고객관여	높은 고객관여
커뮤니케이션 방향	일반적 커뮤니케이션	쌍방향 커뮤니케이션

이영희(2003) 417쪽.

관계마케팅의 특성은 〈표 10 - 1〉에서 보는 바와 같이 전통적 거래마케팅과의 비교를 통해 살펴볼 수 있다. 관계마케팅과 거래 마케팅이 지향하는 마케팅 패러다임의 특성을 중심으로 관계마케팅의 특성을 정리하면 다음과 같다.

① 신규고객의 창출보다 기존고객의 유지관리에 마케팅전략의 초점을 둔다.

② 고객과의 단기적 교환보다 장기적 관계를 통한 수익창출을 지향하며, 단기적인 거래실적보다 장기적인 고객생애가치에 중점을 둔다.

③ 마케팅의 초점을 교환주체인 고객에 두고, 고객을 기업의 동반자로 인식한다. 또 마케팅전략의 초점이 제품차별화의 방향으로 전환된다.

④ 마케팅의 목표는 거래성과보다 고객과의 관계형성 및 유지, 강화에 둔다.

⑤ 고객접점에서의 내부마케팅과 상호작용 중요시하며, 품질차원에서는 기술적 질보다 기능적 질 또는 과정 질을 중요시한다.

⑥ 규모의 경제에서 범위의 경제(economy of scope)로 전환된다. 즉 한 고객에게 다양한 제품을 판매하거나 고객당 거래 기간을 장기간 유지하는 범위의 경제를 도모한다.

⑦ 마케팅 성과의 지표가 시장점유율에서 고객점유율(share of customer)로 전환된다.

⑧ 장기적 고객관계에 따른 고객충성도를 추구함으로써 소비자의 가격민감도가 낮다.

⑨ 경쟁자는 경쟁과 협력을 동시에 도모하는 協爭(coopetition)관계의 파트너가 된다.

⑩ 내부마케팅은 외부마케팅의 선행요건이 된다.

⑪ 기업과 고객 간의 쌍방향 커뮤니케이션을 강조하고, 고객 서비스와 고객관여를 매우 중요시한다.

제3절 관계마케팅의 발전과정

1 관계마케팅의 등장배경

관계마케팅(Relationship Marketing)이라는 새로운 마케팅개념은 전통적인 마케팅의 마케팅믹스인 4P's가 새로운 서비스와 사업 발전단계를 제대로 설명하지 못한다는 불만족으로부터 시작되었다.

이에 따라 4P's의 부족한 점을 극복하고자 서비스마케팅에서 Booms과 Bitner는 사람(People), 물적 증거(Physical Evidence), 과정(Process)이라는 3가지의 과정으로, Kotler는 공중관계(Pubic Relation), 정치적인 힘(Political Power)을, 그리고 Judd 사람(People)을 추가함으로써 서비스 마케팅 활동이 가능하다고 하였다. 이것은 서비스 기업이 개인 한사람을 대상으로 하는 연구를 통하여 소비자가 '원하는 바'를 알아내어 소비자가 원하는 상품과 서비스를 제공하는 개인적 거래관계에 초점을 맞추어야 한다는 것을 의미한다.

이러한 관점에서 관계마케팅은 신규고객 창출을 마케팅과정의 첫 번째 단계로 간주하고, 신규고객을 관리 및 유지하는 데 중점을 두었다. 즉 관계마케팅은 거래를 시작해서 거래를 성립하는 것으로 끝나서는 안 되고 고객과의 과계지속과 관계개선을 핵심으로 하고 있다.

그러나 전통적 마케팅은 마케팅 부서에만 마케팅전문가를 배치하여 지업의 모든 외부 환경을 분석하여 다각적인 전략이 아닌, 마케팅이 접근하기 쉬운 소비자행동 부분에만 치우쳐 있었다. 그러므로 급격한 환경 변화속에서 보다 초월적이고 신속한 대응을 하지 못했기 때문에 궁극적으로 고객만족을 꾀한다는 마케팅의 기본 이념이 현실 적용면에 있어서 한계를 보인 것이다.

위와 같은 기존 마케팅의 한계로 인하여 1980년대 초반에 마케팅에서는 서비스와 생산 등 여러 분야와의 관계(relationship)를 중요시하는 관계 마케팅의 개념이 등장하였다. 즉 현대의 마케팅은 고객과의 상호관계와 속성변화를 고려한 관계마케팅 개념에 맞추어지게 되었다.

관계마케팅의 출현은 기본적으로 일회적이고 단기적인 교환 중심의 마케팅활동에서 벗어나 장기적이고 지속적인 전략적 가치에 대한 인식에서 출발한다. 소비시장에서는 기업 간의 경쟁격화, 시장의 포화상황, 제품수명주기의 단축, 소비자 욕구의 다양화 및 개별화, 기업과 고객관계의 장기화 추세 등으로 인해 신규고객을 창출하는 데 소요되는 비용과 노력이 증가일로에 있게 되었다

이에 따라 기업의 주요 관심은 고객과계, 고객만족, 반복구매로 모아지게 되었으며, 신규고객의 창출보다 고객과의 장기적인 관계구축을 통한 기존고객의 유지, 강화 노력이 훨씬 더 효과적이고 중요하다는 사실을 인식하게 되었다. 또한 충성스러운 고객은 기업에 많은 수익을 가져다 줄 뿐만 아니라 기존고객의 유지비용이 신규고객의 확보비용보다 훨씬 더 저렴하다는 것도 알게 되었다.

이처럼 역동적인 기업환경의 변화에 따라 고객과의 장기적인 관계구축의 필요성은 관계마케팅의 주요 등장배경이 되었다.

서비스기업인 호텔에서도 관계마케팅 개념이 도입되고 추진되는 배경은 다음과 같다.

1) 시장이 성숙해짐에 신규수요보다는 대체수요에 의존하게 되고 재고객창출이 중요시되었다. 관계마케팅 활동을 통한 재고객 및 고객의 긍정적인 구전효과가 새로운 대체 수요를 창출할 수 있게 된다. 관계마케팅을 통해 만족된 고객은 지속적으로 재구매를 하며 고정고객 더 나아가 충성고객으로서 매출액을 증대시킨다.

2) 공급이 수요보다 많고 유통시장 개방으로 국내외 경쟁자들이 증가하여 호텔기업의 경쟁심화로 인하여 현장에서 고객과 직접적으로 접촉하는 것이 지속적 경쟁우위를 창출하는 전략적 요인으로 부상하게 되었다.

3) 고객들의 욕구가 다양해지고 개성화됨에 따라 종래의 효율적인 서비스를 위한 표준화된 서비스 위주에서 다양한 고객의 욕구를 충족시키는 1:1 마케팅 개념이 도입되었다. 이에 따라 호텔기업과 고객 그리고 서비스가 연관된 관계마케팅이 필요하게 되었다.

4) 기술 및 컴퓨터의 발달로 데이터베이스의 구축이 용이해짐에 따라 호텔기업에서도 1:1 마케팅의 실현이 가능하게 되었다.

② 고객의 중요성

대부분의 경우 무형의 서비스는 생산과 소비가 동시에 이루어지기 때문에 서비스의 제공과정에는 고객의 참여가 불가피하며, 고객의 참여는 자신의 만족에도 영향을 미칠 수 있다. 다시 말해 서비스는 접점종업원과 고객 및 서비스 현장에 있는 다른 고객들과의 상호작용을 통해 생산되고 제공된다.

서비스 현장에 있는 다른 고객들의 행위는 서비스의 성과에 긍정적 또는 부정적 영향을 미친다. 특히 다른 고객들의 돌출행동이나 시간지연, 과용, 혼잡, 서로 모순된 욕구 등은 서비스 성과에 부정적인 영향을 미친다. 때로는 다른 고객들의 관심을 다른 곳으로 돌리거나 어떤 방향으로 유도함으로써 서비스의 질과 만족도를 높이기도 한다. 예컨대 가수공연에서 열광하는 관객들을 통해 서비스 경험을 만끽하는 경우나 교회나 동아리, 헬스클럽에서 기존회원들이 신입회원을 도와 친목을 도모하고 사회화시키는 경우가 해당된다.

서비스 제공과정에서 고객의 참여수준은 서비스에 따라 다르다. 예컨대 음악콘서트와 같이 서비스 제공자가 서비스 생산을 전담하는 경우는 고객은 단지 정숙하게 자신의 자리를 지키기만 하면 된다. 반면에 경영컨설팅이나 카운슬링과 같은 서비스에서는 고객이 적극적으로 참여해야 소기의 서비스 성과를 달성할 수 있다.

서비스 제공과정에서 고객의 역할을 다음과 같이 세 가지로 정리할 수 있다.

① **생산자원**: 고객은 서비스에서 조직의 생산역량을 증대시켜주는 인적 자원으로, 부분적 종업원(Partial employee)이라고도 한다. 생산자원

으로서 고객의 서비스 참여는 서비스 생산성에 영향을 미칠 수 있다.

② **서비스 품질과 가치 및 만족에의 공헌자**: 서비스에 대한 고객의 참여는 고객욕구 충족도를 높여주고 서비스 품질과 가치창출 및 고객만족도 향상에 기여한다.

③ **잠재 경쟁자**: 서비스 생산과정에의 참여자로서 고객은 서비스 제공자에게 잠재적 경쟁자가 될 수 있다. 예컨대, 육아문제나 자녀교육, 집안청소, 세탁 등의 문제에 있어서 고객은 셀프서비스나 외부용역의 방식을 고려하게 될 것이고, 이때 서비스 공급자는 고객이 잠재경쟁자가 되는 것이다.

③ 고객관계의 발전단계

기업과 고객의 관계는 궁극적으로 고객충성도를 구축하여 동반자적 관계를 유지하는 것을 목표로 한다. 기업과 잠재 또는 현재고객의 관계가 발전되어 나가는 과정은 예상고객, 고객, 단골고객, 옹호자, 동반자 등 5단계의 고객유형으로 설명할 수 있다.

(1) 예상고객(prospect)

예상고객단계는 아직 기업과 첫 거래를 하지 않은 상태에서 상품 구입 가능성이 높거나 스스로 정보를 요구하는 유망고객을 말한다. 이때는 개인적인 접촉이나 우편발송, 텔레마케팅 등을 통해 첫 거래를 성사시킬 수 있다. 일반적으로 '잠재고객'으로 간주되는 사람이나 조직을 가망고객이라고 한다.

(2) 고객(customer)

고객단계는 예상고객이 첫 거래를 한 이후의 단계를 말한다. 이 단계에서 고객은 주로 수량할인, 가격할인과 같은 금전적 인센티브에 의한 재구매 동기를 갖게 되며, 구매횟수에 따른 할인쿠폰이나 마일리지 프로그램 등의 상용고객 프로그램이 활용되기도 한다. 이 전략은 경쟁사의 모방이 쉽고 고객을 빼앗기기 쉽다는 단점이 있다.

(3) 단골고객(client)

이 단계에서 고객은 단골고객으로 발전한다. 고객 단계까지의 소비자들은 동일한 상품을 여러 군데의 점포에서 또는 동일한 제품을 여러 브랜드별로 구매할 수 있다. 그러나 단골고객 단계가 되면 불만족이 생기지 않는 한 점포나 한 브랜드만 구매하는 성향을 갖게 된다. 이때 기업은 고객과 금전적인 연대 외에 사회 심리적인 유대감을 통해 장기적인 관계를 구축할 수 있다. 따라서 기업은 관리적 측면에서 고객 간의 관계를 고무하는 것이 좋다.

(4) 옹호자(advocate)

이 단계의 고객은 상품의 지속적인 구입을 넘어 다른 사람들에게 적극적으로 사용을 권유하며, 기업이나 브랜드의 옹호자 역할을 하기도 한다. 옹호자는 좋은 구전을 통해 잠재고객을 유인하고 이탈고객을 다시 불러오며, 경쟁사 고객을 이끌어 오기도 한다.

(5) 동반자(partner)

동반자단계란 기업과 고객이 함께 완전히 융합된 상태이다. 고객이 기업의 의사결정에 참여하고 함께 이익을 나누는 고도화된 단계라고 할 수 있다.

⟨그림 10 - 1⟩은 거래 기간에 따라 기업과 고객 간의 관계가 발전하는 단계를 고객충성도 사다리 개념으로 보여주고 있다.

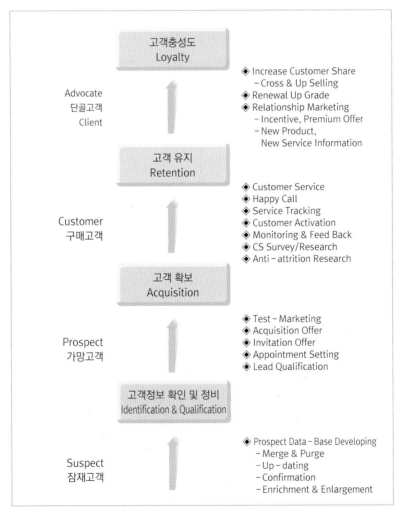

🔍 그림 10 - 1 _ 고객 관리 프로그램(Customer Management Program)

1) 관계마케팅의 효과

관계마케팅을 성공적으로 수행하게 되면 고객충성도 구축과 이에 따른 구전효과, 학습효과에 따른 운영비 절감 등으로 기업의 수익을 증대시키는 효과를 가져오게 된다. 관계마케팅의 효과는 시장, 기업, 경쟁 차원에서 구체적으로 살펴볼 수 있다.

(1) 기업측면의 효과

① 장기적인 고객관계를 통해 고객유지의 경제성을 확보할 수 있다.

② 개별화된 제공물과 생산과정에의 고객참여를 통해 고객에게 가치를 증대시켜준다.

③ 고객관계를 기초로 새로운 시장세분화 전략을 구사할 수 있다.

④ 고객 데이터베이스에 의한 일대일 마케팅을 통해 차별적 경쟁우위를 확보할 수 있다.

⑤ 장기적 고객관계를 활용하여 교차판매나 교차촉진을 할 수 있고, 대중매체를 이용한 낭비적 촉진비용을 절약할 수 있다.

⑥ 고객관계상의 신뢰와 고객충성도, 관계물입이 증가함에 따라 장기적 관계의 강화와 경쟁기업에 대한 교체장벽을 구축할 수 있다.

(2) 시장측면의 효과

① 고객에 대한 정보와 지식을 축적하여 개별화된 제공물을 제공할 수 있다.

② 고객관계의 개별화를 통해 고객의 지각가치와 관계가치를 극대화시킬 수 있다.

③ 고객 의사결정의 효율성을 높이고, 지각된 위험을 감소시킬 수 있다.

④ 고객충성도와 안정된 수익기반을 확보하고 긍정적 구전효과를 얻을 수 있다.

⑤ 관계 파트너들과의 좋은 유대관계가 경쟁우위의 원천이 된다.

(3) 경쟁측면의 효과

① 전략적 제휴 등의 수평적 협력관계를 통해 위험과 비용을 줄일 수 있다.

② 기업 간의 협력관계를 통해 규모의 경제성, 생산합리화, 기업 간 비교우위를 활용한 원가절감, 공동연구개발, 기술적 시너지효과를 얻을 수 있다.

③ 기업 간의 수평적 협력관계를 통해 자원풀링(resource pooling), 중간재의 확보, 상호보완적 능력의 확보 및 개발 효과를 얻을 수 있다.

④ 속도의 경제성을 향상시킬 수 있다. 즉 신제품 도입 기간의 단축, 신속한 신기술과 신시장 확보, 초기진입자 우위 확보, 시장반응속도 향상 등의 효과를 얻을 수 있다.

⑤ 산업 내 다른 기업들과 경쟁적·공생적 상호의존성과 불확실성을 효

과적으로 관리할 수 있다.

⑥ 수평적 협력관계 구조가 경쟁우위의 원천이 될 수 있다.

2) 관계마케팅의 한계

경제성장이 둔화되고 기업 간 경쟁이 치열해지며, 고객의 욕구가 개별화·고도화되어감에 따라 신규고객의 창출보다 기존고객의 유지·강화가 더욱 중요하다는 인식을 갖게 되면서 관계마케팅의 전략적 의미는 점점 더 커지고 있다. 그러나 관계마케팅은 위와 같은 긍정적 효과에도 불구하고 다음과 같은 상황에서는 비현실적인 추구라는 한계를 나타낼 수 있다.

① 교환 당사자가 지속적인 관계의 진전을 더 이상 바라지 않을 때(예, 고객이 첫 구매에서 가졌던 호기심이나 욕구를 더 이상 갖지 못하게 될 때)

② 구매자가 판매자에게 의존하는 불균형적인 관계를 바라지 않을 때

③ 구매과정이 정형화되어 있어서 사회적 연대에 기초한 관계를 개발하지 못할 때

④ 수내자의 신뢰가 증가함에 따라 관계개발의 결과인 위험감소 요구, 즉 관계진전을 위한 요구가 낮아질 때

⑤ 가격민감도가 높고 원가우위도가 중요한 시장에서 관계개발이나 고객충성도 구축을 위한 재무적 비용(인센티브)이 수익을 초과하여 원가열위를 초래할 때

⑥ 관계 네트워크의 구축이 구매자의 선택기회를 제한하는 反경쟁적 상황을 초래할 때

고객만족을 위한

서비스 경영론

SERVICE

MANAGEMENT

서비스
프로세스

SERVICE
MANAGEMENT

서비스 프로세스

서비스 프로세스의 의의

① 서비스 시스템

서비스는 일련의 투입물을 투입하여 이를 변환시켜 고객이 원하는 산출물을 제공하는 시스템의 개념으로 이해할 수 있다. 여기서 투입물은 인력. 자본, 기계설비, 건물, 자재, 경영 등의 요소를 말하며, 이러한 투입물을 고객의 요구에 맞게 변형, 즉 처리·가공하여 보다 가치 있는 상품이나 서비스 형태로 산출물이 만들어진다.

서비스 시스템은 하나의 서비스가 고객의 욕구충족을 위해 투입 - 변형 - 산출과정을 거쳐 생산·운영되는 시스템을 말하며, 서비스 운영시스템과 서비스 제공시스템으로 대별된다. 〈그림11-1〉에는 서비스 시스템의 기본모형을 보여주고 있다. 그림에서 보는 바와 같이 전체적인 서비스 생산·제공과정에서 볼 때 서비스 운영시스템과 서비스 제공시스템은 부분

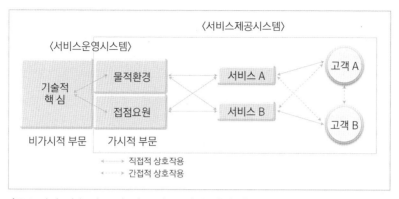

자료: Lovelock, Christopher H.(1991), Service Marketing (2nd ed.) Prentice - Hall International Editions, p.14.

그림 11 - 1 _ 서비스 시스템의 기본모형

적으로 중첩될 수 있다. 이는 생산·소비의 동시성이라는 서비스의 고유 특성에 따른 것이며, 따라서 서비스의 접점요원은 서비스 생산·제공기능과 서비스 마케팅기능을 함께 수행해야 한다.

서비스 운영시스템(service operation system)은 서비스의 투입 - 산출과정에서 투입물을 변환하는 과정을 말한다. 서비스 운영시스템은 가시적 부분(전방부분)과 비가시적 부분(후방부분)으로 구분되며. 가시적·비가시적 부분은 서로 결합적으로 상호작용하여 서비스 생산이 이루어진다. 비가시적 부분은 식당의 주방과 같이 고객의 눈에 보이지 않는 곳에서 기능하는 부분으로 '기술적 핵심(technical core)'이라고 한다. 기술적 핵심은 서비스의 질에 크게 영향을 미칠 수 있으나 대개의 경우 고객은 비가시적 부분의 존재를 의식하지 못하는 경우가 많다.

또 가시적 부분은 식당의 식탁과 의자, 서빙 종업원과 같이 고객의 눈에 보이는 곳에서 기능하는 부분을 말하며, 물적 환경과 접점종업원으로 이루어진다. 이·미용이나 교육, 진료와 같은 인적 서비스는 물적 서비스에 비해 가시적 부분의 역할이 매우 중요시된다, 서비스자들은 가시적 부분에서 이루어지는 서비스 상황이나 행위에 기반하여 서비스를 평가하는 경향이 있기 때문이다.

서비스 제공시스템(service delivery system)은 서비스가 언제, 어디서, 어떻게 고객에게 제공되는가 하는 것으로서 생산된 서비스 제공과정과 관련된 개념이다. 여기서 서비스는 가시적 용소인 물적 지원환경과 접점종업원을 통해 고객에게 제공되며, 이들과 서비스 현장의 다른 고객들은 고객의 서비스 지각에 직·간접적으로 영향을 미친다. 따라서 서비스 제공시스템은 표적고객의 니즈와 욕구를 충분히 반영하여 설계해야 한다.

전통적으로 서비스는 주로 서비스 제공자와 고객의 만남을 통해 제공되지만, 최근에는 전자통신 기술의 발달로 인하여 자동화된 시스템이나 원격 서비스 등이 도입됨에 따라 서비스 제공자와 고객의 접촉이 없이 제공되는 서비스가 늘어나고 있다.

② 서비스 프로세스의 개념과 중요성

서비스를 무형의 행위 또는 어떤 과정(process)이라고 개념화한다면 서비스 프로세스는 서비스 상품 그 자체이자 서비스의 배달과정인 유통의 성격을 갖는 것으로 이해할 수 있다.

서비스 프로세스(과정. Service process)는 서비스가 제공되는 절차나 메커니즘 또는 활동들의 흐름을 의미한다. 다시 말해 서비스가 제공되는 일련의 과정을 의미하는 서비스 프로세스는 어떤 투입물을 변환시켜 산출물을 제공하는 서비스 시스템으로 이해할 수 있으며, 서비스 시스템은 위에서 살펴본 바와 같이 서비스 운영시스템과 서비스 제공시스템으로 이루어진다.

고객은 자신의 서비스 이용 경험이나 서비스가 제공되는 과정을 통해 서비스를 평가하게 된다. 서비스 프로세스의 중요성은 대부분의 경우 서비스 제공과정이 서비스 상품으로 인식된다는 점과 고객이 지각된 서비스 질을 평가할 때 결과 질(outcome quality)보다 기능적, 상호작용적 질을 나타내는 과정 질(process quality)이 더 중요시된다는 점에 있다. 일반적으로 물리적 제품의 경우는 과정 질보다 결과 질을 더 중요시하지만, 서비스는 결과 질보다 과정 질을 중요시한다. 특히 의료서비스나 컨설팅, 법률 서비스와 같은 고접촉 서비스나 인적 서비스에서는 과정 질의 중요성이 더욱 커진다. 따라서 서비스 프로세스는 고객의 요구(needs)를 충분히 반영하여 설계하고, 이를 뒷받침할 수 있는 내부마케팅과 상호작용 마케팅이 이루어져야 한다.

서비스 프로세스 관리

① 서비스 청사진

1) 서비스 청사진의 개념

훌륭한 건물을 시행착오 없이 빠른 시간 내에 건축하기 위해서는 공사를 시작하기 전에 먼저 완공된 건물을 담아내는 상세한 설계도면이 필요하다. 이처럼 서비스 제공자가 양질의 서비스를 제공하기 위해서는 무형의 서비스 프로세스를 설계하는 서비스 청사진이 필요하다.

서비스 청사진(service blueprinting)은 서비스를 생산하고 제공하는 데 필요한 모든 활동과 절차를 망라하여 묘사하고 설명해 놓은 것을 말한다. 즉 서비스를 제공하는 절차와 각 단계별 종업원과 고객의 역할 및 서비스 요소 등 서비스 시스템 전반을 시각적으로 볼 수 있게 묘사해 놓은 것을 의미한다. 서비스 청사진은 서비스 시스템을 이해하고 서비스를 구성요소별로 구분해 줄 뿐만 아니라 종업원의 업무수행 방법과 고객이 경험하는 서비스 증거를 제시해 준다. 따라서 서비스 청사진은 서비스를 설계 또는 재설계하거나 어떤 목표 달성을 위해 서비스 시스템을 체계적으로 운영하고자 할 때 유용하다.

2) 서비스 청사진의 구성요소

서비스 청사진의 주요 구성요소는 〈그림 11 - 2〉에서 보는 바와 같이 고객의 행동, 현장종업원과 후방종업원의 행동 및 지원 프로세스 등으로 이루어진다.

첫째, 고객의 행동 영역은 서비스를 구매하여 소비하고 평가하는 프로세스로서 고객이 수행하는 활동, 단계, 선택, 상호작용 등을 포함한다, 예

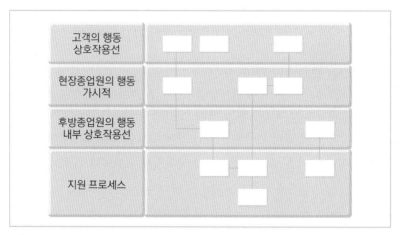

그림 11 - 2 _ 서비스 청사진의 구성요소

컨대, 레스토랑을 찾는 고객은 레스토랑을 선택하고, 예약전화, 주차, 메뉴 주문, 계산서 지불 등의 행동을 한다.

둘째, 현장종업원의 행동 영역은 고객의 눈에 가시적으로 보이는 종업원의 활동을 말한다. 예컨대, 레스토랑의 현장종업원은 주차요원이나 접객종업원의 인사와 식사주문 요청, 식사배달, 대금청구 및 수납 등의 행동을 한다.

셋째, 후방종업원 행동영역은 고객에게 직접 보이지 않는 곳에서 현장종업원을 지원하는 행동영역을 말한다. 예컨대 예약직원 주방장 조리사 스튜어드 등을 말한다.

넷째, 지원 프로세스 영역은 서비스를 제공하는 접점종업원을 지원하기 위한 내부적 서비스를 말한다. 서비스교육센터나 식·자재 관리센터, 체크아웃시스템 등을 말한다.

그림의 각 행위영역에 있는 네모 상자는 각 행위자가 수행하거나 경험하게 될 단계를 보여주는 것이다. 그리고 네 가지 행동영역 간에는 세 가지의 수평선이 있다.

첫 번째 수평선은 고객과 접점종업원 간의 직접적인 '상호작용선'을 나타낸다. 상호작용선을 가로지르는 수직선은 고객과 접점종업원의 '서비스 접점'을 의미한다.

두 번째 수평선은 고객에게 보이는 서비스 활동과 보이지 않는 서비스 활동을 구분하는 '가시선'을 나타낸다. 이 선은 접점종업원과 후방종업원의 활동을 구분하며, 이 선을 기준으로 고객이 물리적 증거를 제공받는지 여부를 알 수 있다.

세 번째 수평선은 서비스 지원활동과 종업원의 활동을 구분하는 '내부 상호작용선'을 나타낸다.

서비스 청사진을 효과적으로 실계하기 위해서는 도표의 출발점을 고객에서 시작하여 최종 서비스 제공시스템에서 다시 고객으로 돌아가도록 해야 한다.

3) 서비스 청사진 개발

서비스 청사진은 최종 결과물을 만들어내는 것만 유일한 목적이 아니다. 청사진을 개발하는 과정을 통해 청사진의 개념과 서비스 비전의 개발, 처음에는 몰랐던 서비스의 복잡성과 구성요소들 간의 연결관계에 대한 인식, 각 구성원들의 역할과 책임 규정 등의 목적을 달성할 수 있다. 청사진을 설계하고 개발하기 위해서는 고객에 관한 정보를 비롯하여 여러 부문의 대표들이 함께 참여해야 한다.

서비스 청사진을 개발하는 과정은 다음과 같은 5단계로 설명할 수 있다.

(1) 1단계: 청사진에 담을 서비스 프로세스의 파악

청사진은 서비스의 다양한 서비스 수준에서 개발할 수 있으므로, 청사진 개발의 출발점에 대한 동의가 필요하다. 즉 기본적 서비스개념 수준(택배서비스), 구체적 서비스 수준(일반택배, 특급택배 등), 서비스 세부요소 수준(화물분류, 배달 등) 등의 청사진을 개발할 수 있다. 예컨대, 서비스 프로세스 중 특정 단계(예, 주문처리)에서 병목현상이 생긴다면 그 부분에 대한 세부 청사진을 만들 수 있을 것이다. 청사진에 담길 프로세스는 청사진을 개발하는 목적에 따라 결정된다.

(2) 2단계: 고객의 관점에서 서비스 프로세스 묘사

이 단계는 서비스를 구매하고 소비, 평가할 때 고객이 경험하는 선택과 행위를 그리는 것이다. 고객의 관점에서 서비스를 파악하게 되면 고객에게 영향을 미치지 않는 프로세스나 단계에 중점을 정확히 파악하고, 고객이 서비스를 어떻게 경험하게 되는지를 파악하는 일이 중요하다. 만일 세분시장마다 경험하는 서비스가 다르다면 세분시장별로 별도의 청사진을 만들어야 한다.

(3) 3단계: 접점종업원의 프로세스 묘사

이 단계에서는 먼저 청사진의 '상호작용선'과 '가시선'을 그은 후, 현장종업원과 후방종업원을 구분하여 접점종업원의 행동과정을 묘사한다.

(4) 4단계: 내부지원활동의 묘사

이 단계는 먼저 내부 상호작용선을 긋고, 내부지원활동을 묘사한다. 그리고 고객과 접점종업원의 활동을 내부지원기능과 연결한다. 이 단계에서는 고객에 대한 내부활동의 직접·간접적인 영향이 분명해진다. 고객과의 연결 관점에서 볼 때 내부서비스 프로세스의 중요성은 증가한다. 고객의 경험에 직접 연결되지 않는 프로세스 단계는 필요하지 않을 수도 있다.

(5) 5단계: 고객행동단계별 서비스 증거 제시

마지막 단계에서는 고객이 서비스를 경험하는 단계에서 고객이 보거나 제공받는 유형적. 물리적 증거물을 청사진에 나타낸다. 각 프로세스의 사진이나 슬라이드, 비디오 등이 포함되어 있는 사진형 청사진은 이 단계에서 매우 유용하고, 서비스 증거물의 영향과 전반적인 전략 및 서비스 포지셔닝에 부합하는지를 분석하는 데 도움이 된다. 〈그림 11 - 3〉은 호텔숙박 서비스의 청사진을 보여주고 있다.

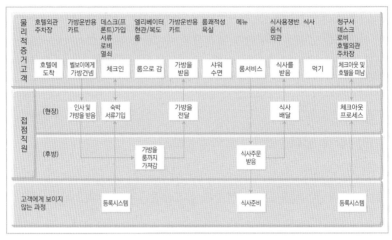

자료: Zeithaml. V.A. and M. J. Bitner(1996). Op cit., p.282.

🔍 그림 11 - 3 _ 호텔숙박 서비스 청사진의 예

4) 서비스 청사진의 이점

서비스 청사진은 다음과 같은 이점이 있다.

① 종업원이 자신의 업무를 전체적인 관점에서 파악할 수 있어 고객지
향적인 자세로 업무를 수행할 수 있게 한다.

② 서비스활동의 프로세스 중 취약한 부분(fail point)을 확인하여 지속적인
품질개선위 목표를 삼을 수 있다.

③ 상호작용선은 고객의 역할과 고객이 경험하는 서비스 품질을 알게
해줌으로써 서비스 설계에 도움을 준다.

④ 가시선은 고객이 볼 수 있는 영역과 어느 종업원이 고객과 접촉하는
지를 알려주어 합리적인 서비스 설계를 할 수 있게 해준다.

⑤ 내부 상호작용선은 부문 간이 경계와 상호관계를 명확히 해주어 점

진적인 관건에서 각 부문의 고유기능을 파악할 수 있다.

⑥ 서비스 구성요소와 그 연결관계를 알 수 있어 전략적 토론과 서비스 전체의 관점에서 각 부문의 고유기능을 파악할 수 있다.

⑦ 각 서비스를 요고에 투자된 원가와 이익, 자본을 확인하고 평가하기 위한 기반을 제공해 준다.

⑧ 내부 및 외부마케팅을 위한 합리적인 기반을 구성한다.

⑨ 서비스 품질개선을 위한 상향적, 하향적 접근이 용이하다.

② MOT 관리

1) MOT의 배경과 개념

MOT(Moment of Truth)라는 용어는 원래 스페인의 투우용어로 투우사가 소에게 관심을 집중하여 일대일로 대결하여 온 힘을 다해 승부를 거는 결정적 최후에 순간을 일컫는 뜻이다. 이러한 MOT가 서비스 마케팅의 주요 이슈로 떠오른 것은 1980년대 초 스칸디나비아 항공사(SAS)의 CEO인 얀 칼슨(Jan Carzon)이 '고객을 순간에 만족시켜라'(MOT)를 잘 관리해야 한다고 주장한 데서 비롯된다.

얀 칼슨은 적자투성이인 SAS의 경영문제를 고민하던 중 시장조사를 통해 한 해에 천만 명의 승객이 SAS를 이용할 때 각각 평균 5명의 종업원과 접촉하며, 1회의 응접시간은 평균 15초라는 사실을 알게 되었다. 그에 의하면 종업원이 1회 15초라는 짧은 시간에 1년에 5천만 회 고객의 마음속에 스칸디나비아항공사의 이미지를 새겨 넣고 있다는 것이다. 이 한순간 한

순간이 스칸디나비아항공사의 서비스 품질에 대한 이미지와 회상의 성패를 결정짓는다는 사실을 인식해야 한다고 주장하고 강력한 고객만곡경영을 추진하게 되었다. 얀 칼슨은 MOT의 개념을 회사경영에 도입한 지 불과 1년 만에 연 800만 달러의 적자로터 7,100만 달러의 이익을 내는 흑자기업으로 탈바꿈시켰다.

MOT(Moment of Truth)는 고객이 기업의 종업원이나 특정 자원과 접촉하는 순간을 말하며, 우리말로는 '진실의 고객의 서비스 기업의 종업원이나 특정 자원과 접촉하는 순간을 말하며, 우리말로는: 진실의 순간'또는 '결정적 품질지각과 회사의 이미지 형성에 결정적 영향을 미친다'는 뜻이다.

항공서비스에서 맞이하는 진실의 순간(MOT)들은 다음과 같이 열거할 수 있다.

① 고객이 항공사에 문의전화를 한다.

② 고객이 비행기 좌석을 예약한다.

③ 고객이 공항 카운터에 도착한다.

④ 고객이 발권하기 위해 줄을 서서 대기한다.

⑤ 직원이 탑승권을 발행한다.

⑥ 고객이 탑승수속시간이 될 때까지 라운지에서 기다린다.

⑦ 고객이 출발 게이트를 찾기 위해 간다.

⑧ 게이트 담당직원이 고객을 맞이하고 탑승권을 확인한다.

⑨ 고객이 비행기 출발시간이 될 때까지 라운지에서 대기한다.

⑩ 고객이 비행기에 탑승한다.

⑪ 고객이 안내를 받아 자기 좌석을 찾는다.

⑫ 고객이 수하물을 올려놓는다.

⑬ 기내에서 문의사항이나 요구사항을 승무원에게 말한다.

⑭ 승무원의 안내를 받아 비행기에서 내린다.

⑮ 수하물을 찾아 직원의 인사를 받으며 공항을 나온다.

2) MOT의 중요성

고객은 자신이 대면하는 접점종업원의 역량과 서비스 행위를 보고 회사를 평가를 하기 때문에, 고객의 입장에서 접점종업원은 곧 회사이며, 회사를 대표하는 것이다. 따라서 아주 짧은 순간순간이지만 서비스접점(service encounter)에서 진실의 순간을 관리하는 것은 매우 중요하다.

서비스 제공자가 서비스를 제공하는 매 순간은 고객이 지각하는 서비스 품질과 기업 이미지, 고객만족, 고객충성도를 형성함에 있어 중요한 영향을 미칠 수 있다는 데 MOT의 중요성이 있다. 즉 서비스 제공과정에서 고객이 경험하는 긍정적 인상은 서비스의 품질과 고객만족, 고객충성도를 강화한다는 효과를 낳고, 부정적 인상은 그 반대의 효과를 낳는다. 또 긍정적 경험과 부정적 경험이 상호작용하여 혼재하는 상황이라면 서비스 품질에 대한 불확실성을 높이고 서비스의 일관성과 신뢰도를 떨어뜨려 경쟁력이 취약한 서비스가 되고 만다.

고객이 지각하는 서비스 품질과 고객만족은 '곱셈법칙'이 적용된다. 즉 100 - 1의 값은 99가 아니라 0이라는 것이다. 여러 번의 MOT 중 어느 하나의 MOT에서 실패했. 하더라도 고객은 서비스 전체를 나쁘게 평가하고 한순간에 고객을 잃게 된다. 서비스 접점에서 모든 순간들이 고객들과

🌐 표 11 - 1 _ MOT 도표의 예(전화문의 상황)

(-)MOT	표준적 기대	(+)MOT
• 계속 통화 중임 • 여러 번 둘려 담당자와 연결됨	• 담당자와 바로 연결됨	• 항상 업무 담당자와 빠르고 쉽게 연결됨
• 돌릴 때마다 용건을 말함 • 잠깐 기다리게 해놓고 한참 동안 응답이 없음 • 용건을 다 말하기도 전에 전화를 끊거나 다른 부서로 돌려버림 • 퉁명스럽게 응대함	• 친절하고 자상하게 응대함	• 인사와 함께 자기의 소속과 이름을 밝힘 • 용건을 한 번만 말하고도 응답자와 연결됨 • 용건을 다 마친 뒤에도 더 문의 할 사항이 없느냐고 물어봄
• 간단한 질문에도 확실한 대답을 못함 • 아마 그럴 것 같다는 식으로 즉답을 회피함	• 질문에 정확한 답변을 해줌	• 전체 절차를 자세하게 설명함 • 고객이 잘 이해했는지 다시 확인해 줌

자료: 이상환·이재철(1999), 『서비스 마케팅』, 삼영사, p.69.

의 관계형성에서 같은 비중으로 중요한 것은 아니다. 왜냐하면 모든 서비스 기업들은 서비스 제공 시 고객만족에 핵심적 역할을 하는 특유의 순간들을 갖고 있기 때문이다. 예를 들면, 호텔 서비스에서는 초기 접촉순간이 가장 중요하고 의료 서비스에서는 식사나 퇴원 서비스보다는 의료진과의 접촉이 보다 더 중요한 것이다. 때로는 여러 번의 결정적 순간 중 한순간의 긍정적 고객접촉이 그 고객을 평생고객으로 만들기도 한다. 이처럼 주차요원이나 창구직원, 전화상담원, 안내원 등 일선 종업원들의 역량과 접객태도는 회사의 운명을 좌우할 수 있을 만큼 중요하다고 할 수 있다.

요컨대, MOT관리는 서비스의 경쟁력을 유지, 강화하기 위한 필수요건이 되며, 이는 서비스 프로세스 및 서비스 접점관리의 중요성을 시사하는 것이라고 하겠다.

3) MOT 도표

MOT 도표(Moment of Truth Chart)는 서비스 종업원들이 고객과의 접점에서 결정적 순간(MOT)들을 효과적으로 관리하기 위해 만들어진 도표를 말한다. MOT 도표는 세 가지 요소로 구성된다. 도표의 첫째 칸은 서비스 접점에서 고객을 불만족스럽게 하는 '마이너스(-) MOT'상황을 나타내고, 둘째 칸은 고객의 '표준적 기대수준'을 나타내는 MOT 상황을 나타내며, 셋째 칸은 고객을 만족스럽고 기쁘게 하는 '플러스(+) MOT'상황을 나타낸다.

〈표 11 - 1〉은 전화문의 상황에 대한 MOT 도표의 예를 보여주고 있다.

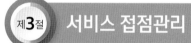

제3절 서비스 접점관리

① 서비스 접점의 개념과 중요성

1) 서비스 접점의 개념

경제의 서비스화 현상이 가속화되고 서비스 산업의 중요성이 점점 더 커지고 있는 오늘날, 소비자들은 서비스 제공자들과의 상호작용에서 욕구불만과 불만족의 소리가 더 높아지고 있다. 서비스 마케팅은 다양한 욕구를 가진 고객들을 동시적으로 접촉하는 상황에서 서비스운영시스템을 설계 시에 서비스의 효율성과 개별화라는 두 가지의 상충되는 목표에 흔히 직면하게 된다. 효율성과 개별화 요소의 상대적 중요성은 서비스의 성격과 고객의 개별화에 대한 기대에 의해 결정된다. 대부분의 소비자들은 집합적인 다수로서가 아니라 개별화된 서비스를 제공받고 싶어 하기 때문에 개별화에 반하는 서비스는 원치 않을 것이다. '개별화된 서비스'를 제공한다는 것은 고객의 개별화 욕구를 충족시키기 의도된 상호작용이 일어나는 어떤 행동을 말한다. 이것은 서비스 접점의 중심이 궁극적으로 특정 서비스에 대한 고객의 만족에 있어야 함을 의미한다.

서비스 접점(서비스 인카운터, service encounter)이란 서비스 제공과정에서 고객과 서비스 제공자 간의 상호작용 또는 '고객이 특정 서비스와 직접 상호작용하는 기간'이라고 정의된다. 전자의 정의는 고객과 접점종업원 간의 상호작용 관점에서 정의한 것인 데 반하여, 후자의 정의는 개인 간의 상호작용에 한정하지 않고 물리적 시설과 기타 유형적 요소와의 상호작용까지 포함하는 보다 포괄적인 개념이다.

2) 서비스 접점의 중요성

대부분의 서비스는 물리적 제품에 비해 결과로서의 산출물보다 서비스 제공과정이 중요시되고, 고객들도 기계장치나 시스템에 의한 서비스보다 인간적인 접촉을 통한 서비스를 선호하고 있다. 은행의 현금자동지급기나 서비스센터의 자동응답전화에서 나오는 기계음성에 대하여 고객들은 거부감을 느끼고 불만스러워하는 경우를 볼 수 있다. 또한 고객들은 서비스를 제공받을 때 접점종업원뿐만 아니라 서비스의 물적 증거물과도 접촉하게 되기 때문에 물적 증거물의 관리도 매우 중요하다. 어떤 레스토랑에 고객이 들어서자 종업원은 친절하지만 내부가 청결하지 못하고 다른 고객들이 소란을 피우고 있다면 그 고객은 발길을 되돌리고 말 것이다. 이처럼 서비스 실패는 대부분 종업원과의 인간적 접촉이나 서비스 증거물과의 접촉에 실패할 때 나타나는데, 이것은 서비스 접점관리의 중요성을 설명해 주는 것이다. 따라서 서비스 접점관리는 고객과 종업원의 접점, 고객과 (타)고객의 접점 및 고객과 서비스 환경의 접점이라는 세 가지 접점상황을 모두 포괄하는 것이라 할 수 있다. 다시 말해 서비스 접점관리는 종업원들에게 단순히 인사예절을 가르치거나 '벨이 세 번 울리기 전에 반드시 전화기를 들어라'고 훈련시키는 것 이상의 의미를 내포한다. 서비스 접점의 관리는 서비스 제공과정에서 만족 또는 불만족 행태를 보이는 종업원을 이해하고, 그들을 교육훈련하고, 동기부여하고, 보상하며, 고객의 요구를 반영하는 물리적 환경을 갖추는 것을 포함한다. 서비스 접점의 중요성은 서비스 기업에 대한 소비자들의 평가가 서비스 접점, 즉 고객과 기업이 상호작용하는 동안에 결정된다는 데 있다. 서비스 접점에서 고객의 평가에 영향을 미치는 요인들을 파악하는 일은 고객들의 지각된 서비스 질이 떨어지고 있는 상황하에서는 특히 중요하다.

② 서비스 접점의 유형

1) 직접적인 서비스 접점

① 원격접점(remote encounter)

서비스 기업과 어떠한 인적 접촉 없이 이루어지는 서비스 접점으로서 예를 들면 은행의 폰뱅킹이나 현금자동인출기를 통해서 거래를 한다든지 또는 통신판매를 통해 배달서비스를 받는 경우이다. 비록 원격접점에서는 인적접촉이 발생하지 않지만 고객의 입장에서는 현장까지 와서 서비스를 구매해야 하는 불편을 해소하고, 서비스 제공자 입장에서는 인적 서비스의 수고를 들 수 있다는 측면에서 상호 이해가 맞아떨어지고, 정보 기술의 발달에 힘입어 향후 더욱 활성화될 것으로 기대된다. 단지 서비스의 유형적 증거와 기술적 프로세스 및 시스템이 품질 판단의 근본이 되므로 이에 대한 보완이 요구된다.

② 전화 접점(phone encounter)

대면접촉을 하기 전에 문의, 예약, 주문 등의 수단으로 빈번하게 발생되는 서비스 접점이다. 상품기업이든 서비스 기업이든 거의 모든 회사들이 고객 서비스나 일반적인 조회 및 주문접수 등을 위하여 전화접점에 의존하고 있다. 전화접점에서의 품질 판단은 원격접점보다 더 복잡하다. 상호작용에 있어 좀 더 다양한 형태의 상호작용이 예상되기 때문이다. 전화접점 서비스의 생명력은 신속한 반응과 응대의 수준, 그리고 약속 준수에 대한 신뢰감이다. 따라서 전화 접점에서는 목소리의 크기, 종업원의 지식, 그리고 효율적으로 고객을 다루는지의 여부 등이 판단의 중요기준이 된다.

③ 대면접점(face to face encounter)

종업원과 고객이 접촉과정에서 발생되는 접점서비스이다. 종업원은 대면접촉에서 '결정적 순간'을 좌우하는 인적 서비스의 제공자이자 그들 자신이 서비스 상품이고, 품질을 결정짓는 요소이자 평가의 대상이 되기도 한다. 대면접점에서 서비스 품질을 결정하고 이해하는 문제는 세 가지 형태의 접점 중에서 가장 복잡하다. 대면접점에서는 종업원의 복장 및 서비스 상징물 등 유형적 단서들이 중요하다. 또 언어적, 비언어적 행동이 품질을 결정하는 중요한 요인이 된다.

2) 간접적인 고객접점 서비스

서비스는 인적, 물적, 시스템적 서비스로 구성되어 있으므로 이 중에서 어느 한 요소만으로 고객에게 서비스를 제공할 수 없다. 즉 서비스 기업의 고객접점은 서비스 요원과 고객과의 직접적인 접촉에 의해서만 이루어지는 것은 아니다. 물적 서비스, 시스템적 서비스와 같은 간접적인 고객접점

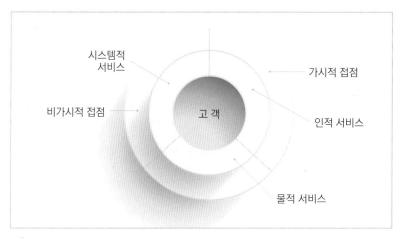

그림 11 - 4 _ 고객접점도

에 의해서도 이루어진다는 것이다.

① 물적 서비스

건물의 외관, 시설, 분위기, 공간배치, 소품, 가구, 비품, 인테리어 요소, 물자 및 서비스와 함께 제공되는 일부 유형의 제품을 말하며, 고객이 서비스 구매과정에서 수없이 접하게 되는 접점이다. 특히 서비스 기업에 있어서 불적 서비스는 유형성을 높여주는 가장 강력한 수단이고, 실제 구매포인트로서 상담한 역할을 한다. 아무리 인적 서비스가 훌륭하다고 하여도 물적 서비스가 불량하면 서비스 품질 전체가 불량으로 평가된다. 고객은 상품속성의 유형성이 낮은 서비스 기업을 연상할 때 가장 먼저 물적 서비스부터 떠올리게 된다.

예를 들면 고객이 백화점에서 만족한 쇼핑을 하고 셔틀버스를 타고 집으로 돌아갈 때 그 셔틀버스 내부가 불결하다든지, 호텔의 레스토랑에서 아무리 맛있는 식사를 먹고 인적 서비스를 잘 받아도 실내의 청소상태 및

테이블클로스, 냅킨, 나이프나 포크 등의 기물이 불결하다면 전체 만족도
는 떨어지고 서비스 품질과 수준은 의심을 받게 될 것이다.

② 시스템적 서비스

고객이 구매선택하고 이용하는 데 있어서 간접적으로 영향을 주는 것을
말한다. 즉 지식, 정보, 아이디어에 의한 흐름, 절차, 체계, 제도 등으로 제
공되는 편익을 의미한다. 이러한 것도 고객의 입장에서는 비가시적인 접
점의 대상이 되는 것이다.

시스템적 서비스의 구체적인 예를 들면 다음과 같다.

- 조직자체의 커뮤니케이션의 체계 유지
- 판촉 및 홍보를 통한 고객 간의 정보 커뮤니케이션의 경로구축(인터
  넷 정보서비스 등)
- 고객의 다양한 욕구에 대응하는 서비스 개발 및 상품화
- 업무의 프로세스, 매뉴얼화로 시간 단축 및 서비스의 표준화 실현
- 노동, 비용, 시간 등의 절약으로 효율적인 생산 및 수익성 제고
- 고객을 위한 쾌적하고 안전한 환경 조성

③ 서비스 접점의 특성

서비스 접점의 특성은 다음과 같이 5가지로 정리할 수 있다.

① 서비스 접점은 서비스 제공자와 고객의 양자적 개념이다. 즉 각자의
   경제적, 사회적, 개인적 특성에 의해 좌우되는 서비스 제공자와 고객

의 양자적 관계를 말한다. 서비스 접점에서 양자의 만족요소들을 파악하게 되면 서비스 설계와 서비스 환경 설계, 서비스 제공자의 선발, 훈련 및 동기부여, 고객서비스 등에 도움을 줄 수 있다.

② 서비스 접점은 인간적인 상호작용이다. 서비스 접점에서 이루어지는 서비스 제공자와 고객의 행동은 양자의 상호 조정된 행동에 따라 결정되는 목표 지향적 행위이다. 즉 서비스 제공자와 고객 간의 커뮤니케이션은 상호작용적이며, 호혜적 과정이다. 서비스 산출물의 품질은 어느 한 쪽의 행동만으로는 예측할 수가 없다.

③ 서비스 접점은 목표 지향적인 역할수행이다. 서비스 접점은 고객의 욕구와 목표가 있을 때 발생하기 때문에 목표 지향적이고 과업 지향적인 상호작용의 성격을 지닌다. 서비스 제공자와 고객은 각기 특정 상황에 맞는 일련의 행동을 학습하여 목표성취를 위한 어떤 역할을 수행한다.

④ 서비스 접점의 목적은 정보의 교환에 있다. 즉 서비스 접점은 서비스 제공자와 고객 간에 제공 중인 서비스와 고객 간에 제공 중인 서비스와 관련된 정보의 교환과 커뮤니케이션 과정으로 이루어진다.

⑤ 서비스 접점은 제공되는 서비스에 따라 제한을 받는다. 즉 제공되는 서비스의 내용과 특성 및 참여자의 위치에 따라 서비스 접점의 범위가 제한된다. 예컨대, 영어회화 강좌에서 강사는 효과적인 영어회화 교육을 위한 노력에 집중하고, 수강생은 영어회화에 필요한 자신의 역할과 노력을 하게 된다.

(1) 서비스 접점 삼각대

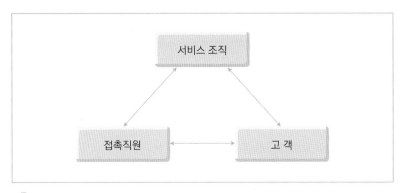

서비스 조직

접촉직원 ⟷ 고 객

🔍 그림 11 - 5 _ 서비스 접점 삼각대

    서비스가 지닌 독특한 특징 중의 하나는 서비스 생산 프로세스에 고객이 활동적으로 참가하는 것이다. 모든 '진실의 순간'은 고객과 서비스 제공자 사이의 상호작용을 포함하고 있다. 따라서 서비스 조직에 의해서 마련되어지는 서비스 환경에서 고객과 서비스 제공자는 서로에게 주어진 각자의 역할을 수행한다.

    이익을 추구하는 서비스 조직의 관리자는 조직의 이윤을 보호하고 시장에서 지속적으로 경쟁적이기 위하여, 가능한 한 효율적으로 서비스를 전달하는 데 관심을 갖고 있다. 이윤추구가 목적이 아닌 서비스 조직에서는 효율성보다는 효과성을 더 중시할지도 모른다. 그러나 이윤추구가 목적이 아닌 조직에서도 예산에 의해 정해진 한도 내에서 운영되어야 한다.

    그 결과 서비스 전달을 통제하기 위해서 관리자는 접촉직원에게 규칙과 절차를 부과하려는 경향이 있으며 또한 고객에게 서비스를 제공할 때 접촉직원의 자율권과 재량권을 제한하려는 경향이 있다. 이와 같은 규칙과 절차는 고객에게 제공되는 서비스 정도를 제한하려는 의도도 갖고 있다. 그런데 고객화가 부족하게 되면 결과적으로 고객을 만족시키기 어렵다. 마지막으로 접촉직원과 고객 간의 상호작용은 양자 간에 인지된 통제 요소를 가지고 있다. 접촉직원은 그들의 업무를 관리하기 쉽고 스트레스를 덜 받도록 고객행동을 통제하기를 원한다. 이와 동시에 고객은 서비스 접점에서 최대한의 혜택을 이끌어 내기 위해 서비스 접점에 대한 통제를 시도한다.

이상적으로 3자는 상호 호혜적인 서비스 접점을 창출하기 위해 함께 노력함으로써 많은 것을 획득할 수 있다. 그러나 서비스 접점에서 한 참가자가 단지 자신의 역할만을 고집함으로써 3자 간의 상호작용을 지배하고자 하는 경우에는 '진실의 순간'이 역기능적으로 작용될 수도 있다.

① 서비스 조직에 의한 서비스 접점 지배

서비스 조직을 효율적으로 운영하면서도 원가주도 전략을 추구하는 기업은 엄격한 서비스 운영 절차를 설정하고 접촉직원의 재량권을 엄격히 규제함으로써 서비스 전달을 규격화할 것이다. 따라서 고객에게는 매우 적은 서비스의 대안을 제시하기 때문에 고객화된 서비스는 이루어질 수 없다. 맥도날드처럼 많은 가맹점을 가진 서비스나 기업은 서비스 접점을 지배하는 구조적 조직과 환경하에서 기업을 성공적으로 운영하고 있다. 이 기업들의 성공요인 가운데 대부분은 고객에게 서비스에서 기대해서는 안 되는 것을 교육시킨 결과이다.

그러나 다른 서비스 조직으로부터 서비스 접점에 대한 경험을 지닌 고객들이 경멸적으로 '관료제'라고 이름을 붙인 대다수의 불만은 접촉직원에게 개별적인 고객의 요구를 처리할 수 있는 재량권을 전혀 주지 않았기 때문에 발생한다. 이러한 조직에서 접촉직원은 고객을 동정할 수는 있지

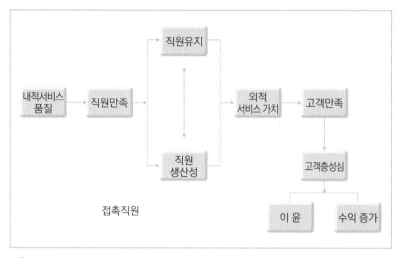

🔍 그림 11 - 6 _ 서비스 수익 체인

만 규칙에 의해 서비스를 제공할 수 없다는 것을 강요당한다. 따라서 접촉 직원의 직무만족은 서비스 프로세스에서 감소된다.

② 접촉직원에 대한 서비스 접점 지배

보편적으로 서비스 직원은 요구사항을 지닌 고객과의 만남에서 발생하는 스트레스를 줄이기 위하여 서비스 접점의 영역범위를 제한하려는 경향이 있다. 접촉직원이 접점에서 우세한 위치에 놓이면 그들은 고객을 통제하는 중요한 등급을 지닌 것으로 자신들을 인지할 것이다. 또한 고객은 서비스 제공자는 전문적인 지식을 갖고 있다고 가정하기 때문에 접촉직원의 판단에 상당한 신뢰를 주게 된다. 예를 들어, 의사와 환자 사이의 상호관계는 접촉직원이 접점에서 우세한 위치를 점하는 경우의 단점을 잘 설명해 준다. 왜냐하면, 환자는 고객으로서 간주되는 것은 아니라 하여도 서비스 접점을 통제할 수 없는 종속적인 위치에 놓이게 되기 때문이다. 더 나아가

병원과 같이 의사들에게 우호적인 서비스 조직 역시 효율성 문제에 관계 없이 의사들에 의해 상당한 요구를 당한다.

③ 고객에 대한 서비스 접점 지배

극단적으로 표준화된 서비스와 고객화된 서비스에서는 고객이 접점을 통제할 기회가 있다. 표준화된 서비스의 경우, 셀프서비스는 고객에게 제공된 한정된 서비스를 고객이 완전히 통제할 수 있는 선택권을 부여한다. 예를 들어, 신용카드 단말기가 설치된 주유소에서의 셀프서비스는 고객이 그 누구와도 상호관계 없이 원하는 일을 마칠 수 있다. 그 결과는 아주 적은 서비스를 필요로 하는 고객에게 매우 효율적이면서도 만족스럽게 이루어진다. 그러나 형사사건에서의 변론과 같은 고객화된 서비스에서는 모든 조직의 자원이 서비스를 위해 필요로 하지만 효율성 면에서 많은 비용이 든다.

만족스럽고 효과적인 서비스 접점을 위해서는 삼자 모두의 통제욕구를 균형화하여야 한다. 예를 들어, 효율성만이 경제적으로 존속할 수 있다는 서비스 조직의 욕구는 접촉직원이 적절하게 교육을 받고 서비스전달 프로세스에서 고객의 기대와 역할이 효과적으로 전달된다면 가능하다. 서비스 접점을 관리하려는 접근방식에 대한 논의는 서비스 조직으로부터 시작된다.

(2) 서비스 수익 체인

서비스 수익 체인은 수익성, 고객충성도, 종업원 만족, 종업원 유지, 생산성을 연결시키는 일련의 관계를 제시하고 있다. 그림에서 보는 바와 같이 수익성과 수익 증가는 고객충성도로부터 파생되고, 고객충성도는 고객이 인지한 서비스의 가치에 영향을 받는 만족도의 결과이다. 서비스의 가치는 직무에 만족하고, 매진하는 생산성을 지닌 종업원에 의해 창출된다.

또한 종업원의 만족도는 기업이 정보 기술 및 교육훈련에 대한 투자와 종업원 권한 부여 정책에 의해서 창출된다.

① 내적 품질이 종업원 만족 창출

내적 품질은 종업원의 직무 환경을 의미하는데 이 직무환경에는 종업원 선발 및 자기개발, 보상 및 인정, 고객에게 서비스하기 위한 정보 접근 권한, 작업장에서 사용하는 기술, 직무 설계 등이 포함된다.

② 종업원 만족이 생산성과 낮은 이직률 창출

대부분의 서비스직무에서 종업원 이직의 진정한 비용은 생산성의 손실과 고객 만족의 감소로 나타난다. 고객화된 서비스 기업에서는 낮은 이직률이 고객 만족과 깊은 관계를 지니고 있다. 예를 들어, 증권회사에서 유능한 브로커가 이직함으로써 발생하는 배용은 그의 후임자가 처음부터 고객 관계를 다시 수립하는 동안 발생하는 수수료 손실로 측정된다. 또한 고객 만족은 생산성 향상에 기여를 한다. 사우스웨스트 항공사가 지속적으로 수익성이 높은 기업으로 유지되고 있는 이유는 부분적으로 업계 최저인 연간 5% 미만의 이직률을 보이는 회사의 높은 종업원 유지율 때문이다.

③ 종업원의 낮은 이직률과 생산성이 서비스 가치 창출

사우스웨스트 항공사의 경우 항공 고객에게 좌석을 지정해 주지도 않고, 식사나 음료를 제공하지도 않으며, 다른 항공사와의 연계 예약 서비스를 실시하지 않는데도 불구하고 서비스 가치에 대한 고객의 인지도는 매우 높다. 고객들은 많은 출발편수, 정시 도착 서비스, 친절한 직원들 그리고 다른 항공사에 비해 60%~70% 정도 저렴한 요금 등에 높은 점수를 준다. 이처럼 값싼 가격은 부분적으로 고도로 교육되고 유연성을 지닌 직원들이 여러 가지 직무를 수행할 수 있으며 15분 이내에 게이트에서 비행기가 출발할 수 있기 때문에 가능하다.

④ 서비스 가치가 고객 만족 창출

고객 가치는 서비스를 획득하는 데 투입된 총비용과 서비스 결과를 비교하여 측정된다. 상해보험 회사인 프로그레시브는 보험료 지불 청구에 대해 신속하게 처리하여 지불하면서 보험 가입자에게 거의 노력을 요구하지 않음으로써 고객 가치를 창출하고 있다. 대규모 참사 현장에 보험처리팀을 급파시킴으로써 프로그레시브는 지불 청구를 즉시 처리할 수 있으며, 이와 더불어 부가적인 지원 서비스를 제공하고, 낮은 비용으로 법률 서비스를 제공함으로써 결과적으로 피해 고객의 손에 더 많은 보험금이 돌아갈 수 있도록 한다.

⑤ 고객 만족이 고객 충성도 창출

제록스사는 고객 만족에 대해 '매우 불만족~매우 만족'이라고 대답한 고객이 단지 '만족'이라고 대답한 고객보다 무려 6배나 제록스 장비를 재구입하려고 한다는 사실을 발견하였다. 제록스사는 '매우 만족'이라고 대답한 고객을 '사도'라고 부르는데 그 이유는 자사 제품에 경험이 있는 사람이 자사 제품에 충성하는 사람으로 변화할 것이기 때문이다. 다른 극단적인 고객을 '테러리스트'라고 부르는데 그 이유는 너무나 만족하지 못하여 제품에 나쁜 점만을 떠들고 다니기 때문이다. 기업의 입장에서는 이러한 고객 그룹이 발생하지 않도록 노력하여야 한다.

⑥ 고객충성도가 수익성과 성장 창출

고객충성도의 5% 상승은 수익을 25%~80%까지 상승시키기 때문에 고객충성도로 측정되는 시장점유율의 품질은 양적인 시장점유율만큼 관심을 두어야 한다. 예를 들어, 미 콜럼버스 오하이오에 위치한 수익성 높은 은행인 뱅크원(Bank one)은 고객이 은행에서 사용한 서비스 숫자와 뱅크원과의 관계 정도를 측정하여 고객충성도를 추적하는 매우 정교한 시스템을 개발하였다.

④ 서비스 접점의 만족/불만족 원인

1) 고객의 관점에서 본 만족/불만족 원인

(1) 서비스 전달시스템 실패에 대한 종업원의 반응

① 이용할 수 없게 된 서비스에 대한 반응

정상적으로 이용할 수 있어야 할 서비스를 이용할 수 없을 때 종업원의 반응을 나타낸다. 예약을 했으나 이용할 수 없는, 또는 과나 예약되어 이용할 수 없는 호텔룸이나 비행기, 예약한 창가의 테이블을 다른 사람이 이용하고 있어 사용하지 못할 때 등의 경우가 이에 해당한다. 이용할 수 없게 된 서비스를 어떻게 다루느냐에 따라 고객의 서비스 인식은 달라진다. 등급이 더 좋은 룸으로 안내된다던가, 무료 항공권으로 보상해 준다든가, 무료 음료수나 무료 음식을 제공하는 등의 경우 고객은 그 접점을 보다 만족스럽게 생각할 것이다. 반면에 사과는커녕 변명만을 늘어놓는다면 고객들은 만족하지 못할 것이다. 이용할 수 없게 된 서비스의 원인을 고객 탓으로 돌린다거나 고객 스스로 대안을 찾도록 하는 것은 고객을 더욱더 불만족으로 이끄는 것이다.

② 불합리하게 늦은 서비스에 대한 반응

서비스 전달 또는 종업원의 역할 수행이 불합리하게 늦을 때 고객들은 불만을 느낀다. 이 같은 지체에 대해서 종업원이 어떻게 반응하느냐에 따라 고객의 불만족수준이 결정된다. 지체를 알아차리고 지체의 원인을 설명해주고 보상을 제공할 때 고객의 불만족은 완화되며 심지어는 그 사건을 만족스럽게 기억할 수도 있다. 아무 잘못이 없는 것처럼 행동하고, 지체 원인을 설명해 주지도 않고, 고객 스스로 알아서 하도록 내버려두면 이는 고객을 더욱 화나게 할 뿐이다.

③ 기타 핵심 서비스 실패에 대한 반응

핵심 서비스의 기타 측면들이 그 산업이 요구하는 기본수준을 충족하지 못할 경우에도 서비스 실패를 가져온다. 호텔 방이 깨끗하지 않다거나. 레스토랑의 식사가 차갑다거나, 수하물이 파손된 상태로 배달되는 경우 등을 들 수 있다. 이 경우 종업원들이 어떻게 반응하느냐 하는 것이 접점에서의 고객의 인식을 결정한다. 실패를 성공으로 바꾸는 핵심은 문제를 알아차리고, 적절한 원인을 설명하면서 사과를 하고, 적절한 보상을 제공해 주는 것이다. 고객들이 알아서 처리하도록 내버려두고, 심지어 고객들에게 무엇인가 잘못이 있는 것처럼 암시하면 고객들은 더욱 불쾌해질 것이다.

(2) 고객의 요구나 요청에 대한 종업원의 반응

① 특별한 요구를 가진 고객에 대한 반응

특별한 요구를 가진 고객이란 의학적인, 음식과 관련한, 심리적인, 언어에 관한 어려움을 가진 고객들을 말한다. 고객의 요구가 중요함을 알아차리지 못하고 문제를 적절히 처리하지 못한다면 고객들은 만족하지 못할 것이다. 특별한 고객들의 요구를 알아차리고 이에 적절히 대응하면 고객들은 매우 만족할 것이다.

② 고객의 기호에 대한 반응

고객의 관점에서 개인적인 기호를 반영한 특별한 요청이 있을 수 있다. 이 같은 요청은 기업의 정책이나 표준 내에서 수행될 수 있는 것도 있으나 기업의 정책이나 표준의 범위를 넘어서거나 정책이나 표준을 위반해야 할 정도로 개별화된 서비스의 요청일 수도 있다. 종업원이 그러한 요청을 인식하고 수용할 태도를 보이며, 적어도 고객의 기호를 수용하도록 시도해 본다면 고객을 만족으로 이끌 것이다. 이와 반대로 고객들의 기호가 수용되지 않을 때, 종업원들이 관심을 보이지 않고 수용할 노력을 기울이지 않을 때 고객은 불만을 느낄 것이다.

③ 고객의 실수에 대한 반응

고객의 실수로 인해 문제가 발생할 수 있다. 고객이 티켓을 잃어버렸거나, 주문을 잘못 하였거나, 미처 예약을 하지 못한 경우 등이 발생할 수 있는 것이다. 이 같은 상황에서 종업원들이 문제를 인식하고 문제를 해결하도록 도와주는 경우 고객들은 매우 만족스럽게 생각할 것이다. 반면 종업원들이 고객의 실수를 비웃고, 고객을 당황하게 하며, 책임을 회피하려 하고, 문제를 해결하도록 고객에게 도움을 주지 않으면 고객들은 불만족으로 가득 찰 것이다.

④ 분위기를 흐리는 다른 고객에 대한 반응

다른 고객의 행동이 접점에 문제를 일으킬 수 있다. 술에 취하거나, 무례한 행동을 하거나, 사회적으로 용인될 수 없는 행동을 하는 고객들을 예로

들 수 있다. 이 같은 고객을 종업원이 잘 수습하느냐 못하느냐의 여부가 다른 고객들의 만족에 영향을 미칠 수 있다.

(3) 자발적인 종업원의 행동

① 고객에게 관심을 보이는 경우 그 결과는 만족을 가져오기도 하고 불만족을 가져오기도 한다.

종업원이 고객을 위하여 특별한 대우를 받고 있다고 느낄 때 이들은 만족하게 된다. 반면 종업원이 고객에게 관심을 보이지 않고, 무시하거나 특별한 정보를 제공하지 않거나, 고객을 비인격적으로 다룰 때 고객은 만족하지 못한다.

② 보통에서 벗어난 예외적인 종업원의 행동

종업원들의 예외적인 행동이 고객에게 만족과 불만족을 경험하게 한다. 고객이 요청하지 않은 특별한 노래를 불러준다거나 감탄할 정도의 선물을 증정하는 경우와 같이 특별한 행동을 보이거나, 정중한 예의를 차리는 경우 고객은 만족하게 된다. 반면에, 무례하게 굴거나, 큰소리로 떠들거나, 고객을 모독하는 경우 고객은 매우 불만족스러울 것이다.

③ 문화적인 규범과 관련된 종업원의 행동

평등, 정직, 공정 등과 같은 문화적 규범과 관련된 종업원의 행동에 따라 고객 만족/불만족의 원인이 된다. 이상적인 문화적 규범들이 종업원에 의해 수행될 때 고객은 만족하게 된다. 예를 들면, 여성 및 어린이 고객들을 동등하게 취급한다거나, 너무 많은 팁을 되돌려 준다거나 하는 경우를 들 수 있다. 고객의 불만족은 종업원들이 문화적 규범을 명백하게 위반하는 행동을 보일 경우 나타난다. 예를 들면, 여성고객 혹은 어떤 고객을 차별한다거나, 고객의 물품을 훔치거나, 뇌물을 받는다거나, 직무를 태만히 하는 경우를 들 수 있다.

④ 전반적인 평가

특정의 단일원인이 만족/불만족을 유발하는 경우도 있지만, 모든 좋다 거나 나쁘다는 식의 전반적인 평가를 통하여 만족/불만족이 다타날 수도 있다. 종업원들의 여러 가지 행동이 종합적으로 반영되는 것이 이러한 경우에 해당된다. 만족스런 평가는 '성실하고 전문적인 팀노력/따뜻한 분위기/정중하고 효율적이고 전문적인/지금까지 경험한 최상의 서비스'와 같은 전반적인 평가의 결합으로 이루어진다. 반면, 불만족스런 평가는 비효율적이고, 사전준비가 형편없고, 서비스가 늦고, 고객의 요구를 수용하려 하지 않거나, 관심을 보이지 않고, 장식 또는 분위기가 나쁜 상황들이 결합되어 형성된다.

⑤ 악조건하의 모범적인 역할 수행

종업원들이 스트레스 등을 받는 나쁜 상황을 어떻게 다루느냐에 따라 고객은 만족/불만족을 경험한다. 고객이 종업원과 공감하거나, 종업원들이 압박상황하에서 침착하게 행동하는 데 감탄하는 경우 주변의 시끄러움 등으로 불쾌해진 감정을 상쇄할 정도로 강한 인상을 받게 된다.

2) 종업원의 관점에서 본 만족/불만족 원인

종업원의 관점에서 본 만족/불만족 원인은 앞서 설명한 고객 관점에서 본 고객 만족/불만족의 원인과 매우 유사하다. 다만 문제고객의 경우가 추가된다. 즉 고객 만족/불만족의 근본원인이 종업원에게 있는 것이 아니라 고객에게 있는 경우이다. 따라서 종업원의 관점에서 본 만족/불만족 원인은 서비스 전달시스템 실패에 대한 종업원의 반응, 고객의 특정요구에 대한 종업원의 반응, 자발작인 종업원의 행동에 더하여 문제고객이 추가된다. 이 문제 고객은 다음과 같이 분류할 수 있다.

① 만 취

고객이 술에 취해 가까이 있는 다른 고객을 성가시게 한다거나, 영업장의 분위기를 헤치는 경우이다.

② 언어적/신체적 모독

고객이 언어적으로나 신체적으로 종업원이나 다른 고객들을 모독하는 경우이다.

③ 서비스 기업의 규범이나 정책의 준수 거부

고객이 서비스 기업의 규범이나 정책 또는 종업원의 안내를 거부하는 경우이다.

④ 비협조

고객이 무례하거니 비협조적이고, 또는 불합리한 요구를 하는 경우이다. 종업원의 관점에서 고객을 위해 무엇을 하더라도 만족하지 않는 고객이다.

고객만족을 위한
서비스 경영론

SERVICE

MANAGEMENT

제 **12** 장

서비스 물적 증거

서비스 물적 증거

제**1**절 물리적 증거의 의의

① 물리적 증거의 개념

최근 소비자들의 의사결정과 구매행동에 대한 물리적 환경의 영향에 대한 연구들이 진행되고 있다. 서비스 물리적 환경의 주된 역할은 구매하기 전에 고객들에게 서비스 품질이나 상품구색에 대한 정보적 단서를 제공해준다는 것이다(Sho-stack 1977). 이런 점에서 물리적 환경은 정보적 단서로서 충분하며(Rapport 1982) 기업의 이미지와 고객에 대한 목적을 커뮤니케이션 하는 데 강력한 영향을 미친다(Bitner 1992). 물리적 환경은 특히 호텔, 레스토랑, 전문서비스, 은행, 소매점. 그리고 병원 등에 이미지나 구매행동에 영향을 미치는 요소로 나타나고 있다. 물리적 환경은 매출액(Milliman 1982, 1986), 제품평가(Baker and Chiu 1977). 그리고 만족(Bitner 1990: Harrell, Hutt, and Anderson 1980)에 영향을 미치는 것으로 나타나 점포 및 서비스 유통망 관리자들에게 중요한 관심사가 되고 있다.

이와 같이 서비스 점포 내 환경에 대한 중요성이 부각되고, 고객만족에 미치는 그 영향력이 커짐에 따라 이를 보다 효율적으로 관리하여야 할 필요성이 서비스마케팅 분야에서 커지고 있다. 서비스 기업이 이러한 물적 증거요소들을 효과적으로 관리하지 않으면 고객은 그 기업이 제공하는 서비스에 대하여 잘못된 인식과 이미지를 갖게 되어 서비스 질과 고객만족에 나쁜 영향을 미치게 된다.

물적 증거(Physical evidence)란 서비스가 제공되고 서비스 기업과 고객 간에 상호작용이 이루어지는 환경을 말한다. 물적 증거는 고객이 서비스를 이해하고 평가하기 위한 유형적 단서(tangible cues)가 되고, 비언어적 단서로서 커뮤니케이션 기능을 한다. 서비스 마케팅관리자의 중요한 책무는 고객을 향해 적절한 신호를 보내어 고객이 그 서비스를 잘 알 스 있도록 유형적 증거물을 관리하는 것이다.

② 물적 증거의 구성요소

서비스의 물적 증거는 포괄적인 의미로 서비스 환경이라고도 하는데, 크게 나누어 물리적 환경과 기차 유형적 요소로 이루어진다.

〈표 12 - 1〉은 서비스의 물적 증거 구성요소들을 보여주고 있다.

표 12 - 1 _ 물적 증거의 구성요소

물리적 환경(서비스스케이프)		기타 유형적 요소
▷외부환경 • 건물/토지 • 조경 • 외관/디자인 • 조형물 • 간판 • 주차장 • 주변환경	▷내부환경 • 인테리어 • 디자인 • 내부사인 • 레이아웃 • 보고서 • 실내공기와 온도 • 설비/장비	• 종업원 복장 • 유니폼 • 안내책자 • 명함 • 사무용품 • 계산서 • 영수증

1) 물리적 환경

서비스의 물리적 환경(Physical environment)은 서비스 제공과 관련하여 구축된 환경적 자극물 내지 물리적 요인들을 의미한다. 비트너(Bitner)는 서비스의 물리적 환경을 서비스스케이프(servicescape)라고 표현하고, 기업이 통제할 수 있는 객관적이고 물리적인 요인으로 정의했다. 물리적환경은 고객의 서비스 평가를 위한 정보적, 상징적 단서가 되며, 서비스 이미지와 서비스 품질 및 고객만족의 주요 영향요인이 된다.

물리적 환경은 다시 외부환경과 내부환경으로 구분할 수 있다. 외부환경은 서비스 시설의 외형이나 주변환경 요소로서 건물, 토지, 조경, 외관의 디자인, 간판, 주차장, 주변환경 등을 말한다. 외부환경은 신규고객을 유인하고 기업의 차별화 된 이미지를 창출하는 데 중요한 역할을 한다. 또한 내부환경은 시설물 내부의 인테리어, 디자인, 내부사인물, 레이아웃, 실내공기와 온도, 각종 설비나 장비 등을 말한다. 서비스의 내부환경은 고객과 종업원의 만족과 업무 생산성에 특히 중요한 영향을 미친다.

2) 기타 유형적 요소

기타 유형적 요소는 종업원의 복장이나 유니폼, 팸플릿, 브로셔, 회사명함, 사무용품, 계산서, 영수증 등 서비스의 물적 증거 중에서 물리적 환경 이외의 유형적 단서가 되는 요소들을 말한다.

모든 서비스업종에서 물적 증거가 똑같이 중요시되지는 않는다. 병원이나 백화점, 리조트, 테마파그, 예식장과 같은 고접촉 서비스는 물적 증거 요소가 사업의 성패를 좌우할 만큼 중요한 역할을 하지만 이동통신이나 홈쇼핑, 온라인교육 등의 원격 서비스나 보험, 택배 서비스 같은 저접촉 서비스는 물적 증거가 크게 중요하지 않다. 〈표 12 - 2〉는 고객관점에서 본 서비스 물적 증거를 보여주고 있다.

표 12 - 2 _ 고객관점에서 본 물적 증거

서비스 업종	물적 증거	
	물리적 환경	기타 유형적 요소
보험회사	중요하지 않음	보험증서, 보험료 청구서, 영수증, 팸플릿, 보험상품 등
병 원	건물외관, 주차장, 의료장비, 입원실, 실내사인, 진료대기실, 안내데스크, 진료실 등	의료진과 직원 유니폼, 청구서, 의무기록부, 사무용품, 영수증, 안내책자 등
항공사	탑승구, 비행기 외곽과 내부설비, 인테리어, 실내온도 등	항공티켓, 기내식, 승무원 유니폼, 항공안내책자 등
택배업	중요하지 않음	화물포장상태, 배달원 유니폼, 운송트럭, 대금청구서 등

제2절 물리적 환경

① 물리적 환경의 유형

물리적 환경은 서비스의 속성과 서비스 참여자인 고객과 종업원의 이용 상황에 따라 그 중요도가 달라질 수 있다. 〈표 12 - 3〉은 물리적 환경의 이용대상과 복잡성에 따라 서비스 조직의 유형을 분류하고 있다.

먼저 〈표 12 - 3〉의 세로축에서 물리적 환경에 실테로 영향을 받는 대상, 즉 물리적 환경에 들어와 직접 이용하는 사람이 고객인가, 종업원인가,

물리적 환경의 이용대상	물리적 환경의 복잡성	
	복잡함	간단함
셀프서비스 (고객만 이용)	골프장, 놀이공원	ATM, 티켓 발매기, 영화관, 물품 보관함 등
대인서비스 (고객과 종업원 모두)	호텔, 레스토랑, 병원, 은행, 항공사, 학교 등	세탁소, 이·미용실, 포장마차 등
원격서비스 (종업원만 이용)	전화사, 이동통신회사, 방송사, 원격진료 등	통신판매업체, 자동 응답서비스(ARS) 등

아니면 양쪽 모두인가에 따라 각각 셀프서비스, 대인서비스, 원격서비스로 구분된다.

셀프서비스(self - service)는 ATM이나 영화관, 놀이공원과 같이 고객이 대부분의 활동을 수행하는 서비스 환경을 의미한다. 셀프서비스 상황에서는 특정 고객층을 유인하고, 고객이 이용하기 편리하고, 즐길 수 있도록 시설을 갖추는 것이 좋다.

원격서비스(remote service)는 셀프서비스와 정반대로 물리적 환경에 대한 고객의 참여가 거의 없는 서비스를 말하며, 유·무선 통신회사나 방송사, 통신판매회사, ARS업체 등이 해당된다. 고객은 물리적 환경에 직접 접촉할 필요가 없기 때문에, 물리적 환경은 종업원의 욕구와 선호를 반영하여 종업원의 동기를 유발하고 생산성과 팀워크 및 운영의 효율성을 제고할 수 있도록 설계해야 한다.

마지막으로 대인서비스(interpersonal service)는 셀프서비스와 원격서비스의 중간 형태를 말하며, 고객과 종업원이 물리적 환경 안에 함께 참여하여 서비스를 생산하는 상황이다. 호텔이나 레스토랑, 병원, 은행, 세탁소, 이·미용실 등 대부분의 서비스가 여기에 해당된다. 대인서비스 상황에서는 고객과 종업원을 동시에 끌어들이고 만족시키며 편리함을 줄 수 있도록 물리적 환경을 설계해야 한다. 또 물리적 환경이 고객과 종업원 간의 사회적 상호작용에 어떻게 영향을 미치는지에 대해서도 충분히 고려해야 한다.

서비스 물리적 환경을 설계할 때 고려해야 할 또 다른 요인으로 서비스스케이프의 복잡성이 있다. 어떤 서비스에서는 시설이나 공간, 기타 서비스스케이프 요소들이 복잡한 형태로 물리적 환경을 설계가 필요한 경우도 있다.

〈표 12 - 3〉의 가로축에서 '복잡한' 물리적 환경의 서비스에는 병원이나 호텔, 항공사, 은행 등이 있다. 물리적 환경이 복잡한 서비스에서는 서비스 참여자의 만족과 생산성 향상을 위해 물리적 환경의 설계와 운영에 세심한 주의를 기울여야 한다. 또 물리적 환경이 '간단한(lean)' 서비스에는 현금자동지급기(ATM)나 영화관, 세탁소, 이·미용실, 통신판매업체 등이 있다. 이러한 서비스는 물리적 환경의 설계가 간단하다. 셀프서비스나 원격서비스의 경우는 고객과 종업원의 상호작용이 없기 때문에 물리적 환경의 설계와 구조가 특히 간단하다.

② 물리적 환경의 역할

서비스에서 유형적 증거의 전략적 중요성은 물리적 환경의 다양한 역할과 각 요소 간의 상호작용 관계를 살펴봄으로써 잘 이해할 수 있다.

1) 서비스 포장

제품의 포장(package)과 마찬가지로 서비스의 물리적 환경은 무형의 서비스를 감싸고 내부적인 것을 이미지화하여 외부로 전달하는 역할을 한다.

즉 서비스는 물리적 환경의 설계를 통해 어떤 고유의 이미지를 창출하고 고객들에게 감성적 반응이 환기되도록 한다. 물리적 환경은 무형의 서비스를 시각적으로 표현하는 유형적 단서가 되기 때문에 서비스에 대한 고객의 첫인상과 기대를 형성하는 데 매우 중요하다. 이러한 포장의 역할은 서비스기업이 신규고객을 창출하고 그들에게 특정한 고유 이미지와 서비스 기대를 구축할 때 특히 중요하다. 호텔의 품격 높은 인테리어와 집기들, 서비스 종업원의 세련된 유니폼 등은 서비스의 포장 역할을 유형적 단서가 된다.

2) 촉진자

물리적 환경은 서비스 환경 내에서 활동하는 사람, 즉 고객과 종업원의 성과를 지원, 촉진하는 촉진자(facilitator)로서의 역할을 한다. 물리적 환경이 어떻게 설계되느냐에 따라 서비스 환경 내에서 이루어지는 활동의 흐름이 촉진되거나 억제될 수 있고, 고객과 종업원이 추구하는 목적이 달성되기 쉬워질 수도 있고 어려워질 수도 있다. 편리하고 효율적인 구조로 설계된 물리적 환경은 고객에게는 고객 중심의 서비스를 경험하는 즐거움을 제공하고, 종업원에게는 양질의 서비스를 제공하는 즐거움을 준다. 서비스의 물리적 환경이 고객과 종업원의 편의성을 높일 수 있도록 설계되어 있다면 고객과 종업원 모두에게 만족스러운 서비스 경험을 갖게 해주지만 그렇지 못할 때에는 고객과 종업원 모두에게 불만족과 낮은 서비스 성과를 낳게 된다. 테마파크에서 이용안내 표지판이 잘 부착되어 있고 각종 편의시설이나 시설물이 편리하게 잘 배치되어 있다면 고객만족은 물론 종업원의 업무생산성과 동기유발에도 도움이 될 것이다. 은행에서 시력이 좋지 않은 노인들을 위해 돋보기를 비치하거나 호텔객실에서 전화통화를 하는 동안 자동적으로 TV음량이 조절되는 장치, 전기 스위치에 야광으로 처리하여 어두움 속에서도 쉽게 점등을 할 수 있게 하는 것은 모두 서비스의 촉진적 기능을 위한 노력이라고 할 수 있다.

3) 종업원과 고객의 사회화

서비스의 물리적 환경은 고객과 종업원으로 하여금 기대되는 역할과 행동 및 관계를 형성하는 데 도움을 준다는 점에서 고객과 종업원을 사회화(socialization)시키는 역할을 한다. 예컨대, 회사에 입사하여 첫 출근하는 사람은 근무할 사무실에 배치된 자리의 위치나 사무집기의 크기와 질을 통해 회사 내에서 자신의 지위와 서열관계를 이해할 수 있다.

또한 물리적 환경의 설계는 서비스 제공상황에서 고객 자신이 어떤 역할과 행동을 하며, 어떤 상호작용이 필요한지를 알 수 있게 해준다. 음악 콘서트에 참석한 청중이나 도서관을 찾은 학생은 자연스레 정숙해야 함을 알게 된다.

4) 경쟁적 차별화

서비스기업은 물리적 환경의 설계를 통해 경쟁사와 차별화하고 표적고객을 향한 시장세분화를 할 수 있다. 또 각종 시설이나 장비, 인테리어, 레이아웃 등의 물리적 환경을 재설계함으로써 기업을 재포지셔닝하고 신규고객을 유치하는 데 이용할 수도 있다. 락카페나 나이트클럽에서는 빠른 템포의 시끄러운 음악과 어두운 조명 등의 서비스 환경을 통해 청소년층의 출입을 자극하고 장년층이나 노년층의 출입을 억제하곤 한다. 많은 레스토랑이나 카페, 쇼핑몰에서는 실내 인테리어나 심볼, 색상, 배경음악, 메뉴 등의 요소를 통해 고객을 차별화하고 있다.

물리적 환경의 설계는 기업 내 서비스 영역 간의 차별화에도 이용할 수 있다. 대형호텔이나 숙박업계에서는 실내 디자인이나 시설의 차별화를 통해 등급을 구분하고 있다. 또 물리적 시설의 차이는 서비스의 가격차별화를 만들어낸다. 항공기나 기차의 넓은 공간의 좌석은 일반좌석에 비해 요금이 더 비싸고, 호텔이나 콘도는 객실의 규모에 따라 가격이 차등 적용된다.

서비스 기업은 서비스 내용의 차별화에 대한 대안으로 물리적 환경의 차별화를 통해 고객창출을 도모할 수 있다. 서비스 매장 내에 고객이 선호하는 향기를 발한다든지, 청결하고 잘 단장된 화장실을 갖추어 서비스를 차별화하기도 한다.

③ 물리적 환경의 차원

서비스의 물리적 환경은 종업원과 고객의 활동을 촉진 또는 제한할 수 있다. 서비스의 운영관리적 관점에서 물리적환경은 서비스 참여자들의 활동을 촉진 또는 제한할 수 있는 기업의 통제가능한 물리적 요인들을 일컫는 것이라 할 수 있다.

물리적 환경은 크게 주변요인, 물리적 시설의 공간적 배치와 기능성, 표지판과 상징물 및 조형물, 대인적 요인 등의 네 가지 차원으로 이루어진다. 이들 구성차원은 각기 독립적으로 개념화되고 있지만 서비스 참여자들은 물리적 환경에 대하여 전체적으로 반응한다. 즉 종업원과 고객은 독립적이고 개별적인 환경 자극물에 대하여 전체적으로 지각하고 반응한다는 것이다.

1) 주변요인

주변요인인 실내온도, 조명, 소음, 향기, 색상 등의 배경적 환경요인을 말한다. 이러한 요인들은 모두 서비스 시설물에 대한 사람들의 느낌과 생각, 반응에 의식 또는 무의식적으로 영향을 미치며, 인간의 5감에 영향을 미친다. 예컨대, 은행의 실내온도가 너무 덥거나 추우면 고객들은 불편을 느낄 것이고 그곳을 떠날 수 있을 것이다. 또 쇼핑센터나 백화점에서 울려 나오는 음악의 템포나 치눅도는 고객의 구매액이나 체류시간, 쇼핑 속도 등에 영향을 미친다. 그래서 고객이 적은 오전에는 발라드나 클래식 음악을 고객이 가능한 한 매장에 오래 머물도록 유도하고, 고객이 붐비는 오후 시간대에는 템포가 빠른 음악을 들려주어 고객의 쇼핑을 재촉하여 체류시간을 줄이도록 노력하고 있다. 무더운 여름에 에어컨이 고장나 관객들이 감내하기 어려울 정도의 후덥지근한 연주홀에서 콘서트를 감상하게 된다면 관객들은 불만족하게 될 것이고, 이는 콘서트에 대한 관객들의 감정에 그대로 반영될 것이다.

주변요인은 고객과 종업원이 물리적 환경에서 많은 시간을 보내게 될 때 더 크게 영향을 미친다. 또 연주회장의 관객들은 시간이 지남에 따라 장내의 공기가 나빠지고 무더워질수록 불만족도가 더 커질 것이고, 합주단원이나 스탭들 역시 상황이 악화될수록 연주내용의 질이 더 나빠질 것이다. 일반적으로 서비스 종업원들은 물리적 환경 안에서 오랜 시간동안 있게 되므로 배경요인의 영향이 매우 크게 작용한다.

또한 고객과 종업원의 기대 사이에 서로 갈등을 빚게 될 때 배경요인의 영향은 크게 작용할 수 있다. 만일 어떤 상사직원이 비즈니스 상담을 하기 위해 레스토랑이나 카페를 찾았는데 시끄러운 락음악을 듣게 되는 상황이 된다면 그는 다른 곳으로 자리를 옮기게 될 것이다. 또 병원에서 환

자들이 붐벼 혼잡하고 대기시간이 길어진다면 고객은 다른 병원으로 옮겨
갈 수도 있을 것이다.

2) 물리적 시설의 공간배치와 기능성

서비스의 물리적 환경은 기본적으로 고객의 욕구를 충족시키기 의해존
재하기 때문에 물리적 시설의 공간배치와 기능성은 매우 중요하다.

물리적 시설(physical facility)은 시설물의 외관과 내부장식, 레이아웃, 가구
와 집기 등의 유형적 환경요소들을 포함하는 것으로 고객과 종업원 모두
에게 영향을 미친다. 일단 개인이 서비스에 애고심을 갖게 되는 경우에는
시설의 외관은 상대적으로 덜 중요해진다.

🌐 표 12 - 4 _ 물리적 시설의 설계를 위한 운영적 접근방법

운영적 포지션	시설 외관	시설 내부
원가효율성	고객유치를 위한 설계	효율성과 생산성 극대화
고 객 화	기업이미지와 일치	고객욕구충족에 초점
기술적 서비스 질	서비스의 기술적 전문성에 초점	기술적 산출물의 질 극대화
기능적 서비스 질	대고객 기능적 이미지	고객지향적 내부설계 강화에 초점

〈표 12 - 4〉는 물리적 시설의 설계를 위한 운영적 접근방법으로 원가효
율성과 고객화 및 서비스의 기술적/기능적 질 등 네 가지 영역에 대하여
시설 외관과 시설 내부의 관점에서 설명하고 있다.

물리적 시설의 공간배치(spatial layout)는 기계설비, 시설, 사무용 집기 등을
배열하는 방법과 크기와 형태 및 이들 간의 공간적 관계를 의미한다. 그리
고 기능성(functionality)은 고객과 종업원의 목적을 보다 용이하고 편리하게
달성하기 위한 이들 요소의 기능을 말한다.

물리적 환경의 공간배치와 기능성은 종업원의 도움이 필요 없는 셀프서비스 환경하에서 특히 중요하다. ATM이나 카페테리아, 주유소, 슈퍼마켓이나 할인점 등에서 공간배치와 기능성은 고객만족과 수익창출에 결정적 영향을 미친다.

서비스 프로세스가 복잡하고, 종업원과 고객의 시간이 촉박할수록 공간배치와 기능성의 중요성은 증가한다. 시간에 쫓겨 항공기를 이용하려는 승객이 공항에 도착하여 항공티켓 구입에서부터 비행기 탑승에 이르는 과정이 복잡하고 불편하게 설계되어 있다면 승객은 불만을 토로하게 될 것이다.

서비스 환경의 설계와 관련하여 서비스 입지를 선정하는 것도 매우 중요하다. 서비스 입지를 잘 선정하기 위해서는 ① 원가효율성, 고객화, 기술적/기능적 서비스 질 차원의 운영적 포지션, ② 표적시장과의 거리를 나타내는 시장성, ③ 자동차와 보행자의 통행량을 포함하는 교통의 편리성, ④ 고객 흡인력과 경쟁상황을 반영하는 경쟁적 매력도, ⑤ 기업 간에 고객을 상호 교환할 수 있는 경쟁적 적합성, ⑥ 잠재고객의 접근성 등을 면밀하게 검토해야 한다.

3) 표지판, 상징물과 조형물

서비스의 물리적 환경요인들 은 대부분 고객들에게 명시적 또는 묵시적으로 그 장소에 대하여 알려주는 신호기능을 수행한다. 특히 시설물 내·외부에 부착된 표지판(signs)들은 명시적인 커뮤니케이션 역할을 한다. 표지판은 회사명이나 부서명과 같은 '명칭', 출구나 입구와 같은 '방향제시용', 금연이나 휴대폰 사용금지, 18세 이하 출입금지와 같은 '행동규칙'을 알리는 목적으로 이용될 수 있다. 예컨대, 호텔의 객실번호나 화장실, 연회장, 식당 등의 시설물 표지판, 층별 안내사인, 금연 등은 모두 표지판에 속한다. 표지판을 잘 활용하면 고객들에게 지각된 혼잡과 스트레스를 줄일 수 있다.

상징물과 조형물(symbols and artifacts)은 어떤 조직이나 시설물, 장소의 의미와 그곳에서 요구되는 행동규범을 이용자들에게 전달하는 묵시적인 단서로서 표지판에 비하여 덜 직접적이다. 어떤 미술관에 사용된 고급 건축자재나 미술작품, 진열된 상장과 사진, 소장품 등은 모두 상징적 의미를 전달해주며, 전체적으로 미적 인상을 창출한다. 예컨대, 흰색의 테이블보와 잔잔한 조명은 고가의 고품격 서비스를 연상케 해주는 반면에 밝은 조명의 플라스틱 가구는 반대의 연상을 떠올리게 한다.

표지판과 상징물 및 조형물은 고객의 첫인상을 창출하고 새로운 서비스 개념을 전달하는 데 중요하며, 서비스를 재포지셔닝하거나 차별화 하는 데도 중요하게 이용될 수 있다. 고객이 어떤 낯선 서비스 시설을 찾게 된다면, 그는 그 서비스 시설을 범주화하고 판단할 수 있는 환경적 단서를 찾고 자신의 서비스 질에 대한 기대를 형성하기 시작한다.

4) 대인적 요인

물리적 환경의 대인적 요인(interpersonal factors)은 종업원과 고객의 외모나 행동, 매장 내 혼잡도 등의 구성차원을 말하며, 이들은 서비스 분위기에 중요한 영향을 미친다. 이러한 대인적 요인은 고객과 종업원의 인지적 또는 감정적 반응을 유발하고 이에 따라 어떤 행동을 낳는다.

(1) 종업원의 외모와 행동

서비스 종업원의 외모는 제공되는 서비스의 질에 대한 고객의 인지적 신념에 영향을 준다. 많은 서비스 기업은 종업원의 이미지 관리를 위해 유니폼을 입게 한다. 종업원이 유니폼을 입는 목적은 종업원의 외모를 통해 기업이 의도하는 인지적, 정서적 분위기를 연출하기 위한 것이다.

　서비스 종업원의 기분과 행동은 바로 고객에게 영향을 미치며, 반대로 고객의 기분과 행동 역시 종업원에게 영향을 미칠 수 있다. 기분이 침울하고 동기유발이 안된 종업원은 결코 고객들에게 즐거운 마음으로 좋은 서비스를 제공할 수 없는 것이다. 이는 종업원만족이 고객만족의 선행조건이 된다는 의미로 이해할 수 있다.

　고객은 기술적 서비스 질이 우수할지라도 접점종업원에 의해 결정되는 기능적 질이 미흡할 경우에는 불만족할 수 있다. 아주 의술이 뛰어난 의사가 환자에게 고압적이고 무례한 언사를 한다면, 환자는 그 의사의 진료에 대하여 불만족하게 될 것이다.

(2) 혼잡도

① 혼잡도의 영향

　고객이 서비스를 이용하는 상황에서 서비스 공간이 혼잡하다고 느낀다면, 고객은 부정적인 반응과 회피성 행동을 보이기 쉽다. 예를 들어 비디오 영화를 빌리려고 비디오 대여점을 찾았으나 너무 혼잡하다면, 고객은 다른 가게를 찾으려고 할 것이다. 그리고 다른 비디오 가게 역시 이용하기 불편한 상황이라면 고객은 비디오 대여를 다음 기회로 연기하거나 아예 포기할 수도 있다. 또 대기시간이 여의치 않다면 비디오를 고르는 시간이 줄어들고, 이에 따라 대여하는 비디오 수가 줄어들게 될 것이다.

　혼잡성에 대한 고객의 지각은 환경적 단서, 쇼핑동기, 제약요소, 혼잡도에 대한 사전기대 등의 네 가지 요소에 의해 결정된다. 환경적 단서는 서비스 시설 안에 있는 사람의 수, 시끄러운 배경음악이나 소음, 복잡하고 밀집된 레이아웃 등을 말하며, 쇼핑동기는 과업 지향적이거나 비과업 지향적인 것일 수 있다. 또 제약요인은 시간적 압박이나 지각된 위험요소가 해당된다.

과업지향적인 고객은 비과업 지향적인 고객보다 혼잡도와 고객밀도를 더 크게 느낀다. 고객이 오늘 저녁에 볼 특정 영화 비디오를 대여하러 갔다면 과업 지향적인 고객이라 할 수 있지만, 단순히 신간 비디오 영화를 빌리러 간 경우라면 비과업 지향적인 고객이라 할 수 있다. 비과업 지향적인 고객은 비디오를 대여할 수도 있고 하지 않을 수도 있을 것이다. 시간이나 지각된 위험의 압박은 고객지향적 혼잡도를 증가시킨다. 만일 고객이 5분 안에 영화를 선정해야 하는 상황이라면 시간적 여유를 가진 사람들보다 혼잡도를 더 느끼고 체크아웃 라인도 더 길게 느껴질 것이다. 점원으로부터 도움을 받기가 더 어려운 것처럼 보일 것이다.

고객이 서비스 시설이 혼잡할 것이라고 기대한다면, 기대수준은 낮아지고 실제로 혼잡한 상황에서 고객의 불만족은 줄어들게 된다.

혼잡은 고객의 행동에 장·단기적인 효과를 낳는다. 혼잡의 단기적인효과는 고객의 정서적 반응 관점에서 서비스에 대한 부정적인 느낌이나 서비스 내의 적응행동이 해당되며. 장기적인 효과는 고객의 인지적, 행동적 반응이 해당된다.

고객은 흔히 혼잡하지 않을 때 구매하기 위해 자진의 요구나 대기시간을 제한하곤 한다. 붐비는 극장로비에서 줄을 서서 팝콘을 구입해아 하는 관람객은 팝콘 구입을 포기하거나 아니면 잠시 후 영화 상영 중에 팝콘을 구입할 생각을 가질 수 있다.

혼잡의 장기적인 효과는 보다 심각한 결과를 만들 수 있다. 고객은 혼잡한 구매경험에 비추어 불만족스러워하거나 서비스 제공자에 대한 나쁜 인상을 간직할 수 있다. 고객은 이러한 인지적 반응에 기초하여 자신의 미래 구매의도를 수정할 수 있다. 고객은 이러한 인지적 반응에 기초하여 자신의 미래 구매의도를 수정하게 된다. 즉 혼잡한 상황을 야기한 시간과 장소, 조건을 간직하며 정신적인 비망록을 만들게 되는 것이다. 예컨대, 혼잡할 것으로 생각되는 시간에는 비디오 대여점을 가지 않을 것이다. 서비스 기업에게 이러한 혼잡의 장기적 효과는 경쟁사에게 고객을 뺏기는 상황이 될 수 있기 때문에 매우 심각한 것이다.

② 혼잡도 감소전략

먼저 운영관리전략(operations management strategy)은 서비스 시설 안에서 실제로 혼잡도를 줄일 수 있도록 기업의 물리적 환경과 운영에 변화를 주는 것을 말한다. 혼잡도를 줄이기 위한 운영관리전략에는 다음과 같은 네 가지 방법이 있다.

- ⅰ) 시설의 재배치: 집기나 디스플레이 등의 시설을 재배치하고 동선을 짧게 하여 혼잡을 줄인다.
- ⅱ) 시설의 수용규모를 줄임: 좌석 수를 줄여 보다 널찍한 공간을 확보하여 혼잡을 줄인다. 이렇게 되면 피크다임 때 수익성 악화를 초래할 수 있다.
- ⅲ) 수용인원의 제한: 한 번에 서비스 시설이 수용할 수 있는 고객의 수를 제한하여 혼잡을 줄인다. 이렇게 되면 대기자수가 늘어나 대기 중인 고객들의 불만을 살 수 있다.
- ⅳ) 고객접촉요원의 증원: 혼잡한 상황이 발생할 때 종업원을 추가로 임시 채용하거나 종업원을 재배치하여 고객접촉요원을 증가시킨다.

지각관리전략(perceptions management strategy)은 실제 혼잡도를 줄이는 것이 아니라 고객의 혼잡도에 대한 지각을 감소시키는 것이다. 지각 관리전략에는 혼잡한 상황을 고객들에게 미리 공지해주거나 실내온도와 습도 조절, 배경음악, 조명 등의 주변요인을 이용하여 쾌적한 환경을 만들어줌으로써 고객들이 혼잡도를 덜 느끼게 해주는 방법이 있다.

④ 물리적 환경의 서비스 연출

매장은 늘 고객이 이용하는 공간이며 이곳을 통하여 소비가 이루어지고 판매가 행해진다. 과거에는 물건을 전시하고 팔기위한 공간 정도로 매장의 의미가 있었으나 지금은 매장 분위기로서의 의미를 갖는다. 단지 물건의 매매가 이루어지는 장소가 아니라 고객을 위한 공간, 고객을 유치하고 단골고객을 창조해 나가는 공간이어야 한다.

지금까지는 상품의 속성이나 서비스맨의 자세, 태도에 의해 서비스의 품질이 결정된다고 생각했음 직 하나 이제는 말없는 세일즈이자 재방문 여부를 결정하는 요소인 매장 분위기 연출 서비스 테크닉이 뒤떨어지면 상품의 속성이나 서비스맨의 태도가 뛰어나다 해도 고객을 사로잡을 수 없게 되었다.

사람은 본능적으로 분위기에 약하다. 능수능란한 판매원의 말보다는 고객을 유혹하고 사로잡는 따뜻하고 안락한 매장 분위기를 연출해 나가는 일이 더 가치 있는 고객 서비스요 이것이 곧 판매 증대를 가져오고 매출액을 향상시키는 요소가 된다.

매장 분위기 연출은 서비스의 특성상 생산과 소비가 동시에 이루어지기 때문에 서비스의 전달과정이나 종업원의 서비스 능력에 힘을 불어넣어 주는 요소가 되며 결국 서비스 마케팅의 3요소라 할 수 있는 물리적 환경의 중요성을 갖게 된다.

따라서 매장 분위기 연출이란 단순하게 고객에게 잘 보이기 위한 인테리어 정도의 감각이 아니라 서비스의 가치를 전달하고 서비스의 흐름을 원활히 하여 고객만족을 높여나가는 마케팅 차원에서 다루어져야 한다.

과거에는 단지 인테리어 개념 수준에서 분위기의 중요성을 찾을 수 있다면 이제는 인테리어 마케팅이라 할 수 있는 서비스 마케팅 개념 차원에서 접근해야 할 것이다.

백화점, 병원, 호텔, 레스토랑, 전자제품 대리점 모두가 취급하는 상품과 서비스에 맞는 매장 분위기를 연결하여 고객서비스의 질을 향상시켜 나가야 한다.

요즘 은행도 커피숍의 분위기를 연상케 할 정도로 음악과 커피가 제공되는 아늑한 공간으로 고객을 사로잡는 경우를 볼 수 있다.

고객을 무한정 기다리게 해 놓고 고객의 시간을 빼앗고 있다는 생각은 커녕 당연히 줄 서서 기다리는 것으로 고객을 바라보던 시대에서는 생각할 수 없는 놀라운 서비스라 할 수 있다.

신촌이나 압구정동 등 젊은 세대들이 즐겨 찾는 술집이나 음식점은 적어도 분기별로 인테리어의 배치나 색상을 바꿔주지 않으면 고객의 발길이 끊어진다고 한다. 감성적인 소비를 하는 세대들에게 있어 시간의 흐름은 식상감을 안겨주고 있다는 이야기다.

요즘은 점차 눈으로 보고 눈으로 판단하는 시각적인 소비 행태, 감각적인 행동이 좌우하는 흐름이 지배적이다.

미용실에 아가방을 마련해 놓고 아기를 데리고 오는 고객에게 편하고 즐거운 마음으로 서비스를 하는 경우가 많다. 주부의 경우는 아기의 안전을 위해서도 이 같은 미용실을 택하는 일은 당연할 것이다. 이러한 미용실의 배려는 단순한 미용기술보다도 고객을 생각하는 서비스의 질이요, 고객의 재방문 여부를 결정하는 요소가 되고 있다.

매장 분위기를 연출하기 위해서는 단순히 넓고 좀 쉬었다 가기 위한 공간이 아니라 인체 공학적인 기능과 고객만족을 이끌어낼 수 있는 요소가 믹스되어야 한다. 레스토랑의 만족도는 음식의 맛에만 좌우되는 것이 아니라 전반적인 환경 요소가 뒷받침이 되어야 한다.

병원이든 레스토랑이든 백화점이든 고객을 대상으로 하는 비즈니스의 생명은 잠재 고객을 발굴하고 유지하며 계속적으로 단골고객을 유지해 나가는 일이다.

이제는 말없이 고객을 맞이하고 판매를 권유하며 고객 서비스의 질을 결정하는 매장 연출 서비스 테크닉에 관심을 기울여 나가야 한다.

고객이 배가 고프니까 찾아오는 곳이 식당이라는 마인드가 지배하는 한 그 식당은 성공점포가 될 수 없으며 글로벌 서비스시대에 시간이 지날수록 고객의 기억 속에 사라져가는 식당일 뿐이다.

고객이 찾아오던 시대에서 이제는 고객이 찾아오도록 하는 시대, 뭔가 고객에게 차별화된 이익과 가치를 주는 서비스가 뒷받침되지 않으면 글로벌시대에 묻혀버리고 말 것이다.

레스토랑은 음식물 냄새나 그릇 닦는 소리, 고객들의 시끌벅적한 소리를 내며 판매만을 강요하는 그런 곳이 아니라 이제는 고객과 함께 하고 고객의 평생 가치를 존중하고 고객의 삶의 질을 향상시켜 나가고 고객의 문화를 창조해나가는 앞서가는 서비스를 선보여야 한다.

열차 서비스는 신속하게 달리는 속도에만 있는 것이 아니라 신속하면서 안전하고 쾌적한 여행문화를 제공하는 데 있다. 고객의 기억 속에는 속도 보다는 추억거리, 재미, 즐거움, 또 다시 타고 싶은 열차, 안락한 여행 분위기들이기 때문이다.

레스토랑은 이제 먹는 장소가 아니며 병원은 환자만 고치는 곳도 아니고 대학은 등록금과 거래하는 곳이 아니며 호텔은 잠자기 위해 투숙하는 곳이 아니다. 고객은 언제나 그곳에서 가치를 느끼고 문화를 즐기며 다시 찾고 싶은 추억을 갖고 있다는 사실을 깨달아야 한다.

(고객감동 서비스 연출 분위기 요소)
색상, 온도, 레이아웃, 건축재질, 소음, 음악, 종업원의 유니폼, POP 광고물, 환기, 습도, 주차시설, 간판, 분위기, 현관, 화장실, 동선, 메뉴설명서, 카운터의 위치, 매장 내의 여유공간, 어린이 휴게실 유무, 어린이전용 의자, 현대적인 시설물, 종업원의 용모.

제3절 물적 증거 관리

대부분의 서비스는 무형성과 생산·소비의 동시성을 특징으로 하기 때문에 물적 증거를 관리하는 전략은 매우 중요하다. 물적 증거는 서비스의 유형적, 비언어적 단서로서의 기능을 하고, 고객과의 약속을 제공하고 고객의 기대를 창출하는 데 중요한 역할을 할 뿐만 아니라 종업원과 고객의 만족과 행동에 많은 영향을 미친다. 비계획적이고 일관성 없이 설계된 물적 증거는 고객의 기대관리와 지각된 서비스 성과에 나쁜 영향을 미치고 서비스 실패의 결과를 맞이할 수 있다.

효과적인 물적 증거관리를 위한 지침을 살펴보면 다음과 같다.

1) 물적 증거의 영향력을 파악해야 한다

물적 증거는 서비스의 유형적 단서로서 서비스 품질에 대한 기대와 지각된 성과의 주요 결정요인이 되므로 물적 증거의 영향력을 파악하는 일은 마케팅전략 수립의 출발점이 된다. 서비스에 대한 물적 증거의 영향력이 파악되면 물적 증거의 잠재력을 이용하여 전략을 수렴한다.

물적 증거전략은 서비스 기업의 목적과 잘 연계되어야 한다. 따라서 전략입안자는 조직의 목적을 먼저 이해하고, 물적 증거가 조직의 목적을 어떤 방법으로 지원할 수 있는지를 결정해야 한다. 일반적으로 서비스환경을 비롯하여 물적 증거를 구축하는 데는 많은 시간과 비용이 소요되므로 신중하게 설계하고 관리해야 한다.

2) 서비스의 물적 증거를 볼 수 있도록 한다

물적 증거관리를 위한 두 번째 단계는 서비스를 그림화하는 것이다. 모든 사람이 서비스 프로세스와 물적 증거요소들을 볼 수 있어야 한다. 서비스 청사진이나 서비스맵(service map)은 서비스 증거를 시각적으로 묘사하고 그 활용기회를 파악할 수 있는 효과적인 방법이다. 서비스 청사진은 서비스 참여자와 프로세스 및 물적 증거요소들을 한눈에 볼 수 있게 해준다. 즉 서비스 청사진을 통해 서비스 제공에 수반된 행동과 서비스 프로세스의 복잡성, 서비스 참여자 간의 상호작용점 및 서비스 제공 단계별 유형적 요소 등을 파악할 수 있다.

3) 물리적 환경의 역할을 간단명료하게 한다

서비스는 그 유형에 따라 물리적 환경이 복잡할 수도 있고 간단할 수도 있으며, 물리적 환경의 역할과 상대적 중요도 또한 서비스에 따라 차이가 있다. 병원이나 호텔, 은행과 같이 복잡한 물리적 환경을 필요로 하는 서비스에서는 고객과 종업원의 만족을 위해 물리적 환경의 설계와 운영에 특히 세심한 주의를 기울여야 한다. 특정 상황에서 서비스의 물리적 환경이 수행하는 역할을 명료하게 파악하는 것은 서비스 증거의 기회를 파악하고 물리적 시설 설계에 관한 의사결정을 하는 데 도움이 된다.

4) 물적 증거의 변화와 기회를 살핀다

일단 물적 증거의 형태와 역할이 확인되면, 물적 증거의 변화와 개선기회를 검토할 수 있다. 이때 첫 번째 검토사항은 지금까지 서비스 증거를 제공하지 못한 요소가 있는지를 확인해 보는 것이다. 보험이나 공공서비스에서 서비스맵을 그려보면 고객에게 어떤 서비스 증거가 제공된 적이 없는 경우를 확인할 수 있다. 이런 상황에서는 고객이 무엇에 대하여 지불하고 있는지를 정확히 보여줄 수 있도록 서비스 증거를 개발하는 전략을 수립해야 한다. 즉 무형의 서비스에 대한 유형적 단서를 개발하여 고객들에게 가시적으로 보여주는 것이다.

또한, 현재 제공되고 있는 물적 증거가 기업의 이미지나 목적을 강화하는 데 별로 기여하지 못하는 상황을 확인할 수 있다. 예컨대, 가족단위의 고객을 표적시장으로 하고 있는 어떤 레스토랑에어 실내 디자인과 인테리어가 고가격의 단서와 맞지 않는 경우를 발견할 수 있다. 가격전략이나 시설 디자인 모두 레스토랑의 전체적인 전략에 따라 조정하고 조화시킬 필요가 있다.

마지막으로 검토해야 할 사항은 현재의 물적 증거가 표적시장의 욕구와 선호에 적합한지를 분석하는 일이다. 이를 위해서는 물리적 환경과 그 사용자의 관계를 이해하고 물리적 환경에 대한 서비스 참여자들의 반응과 선호를 조사 분석하는 과정이 필요하다.

5) 물적 증거를 현대화하고 최신화한다

서비스의 물적 증거, 특히 물리적 환경은 자주 또는 주기적으로 최신화

(updating)하고 현대화(modernizing)할 필요가 있다. 비록 기업의 목적이나 비전이 변화되지 않더라도 시간이 지나면 기존의 물리적 환경을 불가피하게 최신화하고 현대화해야 할 상황이 생긴다. 시간이 흐름에 따라 유행이 바뀌고 시설물의 디자인이나 스타일, 색상이 고객들에게 다른 의미를 전해주기도 한다. 이러한 것은 물적 증거를 설계하고 구축할 때 간과해서는 안 될 일이다.

6) 통합마케팅커뮤니케이션 방식으로 접근한다

서비스 기업이 고객들에게 바람직한 이미지를 전달하기 위해서는 모든 유형의 물적 증거를 통해 일관되고 모순되지 않는 메시지를 내보내고, 표적고객이 원하고 이해할 수 있는 서비스 증거를 제공해야 한다.

그러나 재부분의 물적 증거에 대한 의사결정에는 많은 시간이 소요되고, 조직 내 다양한 부서에 의해 이루어진다. 예를 들어, 종업원 유니폼에 대한 의사결정은 인적 자원 부서에서, 물리적 환경의 설계에 관한 의사결정은 설비관리 부서에서, 서비스 프로세스 설계에 관한 의사결정은 생산관리 부서에서, 광고나 가격결정은 마케팅 부서에서 이루어질 수 있다. 이러한 상황 때문에 서비스의 물적 증거는 일관성을 잃게 되는 경우가 흔한 일이 되곤 한다. 따라서 물적 증거전략, 특히 물리적 환경에 대한 의사결정을 위해서는 통합마케팅커뮤니케이션(IMC: intergratied Marketing Communiction) 방식으로 접근한다.

고객만족을 위한
서비스 경영론
SERVICE

MANAGEMENT

제 **13** 장

서비스
실패와 회복

서비스 실패와 회복

 제1절 서비스 실패와 회복의 의의

1) 서비스 실패(Service Failure)의 심각성

기업들은 예전보다 더욱더 심하게 고객 서비스 압력에 직면하고 있다. 즉 제조부문의 품질에서 차별화가 되지 않고 경쟁이 심화된 현재의 시장 상황에서 신규고객을 창출하는 것보다 기존의 고객을 만족시킴으로써 지속적인 관을 유지(Retention)하고, 나아가 충성고객을 만들어 그 고객들로 하여금 더 자주 그리고 더 많은 서비스를 구매(Related Sales)하게 함으로써 수익을 증대시키는 것이 성공적인 기업을 만드는 지름길이라고 할 수 있기 때문이다. 그러나 서비스의 특수성과 서비스 전달과정에 있어 다양한 고객의 기대와 인간적인 감정 등이 개입되는 복잡한 상황에서 서비스 실패는 피할 수 없는 현실이다. 그래서 품질관리이론에 적용하여 처음부터 일을 제대로 하라(Do it right the first time), 6시그마의 경영목표 등을 내세워 서비스 개선에 최선을 다하고 있다. 그러나 생산된 제품이다. 제1접점에서의 서비스 수행 후에 고객의 기대를 초월해 제공되는 서비스가 더 높은 만족을 나타낸다. 문제는 두 번째 서비스를 올바르게 수행할 기회가 주어졌을 때 이 기회를 잃어버리는 데 있다.

몇 가지 통계자료를 보면 전형적인 마케팅 활동에서 4명 중 1명은 불만족하고, 평균적으로 불만족한 고객은 그 기업의 빈약한 서비스를 12명에게 불평을 말한다고 한다. 또한 한 가지 서비스 실패에 대한 고객의 부정적인 시각을 극복하기 위해서는 평균 12가지 긍정적인 경험을 필요로 한다.

서비스 실패가 불가피하고, 고객의 기억 속에 오래 남으며 고객이탈 (Customer - defection)을 가속화시킨다면 실패로부터 기회를 제공받을 수 있으며, 긍정적인 서비스 경험을 제공하는 것이 기업의 두 번째 기회인 것이다. 서비스 실패에 대한 회복은 서비스 기업의 노력여하에 따라 기업과 고객 간의 관계를 더욱 돈독히 하기도 하고, 기준의 서비스 문제를 더욱 악화시키기도 한다. 또한 서비스 회복이 효과적으로 상용되지 못하면 이미 서비스 실패에 대하여 불만족한 고객을 다시 한번 실망시키는 부정적인 결과를 가져오기도 한다. 이와 같이 서비스 회복이 서비스 품질과 Customer Loyalty를 결정하는 중요한 요인 중의 하나이며, 기업의 수익률에 직접적인 영향을 미치고 있음에도 불구하고 많은 기업의 경영자들은 서비스 회복에 대하여 거의 관심을 두지 않거나 완전히 무시하고 있는 실정이다.

2) 서비스 실패(Service Failure)의 정의

서비스 실패에 대한 정의를 내리고자 할 때 서비스 실패의 원인이 모두 서비스 제공자에게 있느냐 하는 문제가 대두되기도 하여 정확한 정의를 내리기 어려운 실정이다. 그러나 Johnston(1995)은 '책임소재와 관계없이 서비스 과정이나 결과에서 잘못된 것(something wrong)'을 서비스 실패라고 정의하고 있다. 이와는 반대로 Berry(1991)는 '근본적으로 책임소재가 있는 대상으로부터의 서비스 과정이나 결과에 대한 과실'이라고 정의하고 있다. 그러므로 서비스 책임소재에 따라서 서비스 과정이나 결과의 문제가 서비스 실패일 수도 있고 그렇지 않을 수도 있다는 것을 의미한다. 즉 책임소재가 분명한 대상으로부터 기인한 서비스 문제가 실패라면, 천재지변이나 외부적인 압력에 의한 서비스 문제는 서비스 제공자의 책임이 아니므로 서비스 실패라고 볼 수 없다는 입장이다.

Parasurman, Berry와 Zeithaml(1991)은 불일치 이론을 이용하여 서비스 실패란 '서비스 성과(Performance)가 고객의 인지된 허용영역(Zone of Tolerance) 이하로 떨어진 상태'라고 정의하고 있다. 이와 유사하게 Bell과 Zemke(1987)은 서비스 실패를 '고객의 기대 정도 이하로 심각하게 떨어진 상태'라고 정의를 내리고 있다. 즉 서비스 실패는 '서비스 접점과 지원 활동을 포함하여 고객의 불만족을 초래하는 유쾌하지 못한 경험'으로 정의할 수 있다. 그러나 이 서비스 실패(Service Failure)는 개인에 따라서 그리고 상황에 따라서 많은 차이를 보이며 그에 따른 서비스 회복전략도 차이가 날 수 밖에 없다.

3) 서비스 회복(Service Recover)의 정의

Random House Dictionary에서 회복(Recover)이란 '잃어버렸거나 빼앗긴 것을 다시 찾을 가능성; 이전의 상태나 조건으로 또는 이전보다 좋은 상태나 조건으로 복원하는 것'이라고 정의하고 있다. Gronroos(1998)와 Kell, Davis(1994)는 서비스 회복을 '서비스 실패에 대하여 서비스제공자가 취하는 일련의 행동'이라고 정의하며, Parasurman, Berry와 Zeithaml(1993)은 '고객이 처음 제공된 서비스가 고객의 허용영역 이하로 떨어지는 것을 인지하는 결과로써 취하는 제 행동'이라고 정의하고 있다. Zemke와

Bell(1990)의 정의에 따르면 '우수한 서비스 회복은 항상 불만족한 고객을 만족한 상태로 되돌릴 수 있다'는 의미를 가지고 있기도 하다. 그래서 서비스 회복은 '기업이 서비스 실패로 인하여 잃어버린 고객의 신뢰를 최소한 서비스 실패가 일어나기 이전의 상태 또는 그 이상으로 복원하고자 하는 노력'이라 정의할 수 있다.

그러나 실제로 효과적인 서비스 회복으로도 불만족한 고객을 만족한 수준으로 돌려놓지 못하는 경우가 많이 있다. 미국 거대 기업 사어즈 로벅(Sears Roebuck)의 한 임원은 고객의 불만에 대한 조치가 취해진 뒤에 고객이 느끼는 감정을 분석한 연구에서 이렇게 말했다. '고객의 불만이 해결되었더라도 대부분의 고객은 되돌아오지 않는다.'고객이 서비스 실패로 인하여 치명적인 손해를 보았다면 아무리 좋은 서비스 회복을 받았다 할지라도 만족은 할 수 없을 것이다.

그래도 희망은 있다. 불만족한 고객이 완전히 해결되었을 경우에 50~80%는 다시 그 기업과 거래콜하며 불만을 표시한 고객 중 54~75%는 그 불만이 해결되며 다시 그 회사와 거래하며, 불만이 신속하게 해결되었다고 느끼는 경우에는 그 비율이 95%까지 올라간다. 또 그 불만이 해결할 만큼 해결되면 자기가 받은 대접에 대해 5~10명에게 이야기 한다.

4) 서비스 회복(Service Recovery)의 성과

미국의 TRAP의 연구조사를 보면 기업이 서비스 실패에 대응하여 다시 성실한 자세로 불만을 해소해 주기만 한다면 82~95%의 고객은 마음을 돌린다는 사실을 보여주고 있으며, 여러 상황에서 불만족한 고객의 재구매 의도를 조사한 결과 불만족한 고객이 재구매하는 비율이 전혀 불만족을 나타내지 않는 고객의 경우 9%에서, 불만족을 표시했으나 문제가 해결되지 않은 고객의 경우에 19%로, 문제가 해결된 고객의 경우에 54%, 문제가 적선에서 해결된 고객의 경우에는 82%로 증가한다는 사실을 발견했다.

또한 평생고객가치를 계산했을 때 효과적인 서비스 회복으로 나타난 호의적인 구전에 의해 증대될 때, 불만을 처리하는 비용과 효과적인 서비스 회복을 위해 제공하는 내용의 몇 배가 될 수 있다.

효과적인 서비스 회복을 통하여 만족을 경험한 고객들은 오히려 처음부터 서비스 실패를 경험하지 않은 고객들보다 해당 기업의 서비스에 대하여 더 높게 평가한다. 그러므로 효과적인 서비스 회복을 위해서는 미리 준비된 회복 프로그램이 필요하며, 서비스 실패에 대하여 부정적이고 수동적인 자세로 임하기보다는 긍정적이고 능동적인 서비스 회복 노력을 강구해야 된다.

또한 효과적인 서비스 회복전략을 통하여 서비스 실패 초기에 고객이 가질 수 있는 기업에 대한 부정적인 이미지를 감소시키고 잠재고객에게 기업에 대한 긍정적인 구전을 전달하여 최소한 부정적인 구전을 전하는 것을 방지하여야 한다. 효과적인 서비스 실패 관리는 올바른 태도와 서비스 전략 프로그램의 조화인 것이다.

서비스 회복이 항상 쉬운 것은 아니지만 고객 불만을 성공적으로 관리하는 것이야말로 기업의 보고가 된다는 것을 새롭게 깨닫게 한다.

제2절 서비스 실패의 원인

서비스 실패라는 주제는 제한적으로 주목하여 왔지만 정확히 '실패'가 무엇을 의미하는지에 대한 어떠한 명백한 정의는 없었다. 이는 서비스 품질 또는 고객만족 등의 논쟁거리들에 대해서는 상당히 중점을 두고 서비스마케팅과 환대산업을 다룬 문헌들과 비교하면 큰 대조가 된다. 서비스 실패 혹은 부실이란 고객의 기대를 고객의 기대를 충족시키지 못한 것으로 정의할 수 있다. 서비스제공의 책임이나 인식이 공정하고 합리적인가에 관한 것이 아니라 바로 고객이 인식하는 서비스 실패가 중요한 것이다.

서비스 실패는 조직들, 다른 고객이나 실제 고객과 같은 요소들 또는 이러한 대리인들 간의 결합 혹은 상호작용으로 인해 발생할 수 있다. 이 외에도 실패는 생략 혹은 맡은 임무에 대한 과실에 의해 발생하는 것으로 범주화할 수 있다. 생략된 결과로서의 실패는 일부 서비스가 제공되지 않았음을 의미한다. 예를 들면, 어떤 특정한 서비스를 이용할 수 없는 경우이다. 반대로 과실의 결과로써 발생하는 실패는 서비스는 제공되지만 고객의 기대수준에 미치지 못한 경우에 발생한다.

서비스 실패는 일반적으로 핵심적 혹은 주변적인 활동들을 포함한다. 핵심 서비스의 부실함은 호텔 객실이 고객을 맞이할 준비가 되어 있지 않다거나 혹은 스테이크를 조금만 익혀달라고 주문했는데 완전히 익혀서 제공하는 경우들이 포함될 수 있다. 서비스 부실에 대한 인식에 공헌하는 주변적 활동은 서비스제공자 측의 대인관계 기술 부족을 들 수 있다. 끝으로 실패는 엄격함, 기간, 빈도, 그리고 취소 가능성 등을 포함하는 일련의 다른 차원들에 걸쳐 다양할 수 있다.

1) 생 략

서비스 실패는 때때로 이용이 불가능하기 때문에 발생한다. 어떤 요리들이 식당의 메뉴로 광고되어 있지만 더 이상 이용할 수 없을 때이다. 또다른 경우 만약 서비스의 중요한 사항이 판매시점에서 고객에게 제공되지 않았을 때 발생할 수도 있다. 가령, 고객이 호텔 객실을 미리 알려주지 않은 경우이다. 취소된 비행기 편이나 도착하지 않은 룸서비스 식사는 생략으로 발생하는 서비스 실패의 다른 예들이다.

2) 임 무

실패들 중에서 가장 큰 부분은 서비스는 제공되었지만 고객의 기대를 충족시키지 못할 때이다. 임무를 수행하면서 서비스 실패로 구분되어지는 것은 다음 여섯 가지이다.

① 양

서비스 실패는 부정확한 양에서 자주 발생하게 된다. 예를 들면, 식당 예약을 하였으나 잘못된 좌석수로 예약되어 있거나 제공되는 커피잔 수가 적은 경우가 해당된다. 대부분 과도한 양으로부터 발생하는 실패는 불편을 초래하지만 부족한 양에 의한 실패보다는 덜 심각하다.

② 품 질

서비스 품질의 실패는 핵심적 또는 주변적 서비스 양상들과 관계가 있다. 핵심적 양상은 식당에서 제공되는 식사, 항공사가 제공하는 두 공항 간의 안전한 수송, 호텔에서의 숙박 제공과 같은 서비스의 핵심적인 것들을 포함한다.

주변적 양상은 핵심 서비스에 따라 작용하는 모든 것을 포함하는데, 특히 서비스제공자와 고객 사이의 상호작용을 들 수 있다. 고객과 제공자 사이의 서비스접점은 그 상황에 따른 적절한 공통된 기준에 근거한 의식화된 이벤트로 개념화되어질 수 있다. 서비스 접점에서 서비스제공자와 고객은 그 상황에 의해 부분적으로 결정되어진 일련의 행위들에 관련되어 있다. 이 접점에서 중요한 것은 상호작용 및 커뮤니케이션 전략의 사용이며, 이는 서비스전달의 효율성을 증대시키거나 감소시킬 수 있다. 만약 이러한 주변적인 활동들이 효율적으로 실행되지 않는다면 고객은 서비스제공 중에 부실함을 인식할 것이다.

③ 타이밍

서비스 실패를 발생시키는 공통적 원인은 타이밍(timing)과 관련되어 있다. 이 타이밍에 관한 문제는 너무 늦거나(지연 또는 대기시간) 너무 **빠른**(부적절한 타이밍) 문제로 분류될 수 있다. 이는 레스토랑의 단골고객을 대상으로 실시한 연구에서 응답자의 38퍼센트가 시간지연이 서비스 실패를 발생시킨다는 조사결과에서 확인할 수 있다(Sparks, 1998).

④ 장 소

서비스 실패는 장소문제 때문에 발생할 수도 있다. 항공사 서비스에서 수화물의 분실 문제는 대표적인 실패의 사례가 된다. 호텔의 경우, 다른 객실로 투숙객의 짐이 옮겨지거나 잘못된 룸서비스도 장소문제와 관련되어 실패로써 간주될 수 있다.

⑤ 대리인

만약 고객이 기대하고 있는 서비스제공자가 서비스의 제공을 위해 그곳에 있지 않다면 서비스는 실패할 수도 있다. 가령 특정 웨이터로부터 서비스를 받아왔던 어떤 레스토랑의 단골손님은 단지 그 웨이터가 없다는 이유만으로도 서비스 실패를 경험할 수 있다.

⑥ 비 용

또 다른 보편적인 서비스 실패의 문제는 가격 또는 비용과 관련되어 나타난다. 만약 잘못 계산된 금액이 포함된 계산서를 고객이 접수하거나 호텔 객실요금이 잘못 책정되어 고객에게 제시되는 경우는 모두 서비스 실패에 포함된다.

 제**3**절 서비스 회복이론

효과적으로 고객의 불만을 처리하면 고객과 기업 간에 단단한 유대가 싹터 단골고객으로 가는 지름길을 제공하고 만족한 고객의 구전효과로 인하여 매출액을 증가시킬 수 있으며, 기업의 측면에서 볼 때 사전에 고객들에게 큰 불만을 느끼지 않도록 하는 것이 최선이지만, 기업에 항의를 하도록 적극 권장하고 이를 근거로 문제개선의 기회로 활용하여야 한다고 피력하였다. 서비스 회복전략을 위한 서비스 회복에 관련된 이론적 연구들을 살펴보도록 한다.

1) 자원교환이론(Theory of Resources Exchange)

고객과 서비스 사이의 관계를 자원의 교환(exchange) 당사자로 보아 서로 간의 만족할 수 있는 수준에서 교환이 이루어졌을 때 지속적인 교환의 관계를 유지할 수 있다고 본다. 그래서 서비스 교환과정이 만족할 만한 수준으로 이루어지지 않음으로써 교환의 관계를 맺는 틀 속에서 이탈하려 하고, 이를 다시 환원시켜 관계를 유지하려는 노력이 서비스 회복전략이다.

자원(resources)은 한 사람으로부터 다른 사람에게 이전될 수 있는 가치 있는 것(anything of value)이라 할 수 있다. 그러므로 자원이라는 것은 돈, 제품과 같은 유형적일 수도 있고, 사랑, 정보와 같은 무형적일 수도 있다. E. B. Foa의 연구에서는 자원을 크게 두 가지 범주로 나누고 있다. 첫째, 자원의 특성이 유형적인가 혹은 추상적인가에 따라 실체적(concreteness)mdls 차원과 상징적(symbolism)인 창원으로 분류하고 둘째, 자원의 가치를 판단하는데 있어 자원을 누가 제공하느냐에 따라 특정적(particylarism)인 차원과 공통적(universalism)인 차원으로 분류하고 있다.

위 분류체계에서 보듯이 서비스는 제품하는 사람에 의해 더 많은 영향을 받기 때문에 제품보다는 더 특정적이라 할 수 있으며, 서비스 제공자의 역할이 중요함을 나타낸다. 예를 들어 애정과 같은 자원은 애정을 주는 사람(제공자)에 의해 영향을 많이 받으므로 특정적이라 할 수 있는 반면, 금전과 같은 자원은 제공하는 사람이 중요한 것이 아니라 받았는가와 금액이 중요한 것이다.

또한 교환과정에서 교환하는 자원이 이질성을 가지고 있을 때보다 유사성의 특성을 가지고 있을 때 더 큰 만족을 한다. 즉 서비스와의 교환조건에서 제품보다는 애정을 더 선호하고, 애정의 교환조건으로 금전이나 제품이 제공된다면 불만족하게 된다. Foa의 연구에서 알 수 있는 것은 기업이 서비스 실패에 대한 회복의 노력의 일환으로 적절한 보상이 이루어질 때 유사한 범주 내의 자원으로 보상을 해주어야만 만족이 더 커진다는 것을 의미한다.

2) 기대불일치 모형(Expectancy Disconfirmation Model)

고객들은 제품 성과에 대한 기대와 비교하여 제품에 대한 만족결정을 내린다. 여기서 기대는 예측되는 제품성과에 대한 고객들의 전망을 의미하며 성과가 어떠할 것이라는 예측을 반영한다. 따라서 고객들은 제품이나 서비스를 구매한 후 구매 전 자신들이 갖고 있던 기대와 실제 구매 후 성과 간의 비교를 통하여 성과(perfrmance)가 기대보다 큰 것으로 인지될 때 긍정적 불일치(positive disconfirmation)로, 성과가 기대보다 작을 때 부정적 불일치(negative disconfirmation)로 인지된다.

만족은 고객이 긍정적 불일치를 인지할 때 발생하는 결과라고 할 수 있다. 고객들은 그들의 기대수준보다 낮은 수준의 보상을 받을 때 불만족하며, 기대수준 이상으로 보상을 받을 때 만족한다. 그래서 기업은 서비스 실패에 대하여 고객들이 기대하는 것 이상의 노력을 보여줄 때만 고객을 만족시킬 수 있다. 특히 중요한 요소에 대해서는 기대수준이 높고 덜 중요한 요소에 대해서는 기대수준이 상대적으로 낮다. 또한 최초 서비스보다 서비스 실패 후에 동반하는 서비스 회복에 대한 기대가 상대적으로 높게 나타난다.

3) 공정성 이론(Equity Theory)

공정성 이론은 어떤 목적을 위하여 투자 또는 희생한 것과 산출 또는 보상받은 것에 대한 가중치를 비교하는 인지적 과정(cognitive process)에 초점을 두며, 자신의 투자와 산출의 비율을 동일한 조건하에 있는 준거대상과 비교를 통하여 이루어진다. 이 이론은 교환이 일어나는 모든 곳에 적용을 할 수 있다.

공정성의 유형을 살펴보면 첫째, 과정의 공정성으로 결과를 얻기 위하여 이용하는 방법이 공정했는가를 의미하는 것으로 최종결과에 도달하기 위하여 사용되는 과정의 평가라고 할 수 있다. 서비스 회복과정에서 기업에서 사용되어지는 규정이나 시스템에 대하여 고객이 평가하는 정도를 말한다. 특히 서비스는 과정에서 일어나는 모든 것이 상품의 전부라 해도 과언은 아니다. 즉 접점에서 발생하는 모든 일(종업원의 미소, 행동, 관심 등)이 서비스로서 고객에게 평가되는 것이기 때문에 서비스 실패 후 기업의 적극적인 회복과정의 자세는 고객에게 고객만족으로 다가간다.

둘째, 결과에 대한 공정적으로 고객자신이 구매한 제품이나 서비스를 동일 유사한 제품이나 서비스를 구매한 다른 구매자들과 비교하여 느끼는 최종적인 결과이기 때문에 기업의 서비스 회복노력에 대한 고객의 평가로 귀결된다. 예를 들어 세탁소의 실수로 옷감이 상하게 된 경우 변상을 해 주는 것은 서비스 실패에 대한 유형적인 보상이며 이에 대하여 고객이 자신이 겪은 손해와 불편 등을 비교하여 공정하다고 느끼는 경우 결과의 공정성이 이루어졌다고 할 수 있다. 서비스 실패 후 기업에서는 유형적인 보상이나 무형적인 보상을 부가적으로 많이 제공해 주어야 할 것이다.

셋째, 커뮤니케이션의 공정성으로 서비스 제공자인 기업과 고객 사이의 인간적인 상호관계 대한 것으로 서비스 품질을 결정하는 5가지 요소(유형성, 신뢰성, 응답성, 확신성, 공감성) 가운데 응답성, 확신성, 공감성 등은 기업과 고객 간의 끊임없는 커뮤니케이션 속에서 결정된다. 그래서 서비스 제공자인 기업은 고객에게 믿음과 사랑으로 고객들을 돌보고 관심을 가져야 한다.

특히 서비스 실패 후에 고객의 불만사항을 경청하여 신속하게 회복하여야 한다. 그러나 대부분의 고객들은 불만사항을 말하지 않는데 그 이유는 서비스의 특성과 밀접한 관계가 있다. 서비스는 무형성으로 인해 불량 서비스의 증거를 대기가 어렵다. 또한 불쾌한 경험을 말하면 더 불쾌해지므로 말하기 싫고 다른 업체로 가면 된다는 식의 사고를 한다. 반면 항의하는 고객의 심리는 선의적 입장인 경우가 많다.

따라서 항의란 기업이 서비스나 제품의 문제점을 해결하여 계속적으로 발전할 수 있는 기회를 부여하는 것이다.『불평하는 고객이 초일류를 만든 다』의 저자 자넬 발로는 '일부러 시간을 내어 항의하는 고객은 여전히 그 기업에 믿음을 가지고 있다. 그렇기 때문에 항의하는 고객도 여전히 고객 인 것이다. 대부분의 경우, 고객들은 다른 회사로 가는 것이 편하다고 생각 해 버린다. 그런 점을 고려한다면, 항의하는 고객들은 기업에 가장 충성스 러운 고객인 것이다.'라고 말하고 있다. 또한 기업이 고객의 불만을 방치하 게 되면 시한폭탄을 달고 사는 것과 같다. 일단 수많은 시한폭탄이 설치되 면 어떤 경영자도 그것을 해체할 수 없는 것이다.

Blodgett et al(1995)의 연구에 따르면 서비스 회복에 대해 고객들이 인지하 는 결과의 공정성과 과정의 공정성이 고객들의 구전의도에 영향을 미치며 이 는 다시 해당 서비스 기업의 서비스 구매의도에 영향을 미친다고 한다. 뿐만 아니라 구매행동에 있어서 커뮤니케이션에 의한 상호관계의 공정성이 결과 의 공정성보다 더 많은 영향력이 있다고 한다. 이는 불만족한 고객들은 공정 한 회복을 원할 뿐만 아니라 정중하고 예의바른 회복을 원하는 것을 의미한다.

이상으로 서비스 회복과 관련된 이론들을 살펴보았다. 서비스 회복에 관 련된 이론들을 살펴봄으로써 서비스 전달과정에서 발생하는 서비스 실패 에 대한 회복전략을 모색해 볼 수 있다. 서비스 회복의 중요한 열쇠는 정당 한 보상으로써 심리적인 면과 유형적인 면이 조화가 되어야 하는 것이며 좋은 서비스를 제공하는 데 제1의 조건은 고객의 기대를 이해하는 것이다.

고객의 기대를 정확하게 이해한다면 다음으로 고객의 기대에 부합되 도록 서비스를 설계해야 하며, 종업원과 시스템을 통해 이를 고객에게 기 대 이상의 놀라움과 기쁨을 제공해야 한다. 서비스 초우량기업의 공통적 인 특징은 고객을 기쁘게, 놀라게, 즐겁게 하려고 노력한다는 사실인데 이 를 명심해야 할 것이다.

제4절 서비스 회복전략

1) 서비스 회복의 구성요소

서비스는 Before - On - After의 3단계로 나누어지며 서비스 전달과정에 있어 서비스 실패를 방지하려면 처음부터 철저한 준비로써 서비스에 임해야 한다. 그러나 3단계에 걸친 서비스 전달과정에서 실패를 맛본 고객이 있다면 가능한 빠르게 서비스 회복을 수행해야 한다. 그렇다면 서비스 회복의 구성요인에는 어떠한 것이 있을까.

① 서비스 회복을 성공하기 위한 공약

서비스 실패가 발생하더라도 사전에 고객에게 고객 서비스 헌장을 제시한다면 자연스러운 서비스 회복을 기대할 수 있다. 이때 서비스 실패의 정도, 서비스 품질, 기업에 대한 고객의 충성도, 그리고 기업의 고객에 대한 보증 제시에 따라 서비스 회복 속도가 좌우된다.

② 서비스 실패의 중요성

고객이 가혹하다고 느끼는 서비스 실패에 대해서는 사소한 서비스 실패 때보다 많은 비용이 요구된다. 또한 서비스 실패의 피해가 높을수록 고객은 서비스 회복을 더욱 기대하게 된다. 즉 인내할 수 있는 서비스 실패는 간과할 수 있지만 피해 정도가 크다면 기업에게 보상을 요구하는 것은 당연하다고 생각하여 기업의 비용 부담을 발생시킨다. 기업 매출의 80%는 20의 고객이 창출한다고 80 대 20 법칙이 통용되지만 비용에 있어서는 90 대 10의 법칙, 즉 10%의 불만고객이 비용의 90%를 차지한다는 것이다.

③ 서비스 품질의 인식

고객은 자신이 거래하는 기업의 서비스 품질을 높게 인식할수록 서비스 회복의 기대도 높아지므로 충성고객으로 활동할 가능성이 있다. 따라서 기업은 서비스 품질을 향상시키기 위해 다양한 서비스 제공 방법과 사업성을 제공하도록 준비해야 한다.

④ 고객 애호도

서비스를 제공하는 기업과 거래하는 고객들의 조직적인 참여는 서비스 회복을 빠르게 향상시킬 수 있다. 반면 고객의 충성도가 클수록 서비스 실패로부터 서비스 회복까지 더 큰 어려움이 존재할 수도 있다. 기업에 충성도가 없는 대부분의 고객들은 서비스 실패 시 회복을 기대하지 않거나 아무 말 없이 떠나버리고 결코 돌아오지 않는다. 반면 충성고객들을 기업이 서비스를 회복할 수 있도록 사업 기회를 제공한다.

고객의 불만사항을 경청하고 만족스럽게 처리하면 불만고객의 90%는 고정고객이 되며 불만사항을 사업의 적극적인 기회로 활용할 수 있다고 제시하였다. 그러나 고객은 좀처럼 불만을 말하지 않는다. 첫 번째 이유는 서비스의 무형성으로 인하여 불량의 증거를 제시하기 어렵고 접점의 직원들은 형식적인 사과만을 할 것이라고 생각하기 때문이다. 또한 고객들은 불만 경험을 말할수록 불쾌해하며 '서비스업체도 많은데 다른 곳으로 가면 되지'라고 생각하여 불만을 말하지 않는다. 마지막으로 서비스 실패는 제품과는 달리 특정인에게 불만을 항의해야 하는데 그렇게 되면 '항의하는 본인의 성격과 교양만 손상될 뿐'이라고 생각하기 때문이다.

⑤ 서비스 보증

고객들은 서비스 발생 시 수반되는 과정에서 기업이 명시적으로 보증

해주기를 바란다. 즉 보증을 해줌으로써 서비스 회복의 기대감을 불러일으키는 것이다.

2) 서비스 회복단계

서비스 회복노력은 3가지 접점에서 발생한다. 서비스 실패가 일어나기 전(사전 서비스), 서비스 실패가 발생하는 바로 그때(제공시점 서비스), 서비스 실패 발생 후(사후 서비스)에 발생한다.

① 사전 서비스 시의 회복단계 서비스 실패와 관련되어 서비스 제공자가 실패를 인식할 때까지 지속된다.

이 시기는 매우 짧거나(몇 초) 장기적(몇 주, 몇 달)으로 지속될 수 있다. 고객들은 이 단계에서 서비스 회복에 대한 기대를 공식화한다. 서비스 제공자의 입장에서 보면 이 단계에서 보면 이 단계에서의 회복전략은 비용뿐만 아니라 성과측면에서도 가장 효과적인 전략을 전개할 수 있다.

② 제공시점 서비스 시의 회복단계

서비스 제공자가 실패를 인지하고 고객에게 구체적인 서비스 회복 행동을 실행하는 단계이지만 가장 이상적인 것은 가능한 빨리 시작하고 빨리 결론지어야 하는 것이다. 불평·불만고객에 대한 반응을 느리게 한다면 고객 만족도는 감소하는 경향이 있다. 이 단계에서의 서비스 회복 노력은 즉각적인 서비스 제공과 고객에 대한 정당한 보상에 초점을 맞추고 있다.

③ 사후 서비스 시의 회복단계

고객에게 구체적이고 정당한 서비스 회복 노력이 수행된 후 부족한 부분이 있다면 추가적으로 심리적·유형적 보상을 이루는 시기로 제공자 측면에서 볼 때 서비스 실패 후의 치료를 성공적으로 끝내야 한다.

3) 서비스 회복의 행동유형

① 심리적인 것

서비스 접점자는 고객의 니즈에 대한 관심을 보이면서 감정이입(empathizing)과 (apologizing)의 심리적인 기법을 가지고 서비스 회복을 위해 노력해야 한다. 이 기법은 정직함이 최고의 기법이며 서비스 제공자 측면에서는 금전적 보상이 수반되지 않기 때문에 비용대비 품질이 좋은 서비스 회복이 가능한 것이다. 그러나 의례적으로 '죄송합니다' 한마디로 인사하는 것은 고객으로 하여금 배신감과 부정적인 경험만을 증가시키게 한다.

고객을 화나게 하는 서비스 접점자의 행동 유형에는 무관심, 무시, 냉담, 어린애 취급, 고보트화, 규정제일, 발뺌과 같은 7가지인데 서비스 접점에서 중점 관리되어야 할 서비스 실패 요인들이다.

② 유형적

서비스 실패로 인하여 발생한 고객의 불편함과 비용에 대하여 적절하고 정당한 보상을 제공하는 것으로 적당하게 보상받은 고객 대부분은 서비스 제공자에게 지속적인 충성도를 보이는 경향이 있다.

4) 서비스 회복의 전달과정

서비스 회복의 전달과정에서 중요한 요인으로는 서비스 회복의 속도와 일선 창구 직원에 대한 권한 부여 정도로 구분된다.

① 서비스 회복의 속도

서비스에 대한 문제가 즉각적으로 해결되면 서비스 실패는 서비스 품질을 좀 더 향상시킬 수 있는 시점이 되며, 고객이 서비스 실패를 인지하기 전에 문제를 규정, 해결한다면 이상적인 서비스 회복 조건이 될 수 있다.

② 일선 창구 직원에 대한 권한부여 정도

일선 창구 직원에게 서비스 실패로 인한 불만고객을 보상하기 위해 체계적인 지식과 권한이 갖추어져 있다면 서비스 회복 전달과정에서 보다 큰 효과를 얻을 수 있으므로 불만고객을 만족고객으로 유인할 수 있고 고객강화의 중요한 요인이 될 수 있다.

따라서 고객의 입장에서 문제를 바라보고 일선 창구 직원에게 권한을 부여하는 체계적인 시스템이 필요한데, 리츠칼튼(Ritz Carton)호텔과 노드스트롬(Nordstrom)백화점이 좋은 사례가 된다.

5) 고객만족과 고객유지에 관계된 성과 측정

서비스 제공자 측면에서는 고객의 가치를 창출하고 자사의 서비스 성과를 정기·정량적으로 측정, 주체적인 판단 및 실행이 가능한 제일선의 종업원을 지원하여 경영층과 피드백되어야 한다. 마찬가지로 서비스 회복의 성과를 측정하여 서비스 수행 능력을 점검하고 개선 방향을 수립하여야 한다. 서비스 회복의 성과지표로 고객만족, 고객 애호도 및 고객 유지가 있는데 고객만족은 통상적이고 장·단기적인 측정지표로 사용된다. 그리고 고객 애호도 및 고객유지는 서비스 제공 기업의 CEO가 장기적인 목표로 삼는 것으로 서비스 회복의 중요한 요인이 되는 것이다.

6) 서비스 조직

'결정적인 순간'을 '진실의 순간'이라고도 부른다.

Karl Albrecht는 서비스 경영의 필요성을 역설하며 『서비스 경영혁명』에서 다음과 같이 언급하고 있다.

'설령 자신의 직무가 직접적으로 고객에게 서비스를 제공하지 않더라도, 직접 고객에게 서비스하고 있는 사람을 통하여 간접적으로 서비스를 제공하고 있는 셈이다.'

우수한 서비스 수준을 실현하고 이를 유지하는 일은 경쟁우위를 다지는 데 있어 결정적인 역할을 하는데, 이것은 먼저 '고객과의 접점'을 이해하고 관리하는 것으로부터 시작된다는 것과 실패 후의 서비스 속도에 따라 서비스 회복이 좌우된다는 것은 주지의 사실이다. 그리고 모든 서비스(서비스 회복에 관련된 서비스 포함)는 '결정적 순간'에서 서비스의 품질이 결정된다. 즉 고객이 서비스를 직접 체험하는 그 순간에 서비스에 대한 평가가 이루어지는 것이다. 그러나 '결정적 순간'에 고객에게 좋은 인상을 심어주고 서비스 이미지를 높이기 위해서는 고객과의 접점뿐만 아니라 모든 조직 수준을 정상으로 끌어 올려야 한다.

제일선에 일하는 종업원이 고객이 지불하는 대가보다 상회하는 서비스를 제공한다거나 서비스 실패 후에 즉각적으로 유무형의 부가서비스를 제공한다고 해서 고객의 서비스에 대한 이미지가 좋아지는 것은 아니다. 즉 한 사람의 노력만으로는 실현 불가능한 것이다. 이를 실현하기 위해서는 종업원의 지원부문, 팀장이나 관리자, 직무의 흐름을 총괄하는 총괄부문, 그리고 기업 전체를 책임지는 최고 경영자에 이르기까지 전사적인 '서비스 지향을 위한 연계'가 구성되어야 한다. 기업을 오케스트라에 비유한다면 경영자는 지휘자, 사업계획 등은 악보에 해당한다. 대부분의 서비스 기업에서는 규모가 클수록 이러한 경향이 농후하며, 현재의 서비스 기업은 전에 비해 서비스 품질이 현저히 향상되었음을 알 수 있다. 그러나 몇몇 기업을 제외하고는 '고객지향'이라는 말은 단지 명목상일 뿐이다. 심할 경우에는 언급조차 되지 않는다.

표면상으로는 누구나 고객에 대한 서비스의 중요성을 인식하고는 실제로는 고객으로부터 무엇인가를 가로채려고만 한다. 그리고 서비스 기업에서 경험이나 능력이 부족한 종업원을 고객과 직접 접촉하는 부서에 배치하고 있다는 사실은 이해하기 힘들다. 제1선에 일하는 종업원은 대개 신입사원이므로 경험과 지식, 훈련 등이 부족하고 급여도 적은 편인데, 이들을 제1선에 내세워 '결정적 순간'을 담당케 하는 것은 모순이 아닐 수 없다. 그들 자신도 자신들의 업무가 최저 수준이라고 생각하면서 하루빨리 그곳에서 벗어나려고만 한다. 이와 같은 서비스 구성체계는 '결정적 순간'을 잘못 이해하고 있기 때문이다. 대개의 기업들이 '결정적 순간'은 '고객이 조직이 한 면과 접촉하여 서비스 품질에 대해 어떤 인상을 받는 모든 일'이라고 할 수 있는 것이다.

고객과의 접점에서도 최선을 다하는 일이 중요하지만 조직 내의 내부 서비스에서도 내부 고객들에게 서비스 실패로 조직 충성도를 해하지 말아야 할 것이다. 내부 고객이 볼 때 죄를 범하고 있는 부서는 어느 부서일까? 피신방법에는 어떤 것이 있을까? 내부 고객에게 가치를 제공하기 위해서는 어떻게 해야 하나? 이런 점들을 생각해 볼 필요가 있는 것이다. 즉 조직 전체의 차원에서 '서비스의 마음'을 항상 간직하고 업무를 수행해야 한다. 그리고 '서비스 트라이앵글'인 ① 서비스에 관한 비전·전략 ② 고객지향의 제1선에 있는 종업원 ③ 고객지향 시스템의 세 가지 요소가 상호 관련되어 작용하도록 해야 한다.

7) 고객의 불만처리

고객들은 대부분 어느 정도 합리적인 근거를 가지고 불만을 표시한다. 이들이 불만사항을 이야기할 때 무시하거나 외면하지 말고 이를 적극적으로 수용한다면 대부분의 고객 불만은 좋은 결과로 이어지게 된다.

또한 고객이 자신이 원하는 것을 원하는 시간에, 원하는 방식대로 받게 되기를 바라지만 때때로 주변 정황 때문에 어쩔 수 없이 '아니오'라고 대답하는 경우가 생길 수도 있다. 예를 들어 제반 법률, 회사방침, 회사규정이나 재고 바닥으로 인하여 고객의 요구를 수용하기 어려운 경우가 있을 수 있다. 무리한 약속은 약속불이행, 진실왜곡, 고객불만이나 거래중단의 부작용을 낳게 한다. 그러면 어떻게 해야 할까?

고객이 원하는 것을 제공하지 못할 때에는?

① 다른 요구사항을 가능한 한 많이 들어주어라.

② 먼저 사과함으로써 고객의 실망에 공감을 표시한다.

③ 대안을 제시하여 고객이 선택할 수 있는 기회를 제공한다.

④ 눈에 보이지 않는 고객의 요구사항을 만족시키도록 노력한다.

⑤ 고객이 원하는 것은 무엇인가? 그리고 내 능력이 닿는 데까지 최선을 다해 제공할 수 있는 것과 방법은 무엇인가?

⑥ 고객은 자신이 원하는 것을 얻지 못할 수는 있지만 정말로 좋은 고객서비스를 받았다는 느낌을 가질 수 있도록 한다.

⑦ 어떤 공감이나 도와주고 싶다는 의사표시도 없이 냉담하게 '아니오'라고 말하지 말라.

서비스 실패 후 회복의 전략에는 여러 가지가 있겠지만 고객을 대하는 훌륭한 서비스 습관도 고객의 불만을 빠르게 회복시키는 방법이기도 하다. 서비스 기업에서 직·간접적으로 고객의 불만을 처리할 때 도움이 되었으면 하는 바람에서 몇 가지 고객불만 처리방법과 훌륭한 고객 서비스 습관을 제시하도록 하겠다.

고객불만 처리방법 8단계

항상 고객은 항의할 권리가 있음을 기억하라! 만족한 고객의 추천과 구전효과는 PR보다 파급효과가 크다.

1. 경 청
   - 고객의 항의에 경청하고 끝까지 듣는다.
   - 선입관을 버리고 문제를 파악한다.
2. 감사와 공감표시
   - 일부러 시간을 내서 해결의 기회를 준 것에 감사를 표시한다.
   - 고객의 항의에 공감을 표시한다.
3. 사 과
   - 고객의 이야기를 듣고 문제점에 대한 인정과 잘못된 부분에 대해 사과한다.
4. 해결약속
   - 고객이 불만을 느낀 상황에 대해 관심과 공감을 보이며 문제의 빠른 해결을 약속한다.
5. 정보파악
   - 문제해결을 위해 꼭 필요한 질문만 하여 정보를 얻는다.
   - 최선의 해결방법을 찾기 어려우면 고객에게 어떻게 해주면 만족스러운지를 묻는다.
6. 신속처리
   - 잘못된 부분을 신속하게 시정한다.
7. 처리확인 사과
   - 불만처리 후 고객에게 처리 결과에 만족하는지를 물어본다.
8. 피드백
   - 고객불만 사례를 회사 및 전 직원에게 알려 다시는 동일한 문제가 발생하지 않도록 한다.

8) 서비스 회복은 모든 조직의 핵심과정

서비스 전달 속도와 고객에 대한 공정한 해결

우리는 서비스 회복에 대한 논의를 해 오면서 고객이 서비스 실패를 심하게 경험했거나, 이전에 애호도가 없을지라도 서비스 회복 노력이 성공을 거둔다면 고객의 복귀비율이 높아지며, 관리자나 경영자에게 주는 함축적인 의미는 '첫 번째 시기에 즉시 실행하라' 또는 적어도 '가장 슬픈 피해는 피하라'는 것을 제시해 주고 있다.

서비스 실패에 대한 치료는 다차원적이며, 여러 연구에서 살펴본 결과로 서비스 회복의 효과적인 변수로는 ① 공정한 해결 ② 부가적인 유형적 서비스 ③ 감정이입된 사과 ④ 이전의 서비스 실패를 경험했던 고객의 애호도 ⑤ 서비스 회복시간 ⑥ 제1접점자의 회복의도 ⑦ 제1접점자의 권한 등을 추출할 수 있다. 서비스 실패는 다양하게 나타나고, 서비스 실패에 대

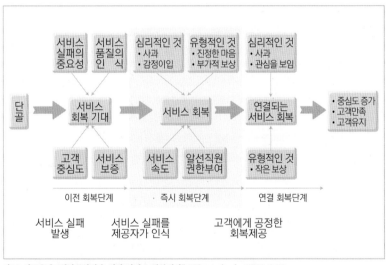

자료: 김준호 "고객만족향상을 위한 서비스 회복전략" CSjournal.or.kr. 2002. 3. 18

🔍 그림 13 - 1 _ 서비스의 회복과정

한 적용기술도 그에 걸맞게 발전되고 적용되어야 할 것이며, 서비스 실패를 경험한 고객들의 처리에 대한 기술과 영향은 기업의 사활을 좌우하게 되는 것이다.

서비스 회복에 있어 전략적으로 우선시되어야 할 것은 서비스 전달 속도이다. 이와 더불어 고객에 대한 공정한 해결이 가장 효과적인 서비스 회복의 변수인 것이다.

고객만족을 위한

서비스 경영론

SERVICE

MANAGEMENT

제 14 장

고객만족
서비스

제14장

고객만족 서비스

제1절 고객만족의 개념

고객만족의 개념이 오늘날 학계는 물론이고 산업현장에서도 중요한 이슈로 대두되고 있는 이유는 기업이 바라는 여러 가지 성과와 고객만족이 관련되기 때문이다. 포넬(Fornell, 1992)은 고객만족도가 높은 기업이 얻을 수 있는 주요성과를 다음과 같이 설명하고 있다. 즉 높은 고객만족도는 기존고객의 충성도 향상, 가격민감도의 감소, 기존고객의 이탈방지, 마케팅 실패비용의 감소, 신규고객 창출비용의 감소와 기업 명성도의 향상 등을 나타낸다고 하였다. 또한 고객만족에 따른 높은 고객 충성도는 미래의 현금흐름이 지속적으로 보장된다는 것을 의미하므로 기업의 경제적 수익에 반영된다고도 하였다.

고객만족도란 개념은 1972년 미국 농산부에서 농산품에 대한 소비자만족지수(index of consumer satisfaction: CSI)를 측정하여 발표한 이후 1990년대에 들어와서 고객만족개념의 개념적 정의와 측정의 문제가 학계에서 주요 연구주제로 등장하였고, 산업현장에서는 생산성에 대한 경제적 척도와 소비자들의 삶의 질에 대한 국가적 척도의 보완적인 지표로서 사용되고 있다. 보편적으로 '만족시킨다(to satisfy)'는 개념은 영어 어휘로 볼 때 '가득 차도록 충족시킨다(to gratify to the full)'는 뜻이다.

올리버(Oliver, 1997)는 만족(satisfaction)이란 단어는 라틴어의 satis (enough)와 facere(to do or make)에서 파생되었으며, 만족시키는 제품과 서비스는 충분 (being enough)한 정도까지 고객이 요구하는 것을 제공할 능력을 가지고 있다는 의미로 보고 있다. 여기서 만족이란 과식 또는 과도한 투기 등과 같은 지나친 결과 수준까지의 충족을 의미하는 것이다. 지금까지의 연구를 살펴보면 소비경험에서 만족이란 개념은 소비자의 심리적 과정의 최종상태로써 ⅰ) 인지적 상태, ⅱ) 평가, ⅲ) 정서적 반응, ⅳ) 인지적 판단과 정서적 반응이 결합된 '만족에 대한 판단' 등 네 가지 관점에서 그 속성이 정의되고 있다.

첫째, 인지적 상태로 보는 관점에 의하면, 고객만족을 '구매자가 치른 대가의 보상에 대한 소비자의 판단'으로 보고 있다. 즉 고객만족이란 구매자가 치른 대가에 대해 적절하게(또는 부적절하게) 보상되었다고 느끼는 소비자의 인지적 상태이다.

둘째, 고객의 평가로 보는 관점에 의하면, 고객만족은 '고객의 욕구 및 요구를 충족시키는 정도에 대한 평가, 고객의 사전기대와 제품의 실제성과 또는 소비경험에서 판단되는 일치/불일치 정도 등 일련의 소비자의 인지적 과정에 대한 평가'로 정의되고 있다. 그러나 이 경우 고객만족이란 개념의 속성이 무엇인가는 정의되지 않고 있다. 이러한 견해를 제시한 연구자들은 고객만족 개념을 다음과 같이 정의하고 있다. 고객만족이란 '제공된 제품 또는 서비스를 획득하거나 소비함으로써 유발되는 욕구 및 요구 (needs and wants)를 충족시키는 정도에 대한 소비자의 주관적인 평가'로 정의

하였다. 헌트(Hunt, 1977)는 '소비경험이 최소한 소비자가 기대했던 만큼 훌륭했다고 명시적으로 나타낸 평가'라고 하였다.

셋째, 정서적 반응으로 보는 관점에서는 고객만족은 '고객의 기대 일치/불일치와 같은 고객의 다양한 인지적 처리과정 후 형성되는 정서적 반응'이다 이처럼 고객만족 개념을 정서적 반응으로 보는 견해는 사회인지학, 인지심리학 및 사회심리학 등의 분야에서 연구된 결과에 따라 감정적 처리과정은 인간행동에 동기를 부여하는 주요원천일 뿐만 아니라 정보처리와 선택에 영향을 미치는 주요요인이라는 연구 결과들이 밝혀지면서 대두되었다.

이처럼 정서적 반응이란 관점에서 규명하고자한 연구자들은 고객만족을 대체로 다음과 같이 정의하고 있다. 웨스브룩(Westbrook, 1981)은 '특정 제품 또는 서비스를 사용, 소비 및 소유함으로써 얻는 경험의 평가에 대한 소비자의 정서적 반응'이라고 하였다. 베이빈과 그리핀(Babin & Griffin,1998)은 '불일치와 지각된 성과 등을 포함한 일련의 경험에 대한 평가결과에 따라 유발되는 정서'라고 정의하였다.

넷째, 고객만족 개념을 '인지적 판단과 정서적 반응이 결합'되어 나타나는 것으로 보고 '만족에 대한 고객의 판단(satisfaction judgment)'으로 정의하는 관점이 최근 올리버(Oliver, 1997)에 의하여 제시되고 있다. 그는 고객만족이란 '제품/서비스에 대한 성과의 처리과정, 불일치 형성과정, 또는 단순한 감정상태인 행복감과는 다른 것'이라고 주장하고 다음과 같이 정의하고 있다.

즉 '만족이란 소비자의 충족상태에 대한 반응으로써, 제품/서비스의 특성 또는 제품/서비스 자체가 소비에 대한 충족 상태 - 미충족(under-fulfillment) 또는 과충족(overfulfillment) 수준을 포함 - 를 유쾌한 수준(pleasurable level)에서 제공하거나 제공하였는가에 대한 판단'인 것으로 보고 있다.

이상에 살펴 본 바와 같이 고객만족 개념의 정의와 관련된 연구에서는 만족의 속성을 인지적 상태(cognitive state), 평가(evaluation), 정서적 반응(emotional response), 충족상태에 대한 소비자의 반응(consumer's fulfillment response) 등 여러 가지 유형으로 정의되고 있다.

🌐 표 14 - 1 _ 고객만족의 개념적 정의

연구자	정 의	민족의 속성
하워드와 쉬드 (Howard and Sheth, 1969)	구매자가 치른 대가에 대해 보상되었다고 느끼는 인지적 상태	인지적 상태
체피얼과 로젠버그 (Czepiel and Rosenberg. 1976)	고객의 욕구 및 요구를 충족시키는 정도에 대한 소비자의 주관적 평가	인지과정 이후 형성되는 소비자의 평가
헌트(Hunt. 1977)	사전기대와 실제 소비경험의 일치여부에 대한 평가	
엔젤과 블랙웰 (Engel and Blackwell, 1982)	사전신념과 선택대안의 일치여부에 대한 평가	
웨스브룩 (Westbrook, 1981)	구매후 유발되는 정서적 반응	
웨스브룩과 레일리 (Westbrook and Reilly, 1983)	구매경험에 대한 정서적 반응	
체와 월튼 (Tse and Wilton, 1988)	사전기대와 제품의 실제 성과간의 차이에 대한 반응	정서적 반응
베이빈과 그리핀 (Babin and Griffin, 1998)	일련의 경험에 대한 평가 결과 유발되는 정서적 반응	
올리버 (Oliver, 1997)	충족상태에 대한 반응: 제품/서비스의 특성 또는 제품/서비스 자체가 소비에 대한 충족상태를, 미충족 또는 과충족 수준을 포함하여, 유쾌한 수준에서 제공하거나 제공하였는가에 대한 판단	인지적/정서적 반응이 결합된 만족에 대한 판단

자료: 박명호·조형지(1999). 고객만족 개념의 재정립. 한국마케팅저널. 130 - 131.

1) 고객접점 순간 서비스

결정적 순간(moment of truth)이란 고객이 서비스 기업과 접촉하는 순간으로 서비스기업의 직원들은 약 15초 이내에 자신의 기업을 방문한 것이 고객에게 최상의 선택이라는 것을 증명해야 한다.

2) 고객욕구에 대한 전략적 접근

고객의 욕구에 창조적으로 대응하기 위해서는 서비스에도 전략적인 접근이 이루어져야 한다. 전략적으로 뚜렷이 차별화되지 않은 서비스기업은 더 나은 서비스를 전달하는 경쟁기업이 출현하면 도태되게 마련이다.

3) 서비스의 고객만족

서비스의 최대 과제는 고객만족이다. 서비스는 무형적이므로 기업의 성취도는 고객의 판단, 즉 고객의 만족에 의하여 결정된다. 고객이 만족하면 저절로 수익을 올릴 수 있으므로 서비스기업의 최고의 목표는 고객만족이며 수익은 그 다음의 과제이다.

4) 고객과 현장 직원의 접촉

고객과의 친밀한 관계유지가 기업문화로 정착되어야 한다. 고객접점의 직원 서비스정신과 창출능력이 서비스기업의 성공에 중요한 변수가 된다.

5) 물리적 서비스 환경

서비스의 품질은 바로 평가할 수 없으므로 시설과 같은 물리적인 분위기를 서비스 품질평가의 대체변수로 생각하는 고객이 많다.

6) 고객과의 상호작용인 서비스

서비스의 창출과정은 고객과 제공자 또는 설비나 시스템의 상호작용이므로 서비스 창출과정에는 고객의 개별적인 특성에 대한 대응이 중요하다. 즉 서비스 품질의 균일성을 보장하기 어렵다.

 ## 고객만족 창출방법

1) 고객의 기대수준 파악

어떤 상품을 원하는지, 어느 정도의 서비스 수준을 요구하는지 등을 파악해야 한다. 그러나 고객의 기대수준이 항상 동일하지 않다.

경쟁우위 유지를 위해 고객이 가지고 있는 기대수준을 정확히 파악하고 불만족요소는 사전에 제거해야 하며, 고객에게 기쁨을 줄 수 있는 새로운 기회와 패러다임을 찾아야 한다.

2) 고객정보 수집

표 14 - 2 _ 고객정보수집방법

수집방법	내 용
고객의 피드백	• 고객의 의견과 불평사항을 파악하기 위해 다양한 질문이 가능하다. • 상품 또는 서비스에 대한 문제점을 파악하기가 쉽다. • 고객 기대수준과 기업성과의 차이점을 파악하기에 용이하다.
고객 면담과 만남	• 고객과 직접 접촉을 통한 정보수집이 가능하다. • 최고경영자나 담당부서 직원이 직접 고객과의 면담을 통해 필요한 정보수집이 가능하다. • 고객이 상품을 어떻게 사용하는가에 대한 면담을 통한 정보 수집이 가능하다.
현장직원	• 판매사원이나 전화교환원 등 고객과 직접접촉을 담당하는 직원들의 교육을 통한 고객정보수집이 가능하다. • 직원들이 수집된 정보를 마음 놓고 털어 놓을 수 있는 기업분위기 조성이 필요하다.
설문조사 또는 고객의견 카드	• 전통적인 방법으로 정보수집이 용이하다. • 고객만족조사에 주로 이용되며, 장래 요구사항, 신상품에 대한 아이디어를 얻을 수 있다. • 보편적으로 아주 적은 응답비율을 나타낸다.
포커스 그룹	• 상품 및 서비스에 대한 질문에 응답하는 개별(고객 또는 비고객)집단이 대상이 되며, 고객의 목소리를 직접 기업에 전달할 수 있다. • 상대적으로 조사비용이 많이 든다.

3) 고객 만족도조사 및 활용

- 만족도 특성: 상품의 특성: 품질, 성능, 사용성, 보수성 등

- 서비스 특성: 직원의 태도, 대기시간, 적시배달, 기술지원 등

- 이미지 특성: 가격, 기업신뢰성, 기업이미지 등

4) 고객 피드백의 경영활동에 반영

경영활동을 성공적으로 실행하기 위해 고객을 상품설계 및 디자인, 개

발, 생산, 배달 및 사후 서비스 등 경영활동 전 과정에 참여시키는 것이다.

5) 새로운 환경조성을 통한 고객 리드

고객에게 예상치 못했던 상품이나 서비스를 제공하는 등 적극적인 방법으로 고객을 리드해 새로운 환경조성을 조성한다.

6) 고객 서비스에 대한 투자

비용절감에 힘쓰면 상대적으로 고객이나 시장상황이 무시되기 쉽고 이로 인해 장기적으로 이익을 기대하기 어렵다.

7) 직원의 교육훈련과 권한 위임

아무리 좋은 서비스 향상 프로그램을 도입하더라도 직원이 이를 수용하지 못한다면 고객에 대한 서비스 향상을 기대하기 어렵다.

8) 고객의 기대파악 방법

① 서베이(survey)와 인터뷰(interview)
② 미스테리 쇼퍼(mystery Shopper) 프로그램(program)
③ 데이터(data)를 이용한 정량적인 방법

제4절 고객만족 경영의 효과

고객만족경영이란 고객만족을 중심적 목표로 두고 이를 달성하기 위해 모든 경영활동이 이루어지는 기업 경영을 말한다.

고객만족경영을 추진함으로서 얻을 수 있는 직접적인 효과는 기업의 경영성과에 긍정적인 영향을 미치기 때문에 고객만족과 고객만족경영에 대한 노력이 매우 중요하다고 하겠다. 그것은 이익을 추구하는 집단인 기업이 고객만족경영의 효과를 단순히 추상적인 이익만을 기대한다면 지속적으로 추진할 수 없을 뿐만 아니라 내부적으로도 설득력을 상실할 수밖에 없기 때문이다.

실제 고객만족경영을 도입한 많은 국내기업들이 도입 초기에 포기하거나 실패하는 이유도 고객만족경영이 기업의 경영성과를 어떻게 변화시키는지에 대해 명확한 이해가 부족했기 때문이다.

그렇다면 고객만족이 중요한 이유는 무엇일까?

첫째, 고객만족은 기업의 궁극적 목적인 수익성과 이미지 제고에 기여하기 때문이다.

둘째, 고객만족이 제2의 고객인 직원의 만족이나 태도에 많은 영향을 미치기 때문이다.

셋째, 직원의 이직 및 전직 방지·비용감소·서비스 품질의 유지와 발전에 도움을 주어 안정적인 서비스를 제공할 수 있기 때문이다.

고객만족이 고객의 구매행동과 태도에 미치는 영향과 그에 따라 기업에 미치는 고객만족경영의 효과를 살펴보면 그림과 같다.

🔍 그림 14 - 1 _ 고객만족의 효과

참고문헌

김경욱(1992), 「서비스는 이렇게 하라」, 우아당.

김성혁(2013), 「관광서비스」, 백산출판사.

김윤태(2011), 「레스토랑 서비스운영관리론」, 대왕사

김진수(2018), 「고객 경험을 통한 서비스 실무 사례」, 기문사.

박대환 외(2002), 「최신 서비스 이론과 실무」, 학문사.

박오성 외(2006), 「관광사업론」, 백산출판사.

박오성, 신강현(2006), 「호텔객실 운영관리론」, 석학당.

삼성에버랜드 서비스아카데미(2001), 「에버랜드서비스리더십」, 21세기북스.

서상길(2011), 「식음료 서비스 운영실무」, 기문사

손대현(1993), 「기분좋은 사회 서비스의 연출」, 일신사.

신우성(2019), 「관광서비스」, 백산출판사

오정환(1994), 「서비스산업론」, 기문사.

원유석·이준재(2019), 「서비스 품질관리론」, 대왕사.

이동진(2005), 「전략적 관계마케팅」, 박영사.

이부끼다꾸(1985), 「서비스QC혁명」, 한국산업훈련연구소.

이영희(2003), 「에센스 서비스마케팅」, 청목출판사.

이유재(2019), 「서비스마케팅」, 학현사.

이 철(1999), 「고객의 눈으로 보면 모든 것이 새롭다」, 학현사.

정익준 외 역(2004), 「관광서비스 경영론」, 형설출판사.

조선배 외(2005), 「호텔관광 서비스론」, 석학당.

조영대(2007), 「서비스학 개론」, 세림출판사.

전인수 번역(1998), 「서비스 마케팅」,석정.

최정환, 이유재(2001), 「살아있는 CRM 죽어있는 CRM」, 한 언.

김왕상(1996), "관광호텔의 서비스품질 향상을 위한 실증적 연구", 경기대학교 박
    사학위논문.

김판준, 박오성, 안점기(2006), "서비스품질과 상황 대처요인이 고객만족에 미치는
    영향에 관한 요인", 「외식영영연구」, 제9권 제3호.

이용기, 이영재, 김장하(2001), "서비스훈련·기술이 서비스 품질, 서비스 가치와 고
    객만족에 미치는 영향", 「고객만족 경영 연구」, 제3권 제1호.

이학식, 김영(1999), "서비스 품질과 서비스 가치", 「한국마케팅 저널」, 제1권 제2호.

이희천(1997), "호텔기업의 내부마케팅이 종업원태도와 서비스품질 및 고객반응에
    미치는 영향에 관한 실증연구", 경성대학교 박사학위 논문.

조선배(1994), "호텔서비스 구매의도에 대한 영향요인 연구", 광운대학교 박사학
    위 논문.

Albrecht, Karl and Ron Zemke.(1985), Service American Doing Business in the
    Service Economy, Homewood, IL: Dow Jones - Irwin.

Anderson, J. F. and M. Kraus.(1981), "Quality of Service and the Demand for
    Air Travel,"Review of Economics and Statistics, 63(Nov), 534 - 540

Babin, Barry J, Mitch Griffin.(1998), "The Nature of Satisfaction: An Updated
    Examination and Analysis,"Journal of Business Research, 41, 127 - 136.

Berry, Leonard L, Valerie A. Zeithaml and A. Parasuraman.(1994), "The
    Imperative for Improving Service Quality,"Sloan Management Review,

35(Sum), 25 - 48.

Binter, Mary Jo, Bernard H. Boom and Lois A. Brown, Steven P. and Robert A. Peterson.(1994), "The Effect of Effort on Sales performance and Job Satisfaction,"Journal of Marketing, 58(Apr), 70 - 80.

Buttle, Francis.(1996), "Review, Critique, Research Agenda", European Journal of Marketing, 30(1), 8 - 32.

Carlzon, J.(1987), "Moments of Truth,"Cambridge, MA: Ballinger.

Carman, J. M.(1990). "Consumer Perception of Service Quality: An Assessment of the SERVQUAL Dimension."Journal of Retailing, 66(1), 33 - 35.

Collier, David A.(1994), The Service/Quality Solution_ Using Service Management to Gain Competitive Advantage, Richard D. Irwin Inc.

Cronin, J. J. and Taylor, S. A.(1992). "Measuring Service Quality: A Re - examination and Extension,"Journal of Marketing, 56(3), 55 - 68.

Engel, James F. and Rodge D.B.(1982), Consumer Behavior. New York, Holt, Rinehart, and Winston.

Ettorree, B.(1994). "Phenomenal Promises That Mean Business,"Management Review, 83(3), 18 - 23.

Fornell, C and Birger W.(1987), "Defensive Marketing Strategy by Customer Complaint Management: A Theoretical Analysis,"Journal of Marke-ting Research 24(11),337 - 346.

Gronroos, C.(1984), "A Service Quality Model and Its Marketing Implication,"European Journal of marketing, 18(4),36 - 44.

Gronoos, C.(1998), "Internal Marketing Theory & Practice,"In American Marketing Association Service Marketing Conferences Proceeding.

Heskett, James L., Thomas O Jones, Gary W Loveman, W Earl Sasser, Jr. and Leonard A.Schhesinger.(1994), "Putting the Service - profit Chain to Work,"Harvard Business Review, 72(3 - 4), 164 - 174.

Jaworski, B J.and Ajay K Kohli.(1993), "Market Orientation: Antecedents and Consequences,"Journal of marketing, 57(1),52 - 70.

Oliver, Richard L.(1981), "Measurement and Evaluation of Satisfaction Processes in Retail Setting,"Journal of Retailing, 57(2), 25 - 48.

Parasuraman, A., Valarie A. Zeithaml and Leonard L. Berry.(1988), "SERVQUAL: A Multiple - Item Scale for Measuring Cosumer Perception of Service Quality,"Jouranal of Retailing, 64(9), 12 - 40.

Zeithaml V. A, Bernard H. Booms and Lois A. Brown, Steven P. and Robert A Peterson.(1994), "The Effect of Effort on sales Permance and Job - Satisfaction,"Journal of marketing, 58(3), 70 - 80.

www.csjournal.or.kr

www.fmsok.or.kr

www.kcsma.or.kr

www.seri.org

저자약력

박오성

◆ 약 력 ◆

경희대학교대학원 경영학석사
가천대학교대학원 경영학박사
경영지도사, 호텔경영관리사
리버사이드호텔 총지배인
남서울대학교 겸임교수
광운대학교 경영대학원 외래교수
한국관광공사 호텔등급평가위원
한국관광·레저 ISC 책임컨설턴트
사) 한국외식경영학회 부회장
사) 한국관광서비스학회 부회장
사) 한국호텔리조트학회 부회장
사) 한국호텔전문경영인 협회 이사
현) 김포대학교항공관광경영과 교수

◆ 주요논저 ◆

『호텔그린마케팅』, 한국학술정보
(2006.04.30)
『호텔경영학원론』, 백산출판사(2009.02.15)
『Tourism English』, 기문사(2014.03.20.)
『국제매너와 에티켓』, 현학사(2015.01.30.)
『대인관계능력』, 다올미디어(2017.09.04.)
「프랜차이즈베이커리 전문점의 고객정서
가 몰입과 행동의도에 미치는 영향」(관광
경영연구-2014.06)
「호텔매니저의 서번트리더십이 직무만족
과 조직몰입에 미치는 영향」(관광경영연
구-2014.12)
「꽃 박람회 서비스선택속성이 만족과 재방
문에 미치는 영향」(관광경영연구-2015.11)
「호텔의 IMC활동이 고객만족과 호텔신뢰
에 미치는 영향」(한국엔터테인먼트산업학
회논문지 10권3호-2016.06)
「농촌관광 체험프로그램이 재방문에 미치
는 영향」(관광경영학회-2016.07)
「기내엔터테인먼트 시스템에 대한 승객

태도와 행동의도에 관한 연구」(한국엔터
테인먼트산업학회논문지 제11권 제7호-
2017.10.31.)
「문화관광체험요소와 체험가치가 만족과
재방문에 미치는 영향」(관광경영연구, 제
22권 제1호 (통권 제80호) -2018.01.31.)

박영식

◆ 약 력 ◆

동아대학교 대학원 관광경영학박사
서비스경영컨설턴트
한국관광산업학회 상임이사
전) 아시아나항공 캐빈메니저
전) 경남정보대학 항공관광과 학과장
전) 초당대학교 항공서비스학과 학과장
현) 우석대학교 항공서비스학과 학과장

◆ 저 서 ◆

『관광법해설』
『관광일본어회화』
『창조관광산업론』
『항공사경영론』
『항공업무론』
『항공기기내방송실무』

고객만족을 위한
서비스 경영론

초판 1쇄 인쇄 2020년 3월 5일
초판 1쇄 발행 2020년 3월 10일

저 자 박오성·박영식
펴낸이 임순재
펴낸곳 **(주)한올출판사**
등 록 제11-403호
주 소 서울시 마포구 모래내로 83(성산동 한올빌딩 3층)
전 화 (02) 376-4298(대표)
팩 스 (02) 302-8073
홈페이지 www.hanol.co.kr
e-메일 hanol@hanol.co.kr
ISBN 979-11-5685-877-5